외국어
학습담

**외국어 학습에 관한
언어 순례자
로버트 파우저의
경험과 생각**

외국어
학습담

외국어 학습에 관한
언어 순례자
로버트 파우저의
경험과 생각

로버트 파우저 지음

책을
펴내며

2020년 12월 15일 한국 나이로 환갑을 맞이했다. 한국에 있었다면 친구들과 즐거운 시간을 보낼 수도 있었겠지만 코로나19로 잔치는 고사하고 동생 집에서 조카와 함께 예년과 다를 것 없는 조용한 생일을 보냈다. 하지만 감흥이 없을 리 없었다.

집에 돌아와 그동안 살아온 60여 년을 차분히 돌아보았다. 꼽아 보니 약 44년 동안 외국어를 배우며 산 셈이었다. 새삼스럽게 나는 왜 이렇게까지 외국어를 열심히, 꾸준히 해온 걸까, 나로 하여금 지치지도 않고 수많은 외국어를 학습하게 한 동력은 무엇일까, 자문했다.

이런 자문은 처음이 아니다. 16살, 도쿄에서 홈스테이를 할 때부터 수시로 스스로에게 던진 질문이다. 말하자면 오랜 시간 내 마음에 머문 그 질문의 답을 찾기 위해 쓰기 시작한 것이 바로 이 책이다.

어릴 때부터 낯선 외국어를 배우고 그걸 쓸 때마다 신이 났다. 하지만 내 주변의 많은 이들은 외국어 공부를 무척 힘들어했다. 1982년 여름 도쿄에 머물며 만난 일본인들은 영어를 배우는 일이 고통스럽다고 토로했다. 1983년부터 84년까지 머문 서울에서 만난 많은 한국인들 역시 그랬다. 한국어나 일본어를 배우는 미국 또는 여러 나라 친구들 역시 크게 다르지 않았다. 열심히 배우긴 하지만 뭔가 뜻대로 되지 않아 힘들어 하는 이들도 많았다.

이들의 고통과 고민의 무게는 모두 달랐다. 다시 말해 외국어를 배우는 사람에게 외국어를 좋아하느냐, 싫어하느냐 물으면 둘 중 하나로 선명하게 답하지 못했다. '매우 좋아한다'에서 '매우 싫어한다'에 이르기까지 외국어를 향한 사람들의 마음은 각양각색이다. 심지어 같은 사람이 어떨 때는 외국어가 재미있기도 하고, 어떨 때는 지긋지긋하다고 여기기도 한다. 외국어를 향한 마음은 그렇게 애매모호하고 복잡다단하다. 나 역시 예외는 아니다.

이 책은 그 애매모호하고 복잡다단한 마음을 품고 있지만 그래도 한 번쯤 다시 외국어를 공부해 보고 싶은 이들을 떠올리며 썼다. 또한 어렵게 배워 쌓은 외국어 실력을 유지하고 싶은 이들에게도 도움이 되었으면 하는 마음을 담았다.

외국어를 배운다는 것, 나아가 그걸 직접 사용하는 일은 대단한 용기가 필요하다. 태어날 때부터 자연스럽게 습득한 모어가 주는 안정감에서 벗어나 전혀 새로운 언어 체계를 습득해서 받아들이고 그것으로 자신의 생각을 표현하는 일은 어쩔 수 없이 불안을 딛고 갈 수밖에 없다. 무엇이든 적극적으로 시도하는 성격이라면 조금 수월할 수 있겠지만 소심하고 내성적이라면 더욱 어려운 일이다. 게다가 외워야 할 것이 끝도 없이 나오는 언어의 특성상 반복과 암기는 필수다. 그러니 인내심이야말로 외국어 학습의 기본 전제다. 인간에게 가장 어려운 것이 인내와 끈기이고 보면 결국 외국어 학습은 가장 어려운 도전의 대상일지도 모르겠다.

독해를 통한 교양의 증진을 목적으로 하던 외국어 학습은 19세기 말

이후부터 말하기에 초점을 맞춰왔다. 그뒤로 쉽고 효율적으로 외국어를 배울 수 있다는 무수히 많은 교수법이 복음처럼 등장했지만 하나같이 아쉬움만 남긴 채 연기처럼 사라졌다. 이는 역설적으로 외국어 학습에는 지름길도 없고 드라마틱한 비법도 없음을 말해준다. 오직 인내와 끈기만을 요구할 뿐이다. 이런 사실을 있는 그대로 직시하면 그때부터 새로운 길이 열린다. 그러나 아쉽게도 새로운 길은 누가 만들어주는 것이 아니다. 자신의 성격과 상황에 맞는 학습법을 스스로 만들어 길을 찾아야 한다.

자신만의 학습법을 만들기 위해서는 우선 스스로의 특징을 잘 살펴야 한다. 무작정 외국어 학습을 시작하는 것과 자신에게 맞는 목표를 설정하고 스스로의 규칙을 정한 뒤 시작하는 것은 결과적으로 매우 큰 차이를 만든다. 이 책은 그렇게 자신에게 맞는 학습법을 찾기 위해 고민하는 이들과 오랜 시간 외국어 학습을 해온 나의 경험과 생각을 나누기 위해 쓴 것이다.

2018년 『외국어 전파담』을 출간한 뒤 여러 차례 독자와의 만남을 가졌다. 그 자리에서 많은 독자들이 내게 어떻게 하면 외국어를 잘할 수 있는지 물었다. 외국어 학습에 관한 나의 생각을 담은 책을 쓰고 싶다고 생각한 것은 오래전부터지만 쓰겠다고 마음을 먹은 것은 그때부터였다.

막상 시작하는 일은 쉽지 않았다. 쓰고 싶은 다른 책도 있긴 했지만 그보다는 외국어 학습이 여전히 나에게는 '현재'이고 '미래'이기 때문이었다. 다시 말해 나에게 외국어 학습은 여전히 현재진행형이자 앞으로도 해나가야 할 일인데 마치 모든 일을 마친 뒤의 경험담처럼, 외국어 학습을 과거의 일처럼 바라보고 글을 써야 하는 일이 선뜻 내키지 않았다. 하지만 역시 같은 이유로 나는 이 책을 쓰기 시작했다. 앞으로 평생 새로운 외국어를 꾸준히 공부하고, 이미 배운 외국어 실력을 유지하기 위해 노력하며 살 텐데 그런 나에게 외국어 학습이 과거형이 될 날은 영영 오지 않을 것을 깨달았기 때문이다. 그렇게 마음을 먹고 본격적으로 쓰기 시작한 것이 2019년 연말의 일이다.

2020년 이 책을 출간할 계획이었다. 책이 나오면 한국에서 많은 독자들과 만날 수 있을 거라는 기대로 즐겁게 쓰기 시작했다. 이런 즐거움은 얼마 가지 못했다. 해가 바뀐 지 얼마 되지 않아 코로나19로 전 세계가 '올스톱'이 되었다. 1년에 몇 달씩 다른 도시에 머무는 것이 일상이었던 나의 삶도 '올스톱'이었다. 집 근처 동네를 산책하는 것 외에는 집 안에 머물러야 했다. 뉴스를 켤 때마다 확진자 급증, 사망자 속출 소식으로 괴로웠다. 계획보다 더디긴 했지만 그래도 이 책을 쓰면서 조금이나마 나의 슬픔과 불안을 잠재울 수 있었다. 그동안 외국어와 함께 살아온 나의 삶에 대해서도 많이 생각할 수 있었다.

이 책은 처음부터 끝까지 한글로 직접 썼다. 미국인으로서 영어를 모어로 쓰는 내가 한국 독자를 머리에 떠올리며 한글로 책을 쓰는 행위는 어떤 의미일까. 어쩌면 이것이야말로 내가 오랜 세월 수많은 외국어를 순례한 이유일지도 모른다. 거창하게 말했지만 사실은 매우 단순하다. 바로 재미와 보람을 느끼기 때문이다.

교토 대학교에서 교수로 재직하는 동안 나는 교토 사투리를 열심히 배웠고 즐겁게 사용했다. 강의 시간에는 물론 표준어를 사용했지만 교실 밖에서 학생들과 대화하거나 동료 교수들과 이야기를 나눌 때는 가급적 교토 사투리를 쓰려고 노력했다. 서툰 느낌을 주지 않기 위해 혼자 있을 때도 열심히 연습했다. 특별히 교토 사람들에게 잘 보이고 싶다거나 그들의 놀란 듯한 반응을 보고 싶어서 그런 건 아니었다. 교토를 너무 좋아해서 특별히 애정을 표시하고 싶은 것도 아니었다. 역시 이유는 재미였다. 교토 사투리가 내 입을 통해 나가는 그 자체가 즐겁고 신이 났다. 그렇게 보자면 나에게 외국어 학습은 즐거움의 원천인 셈이다.

그러나 이런 즐거움은 과연 누구나 가질 수 있는 '평등'한 감정인 걸까. 2020년 5월 말 미국에서는 대단히 비극적인 사건이 일어났다. 백인 경찰관이 흑인인 조지 플로이드George Floyd를 체포하는 과정에서 과잉 진압으로 그를 살해했다. 온 나라가 충격에 빠졌고, 팬데믹 상황임에도 불구하고 수많은 사람이 거리로 나가 경찰의 과잉 진압 및 인종 차별에 항의했다. 미 전역에 'Black Lives Matter'(흑인의 생명도 소중하다)라는 외침이 울려 퍼졌다. 이는 미국에서 일상적이고 구조적으로 자행되어온 인종 차별에 대한 폭로이면서 동시에 미 전역을 지배해온 백인 남성 위주 문화에 대한 저항이기도 했다.

일련의 상황을 지켜보면서 '미국인 백인 남성'인 나의 위치에 대해 생각하지 않을 수 없었다. 사회 구조적인 위치는 물론 '외국어 학습자'로서의 위치 역시 돌아볼 지점이었다. 전 세계 패권국가이면서 제국주의적 태도를 보이고 있는 미국에 대해 비판적인 시각을 가지고 있긴 하지만 나는 어쩔 수 없이 초강대국 주류 문화 계층에 속해 있는, 미국인이자 백인 남성이다.

10대 후반 도쿄와 멕시코를 경험했고, 20대 초반부터 30대 초반까지 한국과 일본에 살았다. 20대 후반부터는 대학에서 학생들을 가르쳤지만 그 이전까지 나는 줄곧 학생이었다. 아직 내 존재를 증명할 만한 사회적인 위치를 갖추기 전이었던 그 시절, 한국과 일본, 멕시코 등지에서 그곳의 언어를 배울 때 나는 어떤 저항이나 배척을 당한 경험이 거의 없다. 배척은커녕 오히려 처음 만날 때부터 언제나 특별한 대우와 친절한 대접을 받았다는 것이 더 정확한 말이다. 나는 나를 향해 늘 웃어주는 사람들 덕분에 그들의 언어는 물론 그들과 그들의 나라까지 좋아하게 되었다.

처음 만난 나에게 베풀었던 환대의 이유를 나는 잘 알고 있었다. 바로 내가 미국인 백인 남성이라는 '특별한 지위'에 속해 있기 때문이었다. 이 '특별한 지위'를 이용해 무언가를 얻으려고 애쓴 적은 없지만, 오히려 그런 오해를 받지 않기 위해, 나아가 내게 오는 환대를 당연하게 여기지 않기 위해 늘 조심하긴 했지만 그렇다고 해서 나에 대한 환대가 줄어들거나 사라지지는 않았다.

조지 플로이드의 죽음 이후 미 전역에 울려 퍼지는 인종 차별 반대의 외침을 들으며 나는 문득 '외국어를 좋아한다'는 것, '외국어 학습은 곧 즐거운 일'이라는 나의 감정은 어쩌면 나에 대한 '이유 있는' 환대에서 비롯한 것은 아닐까 생각하게 되었다. 그렇다면 그런 환대로 인해 갖게 된, 외국어 학습은 곧 즐거운 일이라는 나의 감정은 과연 떳떳한 것일까 하는 데까지 생각은 꼬리를 물었다. 스스로를 향한 질문은 이어졌다. 나아가 전 세계 패권 언어로 군림하는 영어를 모어로 쓰는 내가 외국어 학습을 즐긴다고 말하는 것은 어쩌면 원치 않지만 어쩔 수 없이 힘들게 영어를 배워야 하는 비영어권 국가의 사람들에게 한가하고 배부른 소리처럼 들리는 것은 아닐까. 나아가 내가 외국어를 배우는 행위가 혹시 미국 백인 남성의 지배 구조를 유지, 강화하는 데 기여하는 건 아닐까. 그렇다면 근본적으로 나의 외국어 순례에는 문제가 있는 걸까.

외국어 학습에 관한 나의 경험과 생각을 한국의 독자들과 즐겁게 나누기 위해 시작한 집필은 답도 없는 이 질문에 휘말려 한동안 진도를 제대로 나가지 못했다. 나는 시선을 돌려 유럽의 역사를 돌아보았다. 같은 대륙 안에서 서로 다른 언어를 쓰는 이들끼리 어깨를 대고 살아가는 유럽 여러 나라들에게 서로의 언어를 배우는 것은 문화 교류에 매우 중요한 요소다. 문화의 교류는 곧 국가와 민족끼리의 갈등을 완화하는 데 도움이 되는 것은 물론 평화의 안착에도 기여하는 바가 매우 크다.

역사적으로 크고 작은 전쟁을 끊임없이 이어온 유럽은 20세기 들어 양차 대전을 치르면서 큰 위기에 빠졌다. 이러한 위기를 겪은 뒤 유럽 대륙에 속한 모든 나라는 어떻게든 더이상 전쟁은 피하고 평화의 시대를 구축하는 것만이 서로가 살 길이라는 데 동의했다. 이후 서유럽으로부터 시작한 유럽의 통합 과정에 언어 교육을 통한 문화 교류가 큰 역할을 했음은 이미 널리 알려진 사실이다. 그렇게 생각을 거듭하면서 내가 해온 외국어 순례도 개인의 즐거움을 넘어 더 큰 의미를 부여 받을 수 있지 않을까 하는 자답自答에 이르러서야 가까스로 복잡한 자문自問에서 벗어날 수 있었다.

나에게 외국어 학습은 여전히 끝없는 인내와 끈기를 요구하는 일이다. 지금까지 공부한 외국어 실력을 유지하기 위해 하루에도 몇 개의 외국어를 꾸준히 연습한다. 그렇게 획득한 외국어는 한마디로 설명할 수 없는 즐거움을 누리게 해준다. 이것이 개인 로버트 파우저에게 외국어 학습이 갖는 의미다. 하지만 그것이 전부는 아니다. 오늘날 우리가 살고 있는 지구는 기술의 진보로 점점 좁아지고 있다. 좁아지는 만큼 전쟁, 기후 변화, 전염병 등 인류의 생존을 위협하는 온갖 위험한 일들이 빈번하게 일어나고 있다. 이런 위기 앞에서 우리가 할 일은 서로 협력해서 공동의 문제를 해결하기 위해 노력하는 일이다. 나에게는 외국어 학습이 그 노력을 위한 도구인 셈이다. 즉, 나에게 외국어 학습은 개인적으로는 즐거움의 원천이면서 더 나은 세상을 구축하는 길이기도 하다. AI의 발달로 인해 외국어 학습의 쓸모를 둘러싼 많은 말이 들려오지만 나는 외국어 학습이 인류의 평화에 기여할 것이라는 믿음을 가지고 있다.

자, 그렇다면 이 책을 펼치는 한국의 독자들에게 외국어 학습은 어떤 의미일까. 코로나19가 완전히 물러가기 전, 즉 집단 면역이 이루어지기 전에 이 책은 출간될 것이다. 그렇다 보니 한동안 독자들과 직접 얼굴을 마주 보며 이 질문에 대한 답을 듣기는 어려울 듯하다. 하지만 언젠가 한국에서 독자들을 만나게 된다면 이 질문에 대한 답을 꼭 들려주시길 청한다. 물론 놀라운 기술의 진보가 우리에게 허락한 온라인을 통해 우리는 먼저 만나게 될 것이다. 만남에 관한 공지는 역시 온라인 세상의 탁월한 도구인 SNS(트위터 @rjfouser)를 통해 이루어질 것이다.

2021년 여름, 미국 프로비던스에서
로버트 파우저

Preface

I celebrated my 59th birthday on December 15, 2020. If I had been in Korea, I would have celebrated my *hwangap*, or 60th birthday in Korean age, but because of COVID-19, I spent a quiet day with my sister and her family.

After an enjoyable time at my sister's, I spent the rest of the evening looking back on the past 60 years and realized that I have spent 44 of them learning a foreign/second language. I wondered why I have maintained such a strong interest in language learning and what prompted me to start learning languages in the first place. I have been asking myself this question from time to time since I spent a summer in 1978 doing a homestay in Tokyo when I was 16. I wrote this book to find answers to questions that have lingered in my mind for a long time.

I remember being thrilled learning a few words of Japanese during my homestay, and Spanish became my favorite class in high school. Many people around me, however, found language learning difficult and some outright hated it. When I went back to Japan in the summer of 1982, many Japanese people I met complained that learning English was difficult. It was the same with many Koreans I met in Seoul where I studied Korean from 1983 to 1984. Friends from the United States or other countries who were learning Korean or Japanese were no different.

Despite the difficulties, many continued and showed a genuine interest in learning. If you ask someone who is learning a language whether they like it or not, it is nearly impossible to give a clear answer. On a scale of "like very much" to "dislike very much," most people fall somewhere between these two extremes. Even the same person can find language learning interesting at times and boring at others, making language learning even more ambiguous and complicated. I am no exception.

This book deals with the ambiguity and complexities of learning a foreign/second language, but with the hope that readers will develop confidence to overcome these issues. In addition, it offers hope to those who want to maintain their language skills throughout their lives.

If you think about it, learning and using a foreign/second language requires great courage. Learning a completely new language system and expressing one's thoughts in it without the stability of the native language creates anxiety. It may be a little easier if you are an outgoing person who tries everything, but it is even more difficult if you are shy and introverted. In addition, repetition and memorization are essential to language learning because there are so many things to memorize. Patience, then, is fundamental to language learning but patience and perseverance are difficult for most people. In the end, learning a foreign/second language may be one of the most difficult things that people can do.

Since the end of the 19th century, foreign language learning, which had long focused on culture literacy through reading comprehension, shifted its focus to speaking. Since then, countless teaching methods to learn languages easily and efficiently have appeared only to fade away. This paradoxically suggests that there are no shortcuts and no dramatic secrets to learning a foreign/second language. It only requires patience and perseverance. If you face this fact, then a new path will open in front of you. But unfortunately, no one gives you that path; you must find it for yourself by creating your own learning method that best suits your personality and situation.

To create your own learning method, you must first take a good look at yourself. Instead of blindly following what other people do, you need to look inside yourself to develop methods that you feel comfortable with. In this book, I want to share my experiences learning various languages with readers who are struggling to find methods that they feel comfortable with.

After the publication of *The Spread of Foreign Languages* in 2018, I was honored to be invited to give talks at bookstores throughout Korea. Many readers asked me how I could speak other languages so well. My answers were often meandering, and, over the course of that year, I decided that I wanted to write a book on my thoughts on foreign/second language learning.

But getting started was not easy. There were other books I wanted to write, but more than that, language learning is still my present and future, not a past that I can reflect on. For me, language learning is still a work in progress and something I will continue to do in the future. I was reluctant to look at language learning as if it were something from my past and write about it as if I were done with it. Still, I managed to start writing this book at the end of 2019. I will continue to study new languages for the rest of my life and strive to maintain the languages that I have learned. The day when foreign/second language learning becomes past tense to me will never come.

I had hoped to publish in 2020 and was looking forward to meeting readers in Korea. But this optimism did not last long. Not long into the new year, everything came to a stop as the COVID-19 pandemic spread around the world. My life, which included long visits to Korea twice a year, was upended. The only time I left the house was for walks in the neighborhood. Every time I turned on the news, I was troubled by the surge in COVID-19 cases and deaths. Writing this book helped to calm my sadness and anxiety a little, and I was able to reflect on my life with foreign languages.

This book was written in Korean from beginning to end. I wrote in Korean because it is challenging and helps me maintain my Korean proficiency. Using Korean daily, mostly by writing, was particularly important during the long pandemic. All of this might sound grandiose, but it is really very simple: writing in Korean is fun and rewarding.

During my time as a professor at Kyoto University, I studied the Kyoto dialect hard and enjoyed using it. In class and in other formal situations, I used standard language, but I tried to use the Kyoto dialect as much as possible outside the classroom and with colleagues who spoke it well. I often practiced alone, hoping to get the difficult intonation right. I didn't do this to impress the people of Kyoto or to enjoy their surprised reaction. And I didn't do it to flatter people in Kyoto. I did it because it was fun. I liked hearing the Kyoto dialect come out of my mouth. For me, learning a foreign/second language has always been a source of joy, and the Kyoto dialect was no different. At the same time, I wondered if this joy is an equal feeling that everyone can have?

At the end of May 2020, a very tragic event occurred in the United States. White police officers killed George Floyd while using excessive force in arresting him. The whole country was in shock, and, despite the pandemic, millions of people took to the streets to protest the police oppression and systemic racism. Across the United States people chanted Black Lives Matter. This event was yet another tragic reminder of the reality of systemic racism in the United States, but it was also a critique of the systemic white-male dominance in the United States.

This forced me to think about my position as a white American man. My interest in and enjoyment of learning foreign/second languages cannot be detached from my social status as a white American man. In the current global system centered on US hegemony and, at worst, imperialism, I benefit from my status as a white American man, no matter how critical of it I may be.

I wasn't born into wealth or privilege, but I was secure in my status as white American man. When I was learning languages in Korea, Japan, and Mexico, I rarely experienced any resistance or rejection. Rather, I was almost always welcomed with open arms and often received special treatment and acts of kindness. Thanks to people who always welcomed me, I came to like their language as well as their country.

I know that the hospitality given to me in these countries and in others around the world is because I belong to the "special status" of being a white American man. I've never tried to use this "special status" to get anything and have always tried to be aware of how it works in my interactions with people. If so, is it fair to say that learning a foreign/second language is fun given my "special status"? I live in English, the dominant language in the world, and I enjoy learning foreign/second languages. People around the world who have no choice but to work hard to learn English do not have the luxury of choice that I have. And does my act of learning a foreign/second language contribute to maintaining and strengthening the dominance of white American men in the global system? If so, then is there something fundamentally wrong with my foreign/second language learning experiences?

I wanted to share my experiences and ideas about learning foreign/

second languages with Korean readers, but these questions have weighed on me. In search of answers, I turned around and looked back at the history of Europe. Europe has many languages close to each other. This is a source of cultural diversity, but also a source of conflict. After the conflicts of the first half of the 20th century, European nations turned toward language learning and cultural exchange as ways to help build peace among nations and peoples. The survival of European civilization depended on creating peace.

Cultural exchange through language education has played a key role in the European integration process that started in Western Europe and has since spread across the continent. As I thought about the importance of foreign/second language learning in Europe, I was able to overcome some of the self-doubt about my experiences learning languages. I realized that language learning is much more than personal enjoyment because it contributes to greater cultural understanding, which is essential to building peace on this small planet.

For me, learning a foreign/second language still requires patience and perseverance. To maintain my language proficiency, I practice a few languages consistently every day, which brings great joy. But there is more. The world we live in today is getting smaller and smaller with advances in technology. Humankind is threatened by wars, climate change, and infectious diseases. In the face of these crises, we must work together to find common solutions to global problems. For me, learning a foreign/

second language is part of that effort. Some have questioned the usefulness of learning a foreign/second language as artificial intelligence slowly breaks down the language barrier, but I firmly believe that language learning has much to contribute to bringing people together, which is essential for the future of humankind.

What, then, does learning a foreign/second language mean to Korean readers who open this book?

This book will be published before COVID-19 pandemic ends in Korea; that is, before herd immunity is achieved. This means that it will be difficult for me to visit Korea to discuss the contents of the book directly with readers until the pandemic ends. I look forward, however, to the day when I can meet readers in Korea and listen to their stories about language learning. In the meantime, I hope to meet readers online in video conferencing platforms. I will make announcements about virtual and, when circumstance permits, in-person meetings on Twitter (@rjfouser).

Providence, Rhode Island, Summer 2021
Robert Fouser

Prefacio

Celebré mi 59 cumpleaños el 15 de diciembre de 2020. Si hubiera estado en Corea, lo habría celebrado mi *hwangap*, o 60 años de edad en Corea, pero debido a COVID-19, pasé un día tranquilo con mi hermana y su familia.

Después de un tiempo agradable en la casa de mi hermana, pasé el resto de la noche mirando hacia atrás en los últimos 60 años y me di cuenta de que había pasado 44 de ellos aprendiendo una lengua extranjera / segunda lengua. Me pregunté por qué había mantenido un interés tan fuerte en el aprendizaje de idiomas y qué me impulsó a comenzar a aprender idiomas en primer lugar. Me he estado haciendo esta pregunta de vez en cuando desde que pasé un verano en 1978 en una casa de familia en Tokio cuando tenía 16 años. Escribí este libro para encontrar la respuesta a las preguntas que han permanecido en mi mente durante mucho tiempo.

Recuerdo que me emocioné al aprender algunas palabras de japonés durante mi estadía en la casa de familia y el español se convirtió en mi clase favorita en la escuela secundaria. Sin embargo, mucha gente a mi alrededor encontró difícil aprender un idioma y algunas lo odiaron. Cuando volví a Japón en el verano de 1982, muchos japoneses que conocí se quejaron de que aprender inglés era difícil. Lo mismo sucedió con muchos coreanos que conocí en Seúl, donde estudié coreano de 1983 a 1984. Los amigos de los Estados Unidos u otros países que estaban aprendiendo coreano o japonés no eran diferentes.

A pesar de las dificultades, muchos continuaron y mostraron un interés genuino por aprender. Si le pregunta a alguien que está aprendiendo un idioma si le gusta o no, es casi imposible dar una respuesta clara. En una escala de "me gusta mucho" a "no me gusta mucho", la mayoría de la gente se encuentra en algún punto entre estos dos extremos. Incluso la misma persona encuentra el aprendizaje de idiomas interesante en ocasiones y aburrido en otras, lo que hace que el aprendizaje de idiomas sea aún más ambiguo y complicado. Yo no soy la excepción.

Este libro trata sobre la ambigüedad y las complicaciones de aprender un idioma extranjero/segundo idioma, pero con la esperanza de que los lectores desarrollen confianza para superar estos problemas. Además, ofrece esperanza a quienes desean mantener sus habilidades lingüísticas a lo largo de su vida.

Si lo piensas bien, aprender y usar un idioma extranjero o un segundo idioma requiere mucho coraje. Aprender un sistema lingüístico completamente nuevo y expresar los pensamientos en él sin la estabilidad del idioma nativo genera ansiedad. Puede ser un poco más fácil si eres una persona extrovertida que lo intenta todo, pero es aún más difícil si eres tímido e introvertido. Además, la repetición y la memorización son esenciales para el aprendizaje de idiomas porque hay muchas cosas que memorizar. La paciencia, entonces, es fundamental para el aprendizaje de idiomas, pero la paciencia y la perseverancia son difíciles para la mayoría de las personas. Al final, aprender un idioma extranjero o un segundo idioma puede ser una de las cosas más difíciles que pueden hacer las personas.

Desde finales del siglo XIX, el aprendizaje de lenguas extranjeras que durante mucho tiempo se había centrado en la alfabetización cultural a través de la comprensión lectora, cambió su enfoque del habla. Desde entonces, innumerables métodos de enseñanza para aprender idiomas de manera fácil y eficiente han aparecido sólo para desvanecerse. Esto, paradójicamente, sugiere que no existen atajos ni secretos dramáticos para aprender un idioma extranjero o un segundo idioma. Solo requiere paciencia y perseverancia. Si se enfrenta a este hecho, se abrirá un nuevo camino frente a usted. Sin embargo, lamentablemente, nadie recorre ese camino; debes encontrarlo por ti mismo creando tu propio método de aprendizaje que mejor se adapte a tu personalidad y situación.

Para crear su propio método de aprendizaje, primero debe examinarse detenidamente. En lugar de seguir ciegamente lo que hacen otras personas, debe mirar dentro de sí mismo para desarrollar métodos con los que se sienta cómodo. En este libro, quiero compartir mis experiencias y pensamientos extranjeros / segundo aprendizaje con lectores que luchan para encontrar métodos con los que se sientan cómodos.

Después de la publicación de *The Spread of Foreign Languages* en 2018, tuve el honor de ser invitado a dar charlas sobre libros en las librerías de Corea. Muchos lectores me preguntaron cómo podía hablar otros idiomas tan bien. Mis respuestas a menudo eran divagantes y, en el transcurso de ese año, decidí que quería escribir un libro sobre mis pensamientos sobre el aprendizaje de una segunda lengua extranjera.

Pero empezar no fue fácil. Había otros libros que quería escribir, pero más que eso, el aprendizaje de idiomas sigue siendo mi presente y mi futuro, no un pasado en el que pueda reflexionar. Para mí, el aprendizaje de idiomas es todavía un trabajo en progreso y algo que continuaré haciendo en el futuro. Era reacio a considerar el aprendizaje de idiomas como si fuera algo de mi pasado y escribir sobre él como si hubiera terminado con él. Aun así, logré comenzar a escribir este libro a finales de 2019. Continuaré estudiando nuevos idiomas por el resto de mi vida y me esforzaré para mantener los idiomas que he aprendido. Nunca llegará el día en que el aprendizaje de una lengua extranjera / segunda lengua se convierta en pasado.

Tenía la esperanza de publicar en 2020 y estaba deseando encontrarme con lectores en Corea. Pero esta alegría no duró mucho. No mucho después del nuevo año, todo se detuvo cuando la pandemia de COVID-19 se extendió por todo el mundo. Mi vida, que incluía largas visitas a Corea dos veces al año, cambió. La única vez que salía de casa era para pasear por el barrio. Cada vez que ponía las noticias, me preocupaba el aumento de casos y muertes por COVID-19. Escribir este libro ayudó a calmar un poco mi tristeza y ansiedad, y pude reflexionar sobre mi vida con idiomas extranjeros.

Este libro fue escrito en coreano de principio a fin. Escribí en coreano porque es un desafío y me ayuda a mantener mi dominio del coreano. El uso diario del coreano, principalmente por escrito, fue particularmente importante durante la larga pandemia. Todo esto puede parecer grandioso, pero la verdad es muy simple: escribir en coreano es divertido y gratificante.

Durante mi tiempo como profesor en la Universidad de Kioto, estudié mucho el dialecto de Kioto y disfruté usándolo. En clase y en otras situaciones formales, usé un lenguaje estándar, pero traté de usar el dialecto de Kioto tanto como me fue posible fuera del aula y con colegas que lo hablaban bien. A menudo practicaba solo, con la esperanza de acertar con la entonación difícil. No hice esto para impresionar a la gente de Kioto ni para disfrutar de su reacción de sorpresa. Y no lo hice para halagar a la gente de Kioto. Lo hice porque era divertido. Me gustó escuchar el dialecto de Kioto salir de mi boca. Para mí, aprender un idioma extranjero o un segundo idioma siempre ha sido una fuente de alegría, y el dialecto de Kioto no fue diferente. Al mismo tiempo, me preguntaba si esta alegría es un sentimiento igual que todos pueden tener.

A finales de mayo de 2020, ocurrió un evento muy trágico en los Estados Unidos. Los policías blancos mataron a George Floyd mientras usaron fuerza excesiva para arrestarlo. Todo el país estaba en estado de shock y, a pesar de la pandemia, millones de personas salieron a las calles para protestar contra la opresión policial y el racismo sistémico. En todo Estados Unidos, la gente coreó Black Lives Matter. Este evento fue otro trágico recordatorio de la realidad del racismo sistémico en los Estados Unidos, pero también fue una crítica al dominio sistémico de los hombres blancos en los Estados Unidos.

Esto me obligó a pensar en mi posición como hombre estadounidense blanco. Mi interés y disfrute de aprender lenguas extranjeras/segundas no puede separarse de mi estatus social como hombre estadounidense blanco. En el actual sistema global centrado en la hegemonía de los Estados Unidos y, en el peor de los casos, el imperialismo, me beneficio de mi condición de hombre estadounidense blanco, sin importar lo crítico que pueda ser.

No nací en medio de la riqueza ni los privilegios, pero estaba seguro de mi condición de estadounidense blanco. Cuando estaba aprendiendo los idiomas en Corea, Japón y México, rara vez experimenté resistencia o rechazo. Más bien, casi siempre me recibían con los brazos abiertos y, a menudo, recibía un trato especial y actos de bondad. Gracias a las personas que siempre me acogieron, llegué a gustarme tanto su idioma como su país.

Sé que la hospitalidad que me brindan en estos países y en otros alrededor del mundo se debe a que pertenezco al "estatus especial" de ser un hombre estadounidense blanco. Nunca he intentado utilizar este "estado especial" para obtener algo y siempre he tratado de estar consciente de cómo funciona en mis interacciones con la gente. Si es así, ¿es justo decir que aprender un idioma extranjero/segundo idioma es divertido dado mi "estatus especial"? Vivo en inglés, el idioma dominante en el mundo, y disfruto aprendiendo lenguas extranjeras/segundas. Las personas de todo el mundo que no tienen más remedio que trabajar duro para aprender inglés no tienen el lujo de elegir lo que yo tengo. ¿Y mi acto de aprender un idioma extranjero/segundo idioma contribuye a mantener y fortalecer el dominio de los hombres estadounidenses blancos en el sistema global? Si es así, ¿hay algo fundamentalmente malo en mis experiencias en el extranjero o en un segundo idioma?

Quería compartir mis experiencias y pensamientos sobre el aprendizaje de un idioma extranjero/segundo idioma con lectores coreanos, pero esta pregunta me pesaba. En busca de una respuesta, me di la vuelta y miré hacia atrás en la historia de Europa. Europa tiene muchos idiomas cercanos entre sí. Esta es una fuente de diversidad cultural, pero también una fuente de conflicto. Después de los conflictos de la primera mitad del 20 siglo los países europeos se volvieron hacia el aprendizaje de idiomas y el intercambio cultural como formas de ayudar a construir la paz entre las naciones y los pueblos. La supervivencia de la civilización europea dependía de la creación de la paz.

El intercambio cultural a través de la educación lingüística ha jugado un papel clave en el proceso de integración europea que comenzó en Europa Occidental y se extendió por todo el continente. Mientras pensaba en la importancia del aprendizaje de lenguas extranjeras/segundas en Europa, pude superar algunas de las dudas sobre mis experiencias de aprendizaje de idiomas. Me di cuenta de que el aprendizaje de idiomas es mucho más que un disfrute personal porque contribuye a una mayor comprensión cultural que es esencial para construir la paz en este pequeño planeta.

Para mí, aprender un idioma extranjero o un segundo idioma aún requiere paciencia y perseverancia. Para mantener mi dominio del idioma, práctico algunos idiomas constantemente todos los días, lo que me da una gran alegría. Pero hay más. El mundo en el que vivimos hoy es cada vez más pequeño con los avances tecnológicos. La humanidad está amenazada por las guerras, el cambio climático y las enfermedades infecciosas. Frente a estas crisis, debemos trabajar juntos para encontrar soluciones comunes a los problemas globales. Para mí, aprender un idioma extranjero o un segundo idioma es parte de ese esfuerzo. Algunos han cuestionado la utilidad de aprender un idioma extranjero o un segundo idioma, ya que la inteligencia artificial rompe lentamente la barrera del idioma, pero creo firmemente que el aprendizaje de idiomas tiene mucho que contribuir para unir a las personas, lo cual es esencial para el futuro de la humanidad.

Entonces, ¿qué significa aprender un idioma extranjero o un segundo idioma para los lectores coreanos que abren este libro?

Este libro se publicará antes de que termine la pandemia de COVID-19 en Corea; es decir, antes de que se logre la inmunidad colectiva.

Esto significa que será difícil discutir el contenido del libro directamente con los lectores hasta que termine la pandemia. Sin embargo, espero con ansias el día en que pueda encontrarme con lectores en Corea y escuchar sus historias sobre el aprendizaje de idiomas. Mientras tanto, espero encontrarme con lectores en línea en plataformas de videoconferencia. Haré anuncios sobre reuniones virtuales y, cuando las circunstancias lo permitan, en persona en Twitter (@rjfouser).

Providence, Rhode Island, verano de 2021

Robert Fouser

차례

01 이야기는 16세 미국 청소년, 로버트 파우저가 외국어를 배운 최초의 기억에서 시작한다 035

10대 후반부터 시작한 외국어 순례 | 최초의 외국어는 스페인어와 일본어 | 미국의 대학에서 일본어를 전공하다 | 한국을 만나고, 한국어를 배우다 | 다독으로 터득한 나만의 외국어 학습법

02 인류의 외국어 학습은 어디에서 시작해 어디로 향하는가, 외국어 학습은 어떻게 진화했는가 053

상류층과 엘리트의 전유물, 외국어 학습 | 외국어 학습의 목표, 읽기에서 말하기로 | 교육 현장에 불어온 변화의 바람 | 기술의 발전과 함께 진화하는 외국어 학습 | 읽기에서 말하기로 변화하는 외국어 학습, 그렇다면 발음은?

03 처음 외국어를 배운 그 순간을 기억하는가, 그것은 우리의 선택이었는가 073

우리가 외국어를 배우기 시작한 이유 | 우리가 바로 '그' 외국어를 배워야 했던 이유 | 영어의 패권에 대응한 중국과 프랑스 | 인도 그리고 르완다, 언어 정책을 둘러싼 이 나라의 속사정 | 하나의 언어가 내 앞에 당도하기까지

일러두기

1 이 책은 미국인 저자 로버트 파우저가 처음부터 끝까지 한글로 저술하였다. 앞부분의 '책을 펴내며'는 영어와 스페인어로 추가 저술, 게재하였다.

2 외국 인명과 지명 등의 표기는 국립국어원의 외래어 맞춤법 기준에 따랐으나, 관용으로 굳어진 경우 그 용례에 따랐다. 필요한 경우 원어 알파벳 및 생몰년 등을 병기하였다.

3 본문에 언급한 나이의 표기는 미국인 저자의 특성을 고려하여 미국식을 따랐다.

4 참고한 주요 문헌은 책 뒤에 목록을 수록하였다. 특히 본문의 일부 사례는 저자가 그동안 여러 매체에 기고한 글의 일부를 사용하였고, 매체 및 연재명은 참고문헌에 밝혀 두었다.

5 책에 사용한 이미지는 확인이 가능한 범위 안에서 저작권 및 사용 허가 권한 유무의 확인을 거쳤다. 저자의 개인 소장용을 제외하고는 주로 위키미디어 공용commons.wikimedia.org 사이트의 저작권 만료 또는 사용 제약이 없는 퍼블릭 도메인public domain 이미지를 사용하였고, 이 경우 출처의 표시를 생략하였다. 이외에 출처 및 소장처가 분명한 것은 사용 이미지 하단에 관련 사항을 모두 밝혀 두었다. 추후 다른 절차 및 정보가 확인되는 경우 이에 따른 적법한 절차를 밟겠다.

01

이야기는
16세 미국 청소년,
로버트 파우저가
외국어를 배운
최초의 기억에서
시작한다

▶▶▶▶▶▶▶▶▶▶▶▶▶▶▶▶▶▶▶

돌이켜보면 평생 새로운 외국어를
순례하며 살았던 듯하다. 10대 후
반부터 관심을 갖고 배우기 시작한
외국어는 내게는 평생의 친구이자
더 넓은 세상을 볼 수 있게 하는 창
문이다. 처음 외국어로 된 문장을
읽고, 그 문장에 실린 그 언어의 고
유한 뉘앙스를 이해한다고 느낄 때
벅차게 차오르던 보람은 지금도 선
명하다.

▸▸▸▸▸▸▸▸▸▸▸▸▸▸▸

10대 후반부터 시작한 외국어 순례

1961년 미국에서 태어난 나는 20대부터 50대 중반까지 주로 미국 밖에서 살았다. 고등학교 시절 도쿄에 두 달 머문 것이 첫 해외 생활이었다. 이후 멕시코, 일본, 한국 등에 머물며 스페인어, 일본어, 한국어를 만났다. 대학에서 일어일문학을 전공한 뒤 졸업 후에는 한국에서 한국어를 공부했다. 이후 미국 대학원에서 응용 언어학을 연구하며 라틴어와 북미 선주민 언어를 익혔다.

대학원을 졸업한 뒤에 한국에 돌아와 고려대학교 영어교육과에서 영어를 가르치면서 독일어 공부를 시작했고, 『맹자』를 읽으며 한문을 익혔다. 한편으로 시조를 읽거나 중세 한국어를 공부했다. 박사 과정은 아일랜드에서 마쳤는데 그 무렵 프랑스어를 공부했고, 독일에서 독일어 공부를 한 것도 이 무렵이다.

아시아로 귀환한 것은 1995년이었다. 일본 교토, 가고시마, 구마모토 등의 대학에서 교수로 재직하면서 영어와 한국어를 가르쳤고, 2008년 서울대학교 국어교육과 교수로 임용된 것을 계기로 쭉 한국에 살았다. 이 시기에는 고등학교 때 배운 스페인어를 비롯해 포르투갈어, 중국어, 몽골어 등에 탐닉했다. 2014년 교수직을 그만두고 미국으로 돌아간 뒤에는 한동안 에스페란토 공부에 몰두했다. 가장 최근에는 그동안 전혀 접하지 않았던 이탈리아어를 익히는 일에 매진하고 있고, 고교 시절 처음 배운 스페인어를 다시 공부하고 있다. 이밖에도 몇몇 언어들이 더 있긴 하지만 중요한 걸 꼽아 보면 이 정도로 말할 수 있겠다.

돌이켜보면 평생 새로운 외국어를 순례하며 살았던 듯하다. 10대 후반부터 관심을 갖고 배우기 시작한 외국어는 내게는 평생의 친구이자 더 넓은 세상을 볼 수 있게 하는 창문이다.

최초의 외국어는 스페인어와 일본어

일본어를 배우기 시작한 것은 아버지의 영향이었다. 아버지는 제2차 세계대전 이후 1946년부터 1948년까지 일본 교토에 머물며 미군용 건물과 시설을 설계하는 일을 도우셨다. 주말마다 헤이안平安 신궁 숙소 근처는 물론이고 기요미즈데라清水寺, 긴카쿠지銀閣寺 등을 다니셨다. 다닌 곳들을 간단히 스케치해서 집으로 편지와 함께 보내기도 하셨다.

아버지로부터 교토에 대해, 일본에 대해, 아시아에 대해 이야기를 자주 들었고, 아버지가 젊은 시절 교토에서 찍은 흑백사진과 당시 보낸 편지를 보며 자랐다. 나에게 일본은, 아시아는 환상적인 이미지로 남았고, 언젠가 그곳에 가보고 싶다는 막연한 꿈을 자연스럽게 품곤 했다.

그리고 마침내 1978년 고등학교 여름방학에 도쿄 인근의 일본인 가정에서 홈스테이를 했다. 그 여름은 내게 매우 강렬한 기억을 남겼다. 미국인이지만 내가 태어나 자란 곳은 뉴욕 같은 대도시가 아니었다. 미시간 주 앤아버는 그때만 해도 수많은 지역 도시 중 하나였다. 맛있는 빵집도 없었고, 세련된 카페 문화도 없었다. 그에 비해 도쿄는 이미 세계적인

1946년 무렵 아버지가 교토에서 찍은 흑백사진 중 한 장.

대도시였다. 도쿄에서 만난 이들은 미국에서 온 나를 신기하다는 듯 바라보았지만 나는 도쿄가 더 신기했다. 젊은이들의 멋진 옷차림, 상상조차 하지 못한 신기하고 맛있는 음식들, 지하철을 타고 다니며 만나는 도시의 활기찬 분위기는 짜릿할 만큼의 자극이었다.

홈스테이가 끝난 뒤 앤아버로 돌아왔을 때 한동안 도쿄에 대한 그리움에 휩싸였다. 그럴수록 고향 앤아버는 답답하기 짝이 없는 촌동네일뿐이었다. 대학에 진학한 뒤 나의 전공은 자연스럽게 일본어로 정해졌다. 1980년대로 접어들 무렵이었다.

일본어가 최초로 학습한 외국어는 아니었다. 일본에서 홈스테이를 하고 돌아온 뒤 학교에서 배운 스페인어야말로 나의 첫 외국어였다. 고교

1978년 도쿄에 머물 때 방문했던 고등학교 수업 시간.

시절 만난 스페인어 선생님은 멕시코에서 오신 분이었다. 이모처럼 친근했고 성격도 유쾌해서 학생들 사이에 인기가 높았다. 선생님이 마음에 들었던 덕분인지 나는 줄곧 좋은 성적을 받았고 선생님과도 친하게 지냈다.

대학에 진학한 뒤에 한동안 스페인어와 일본어 공부를 병행했다. 당시 강사는 스페인어에 능숙한 미국인이었는데 그분에게 수업을 들으면서도 내가 열심히 하면 저 정도는 할 수 있겠다는 자신감이 있었다. 일본어를 전공으로 결정한 뒤부터 스페인어는 아무래도 소홀해졌다. 그때만 해도 훗날 스페인어를 꾸준히 공부하지 않은 걸 후회하게 될 줄은 몰랐다.

미국의 대학에서 일본어를 전공하다

당시 미국 대학에서 이루어진 일본어 교육은 말하거나 듣기보다 주로 문법과 읽기 중심이었다. 가장 먼저 만난 장벽은 한자였다. 처음 1년 동안 일본 초등학교에서 배우는 1,026자의 상용 한자 중 800자를 암기해야 했다. 수업을 따라가기 힘들어 중간에 그만두는 친구들이 많았다. 800자를 암기하고 나면 끝이냐, 그럴 리 없다. 이번에는 일본 중고등학교에서 배우는 1,110자 중 1,000자를 외워야 했다. 하지만 이 단계에 진입한 친구들은 대부분 끝까지 가보겠다는 결의를 가진 상태여서 중도에 포기하는 이들이 비교적 적었다.

처음 일본어를 배우기 시작할 때는 시험 결과가 좋지 않아 선생님께 야단을 많이 맞았다.

"日本語は漢字力だよ。"
일본어는 한자 실력이다.

야단맞을 때 선생님께 들었던 이 말이 지금도 기억에 선하다. 한자를 암기하기 위해 단어장을 수십, 수백 장 만들어 어디를 가나 가지고 다니며 외웠다. 단어장을 직접 만드는 것이 암기에 매우 효과적이라는 걸 그때 경험했다. 이후 다른 외국어를 공부할 때도 나는 늘 직접 만든 단어장을 적극적으로 활용한다.

한자를 어느 정도 익히고 나니 텍스트를 읽는 것이 한결 수월했다. 중급에서 고급으로 올라가면서부터는 교과서 텍스트에서 벗어나 문학 작

품으로 그 대상을 넓혀 나갔다. 나쓰메 소세키夏目漱石의 『마음』心, 아쿠타가와 류노스케芥川龍之介의 『라쇼몬』羅生門, 시가 나오야志賀直哉의 『기노사키에서』城の崎にて, 가와바타 야스나리川端康成의 『설국』雪国 등 많은 명작을 일본어로 읽었다. 한자를 배우고 익히는 것이 정말 어렵고 힘들었지만, 한 권 한 권 읽어 나갈 때마다 어휘력이 늘었고, 동시에 일본 문화에 대한 이해가 깊어졌다. 그러면서 자연스럽게 일본인만큼은 아니지만, 일본어로 된 텍스트를 읽으며 그 밑에 깔린 그들의 정서에 공감할 수 있는 정도가 되었다.

"国境の長いトンネルを抜けると雪国であった。"
국경의 긴 터널을 빠져나오자 설국이었다.

일본인이라면 누구나 잘 아는 『설국』의 첫 문장을 읽으며 그 문장에 실린 뉘앙스를 이해한다고 느낄 때 벅차게 차오르던 보람은 지금도 선명하다.

한국을 만나고, 한국어를 배우다

한국과 한국어를 처음 만난 건 1982년이다. 그무렵 나는 대학에서 배운 일본어를 실제로 사용해 보고 싶었고, 나아가 일본어를 더 잘하고 싶었다. 고등학교 때 도쿄에 머물 때는 일본어를 거의 몰랐지만 이번에는 좀 다를 거라는 기대도 있었다. 1982년 여름방학을 이용해 도쿄에 머물렀다. 처음 왔을 때보다 훨씬 자신감 있게 도쿄 곳곳을 돌아다녔다. 생동

1982년 다시 방문한 도쿄 거리에서.

감 있는 일본어 공부를 위해 현지에서 소설을 읽는 것이 도움이 될 것 같
아 1979년 등단한 무라카미 하루키가 1980년에 출간한『1973년의 핀볼』
1973年のピンボール을 읽었다. 비록 모르는 한자가 많아서 읽기 힘들었지만
다 읽은 후에는 한창 주목받고 있던 젊은 작가의 책을 읽었다는 자부심이
컸던 것으로 기억한다.

한국을 만난 것도 그때였다. 일본에서 배를 타고 부산을 거쳐 서울
을 다녀갔다. 서울은, 한국은, 도쿄와는, 일본과는 사뭇 다른 느낌이었다.
비록 짧게 머물렀지만, 활기찬 분위기는 매우 인상적이었다. 어디를 가
나 독특한 에너지를 느낄 수 있었다. 부유하지도 않아 보이고, 군부 정권
에 의해 정치적으로 통제가 심한 것으로 알고 있었는데, 어딜 가나 강렬
한 에너지를 뿜어내는 것이 놀라웠다. 이미 경제 강국으로 올라선 이웃나
라 일본인들이 한창 패션과 유행에 몰두하고 있는 것과는 달리 어려운 정
치, 경제적 상황 속에서도 열심히 사는 사람들의 모습이 매력적으로 보였
다. 이런 에너지는 어디에서 온 걸까? 이런 에너지는 한국의 미래에 어떤
영향을 미칠까? 한국은 앞으로 어떻게 변화할까? 등등 궁금한 것이 자꾸
만 꼬리를 물었다.

아주 잠깐 스치듯 만났지만 한국에 대한 호기심은 미국으로 돌아간
뒤에도 갈수록 커져만 갔다. 지금은 생각이 조금 달라졌지만, 그때만 해
도 어떤 나라나 문화를 이해하려면 그 나라 언어를 배우는 것이 첫걸음이
라는 인식이 강했다. 한국에 대한 호기심은 자연스럽게 한국어 학습으로
이어졌다. 미국에서 한국어 공부를 조금씩 시작했지만 그걸로는 성에 차
지 않아 1983년에는 아예 서울로 유학을 왔다. 서울대학교 어학연구소
(오늘날 언어교육원)에 입학, 본격적으로 한국어를 배웠다.

36. AV.S. + 은 다음 ~

   After doing ~   ~た後に

37. 부터 from から with time etc NOT people place.

38. 아무도 + neg. word だれも
    아무것 + neg. word. 何も
    나는 아무 것 안 했어 私は何もしなかった。

39. 되어 가다 , 되어 오다
    なって行く   なって来る

40. 네요 Ending   a bit emphatic but not as much as 군요 ending.

41. Des. V.S. + 게, 히 or 이 = adverb form
    크다 → 크게   게 is the most common form
              (く, に)

42. 드리다 さしあげる VS. + 드리다.
    응 주다.
    Also: 얼마동안 どのぐらい
          뵙다   お目にかかる
          오랫동안 長い間

43. 너 · use to mean 의 when talking about/with children.

일본어 첫 수업이 히라가나부터라면 한국어 첫 수업은 한글의 자음과 모음부터였다. 말하기부터 시작하는 회화 중심 교육 과정도 많았지만 나는 영어와 다른 한글의 문자 체계를 먼저 배우는 쪽을 선택했다.

미국에서 공부한 게 있어서 도움이 되긴 했지만 새로운 언어를 배우는 일은 언제나 낯설다. 한국어를 배우면서 일본어를 처음 배울 때를 자주 떠올렸다. 대학에서 배운 일본어와 어순이 비슷하고, 같은 한자를 사용하는 경우가 많아 도움을 많이 받았다. 한글은 히라가나에 비해 자음과 모음의 수가 적다는 것이 다행스러웠다. 각 글자가 하나의 소리를 표현하는 것은 히라가나와는 대조적이고 비교적 암기하기가 쉬운 편이다. 하지만 어려운 부분이 없을 리 없다. 예를 들면 '신라', '종로' 같은 단어의 발음은 글자와 다르다. 이렇게 글자와 발음이 다른 경우는 발음 변화의 규칙을 암기해야 한다. 정해진 규칙이 없어도 자모의 환경에 따라 발음이 달라지는 경우도 많다. 말하자면 한글의 문자 체계는 비교적 쉽게 외울 수 있지만, 미묘한 발음의 변화를 익히는 데는 상당한 노력을 기울여야 했다.

한국어를 공부하면서 일본어 공부도 게을리하지 않았다. 일본어를 잊어버리지 않기 위해서 그런 것인데, 두 개의 언어를 교차로 공부하는 효과는 기대 이상이었다.

일반적으로 외국어는 '무조건 연습'이라는 인식이 널리 퍼져 있긴 하지만 기본적으로는 문법 구조에 대한 지식을 갖출 필요가 있다. 해당 외국어의 문법 구조를 모르면 문장을 만들지 못하는 건 지극히 당연하다. 단어 역시 많이 알수록 표현할 수 있는 범위가 사뭇 달라진다.

한국어와 일본어를 교차로 공부하면서 내가 도움을 받은 것은 바로 이 부분이다. 두 나라의 언어는 일단 어순과 문법 체계가 비슷한 점이 많아 한국어를 공부하면서 일본어 학습 경험이 얼마나 큰 도움이 되었는지 모른다. 게다가 한자에서 비롯한 공통 어휘가 아주 많다는 점도 큰 도움이 되었다. 물론 문법과 단어의 차이가 없지는 않지만, 공통점이 많은 언어를 배운다는 것은 기울여야 하는 노력의 양을 훨씬 줄여 준다는 점에서 매우 효율적이다.

다독으로 터득한 나만의 외국어 학습법

나에게 외국어를 배우는 데 가장 익숙한 방법은 그 언어로 되어 있는 텍스트를 읽는 것이다. 일본어도 그렇게 시작했고 한국어도 마찬가지였다. 하지만 처음부터 문학 작품을 읽을 수는 없었다. 교과서에 실린 텍스트를 중심으로 열심히 공부했다. 새로운 어휘가 끝도 없이 나왔다. 난이도가 높아질수록 한자어가 자주 나왔다. 한자어는 어려웠지만 반드시 넘어야 하는 장벽처럼 여겨졌다. 물론 한자를 몰라도 한국에서 충분히 살 수 있고, 한국어로 의사소통을 하는 것도 가능하다. 하지만 일본어와 마찬가지로 제대로 된 한국어를 구사하려면 한자를 배우는 것이 꼭 필요하다고 생각했다.

그뒤 미국에 돌아가 석사 과정을 마치고 1986년 한국에 다시 돌아온 뒤 1993년까지 한국과학기술대학(오늘날 한국과학기술원)과 고려대학교에서 학생들에게 영어를 가르치면서 한편으로 한국어 공부에 더 집중했다.

공부 방법 중 하나는 틈날 때마다 새로운 책을 구해 읽는 것이었다. 한국어에 익숙해지는 데 다독만큼 좋은 건 없었다. 어느새 고려대학교 정

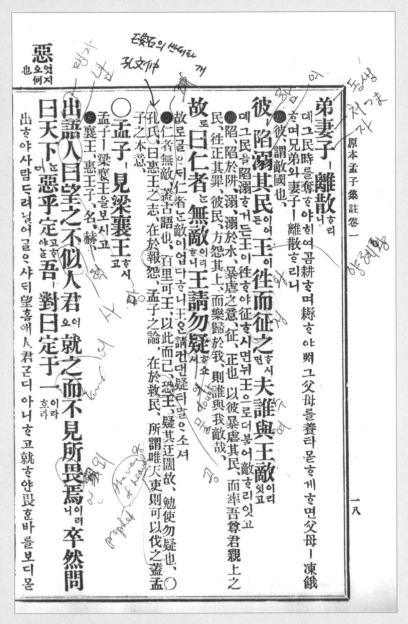

弟妻子ㅣ離散ᄒᆞ리니 대 그 民의 時를 奪ᄒᆞ야 히여곰 耕ᄒᆞ며 耨ᄒᆞ야 ᄡᅥ 그 父母를 養ᄐᆞᆺ 몯ᄒᆞ게 ᄒᆞ면 父母ㅣ 凍餓

●彼ᄂᆞᆫ 謂敵國也ㅣ라

彼陷溺其民이어ᄂᆞᆯ 王이 往而征之ᄒᆞ시면 夫誰與王敵이리오 데 그 民을 陷溺ᄒᆞ거ᄃᆞᆫ 王이 往ᄒᆞ야 征ᄒᆞ시면 뉘 王으로 더브러 敵ᄒᆞ리잇고

●陷、陷於阱、溺、溺於水、暴虐之意、征、正也、以彼暴虐其民、而率吾尊君親上之民、往正其罪、彼民、方怨其上、而樂歸於我、則誰與我敵哉、

故로 曰 仁者ᄂᆞᆫ 無敵이라 ᄒᆞ니 王請勿疑ᄒᆞ쇼셔 故로 ᄀᆞᆯ온 仁者ᄂᆞᆫ 敵이 업다 ᄒᆞ니 王은 請컨댄 疑티 말으쇼셔

●仁者無敵、蓋古語也、百里可王、以此而已、恐王、疑其迂闊故、勉使勿疑也、○孟子之論、在於救民、所謂唯天吏則可以伐之蓋孟子之本意、

○孟子ㅣ見梁襄王ᄒᆞ시고 孟子ㅣ 梁襄王을 보시고

●襄王、惠王子、名、赫、

出語人曰望之不似人君이오 就之而不見所畏焉이러니 卒然問 出ᄒᆞ야 사ᄅᆞᆷ드려 닐어 ᄀᆞᆯ오ᄃᆡ 望호ᄆᆡ 人君디 아니ᄒᆞ고 就ᄒᆞ야도 畏ᄒᆞᆯ바를 보디 몯

曰天下ᄂᆞᆫ 惡乎定고 ᄒᆞ야ᄂᆞᆯ 吾ㅣ 對曰定于一이라호라

惡오엇지何也

1992~1993년 한국에서 『맹자』를 공부할 때 사용한 노트.

시조

9/1

孟思誠

〈江湖 四時歌〉

江湖에 봄이 드니 미친 興이 절로 난다   杜甫: "落日"
濁醪溪邊에 錦鱗魚 l 안주로다   (막걸리를 마시며 노는 강물놀이)
이몸이 閒暇히옴도 亦君恩이샷다   (쇠가리 → 아름다운 물고기)

江湖에 녀름이 드니 草堂에 일이 없다   (녀름 = 여름)
有信호 江波는 보내느니 부람이다   (신의가 있는) (보내는 것이)
이몸이 서놀히옴도 亦君恩이샷다

江湖에 그을이 드니 고기마다 술져 있다   (그을 = 가을)(살 쪄 있다)
小艇에 그물 시러 흘리 씌여 더뎌 두고   (小艇 = 작은 배) (흐르게) (떠워)
이몸이 消日히옴도 亦君恩이샷다   (더뎌 두고 = 던져 두고) = 더디다

        (샷다 - 시도다 [정칭어미])

江湖에 겨월이 드니 눈 기픠 자히 남다   (겨월 = 겨울) (기픠 = 깊이)
삿갓 빗기 쓰고 누역으로 오슬 삼아   (자히 남다 = 한자가 더 되다) 자 = 尺
이몸이 칩지 아니히옴도 亦君恩이샷다   (빗기 = 비스듬히) (쓰고 = 쓰고)
        (누역 = 도롱이) (아니히옴도 = 아니하게 됨도)
        [피동형 = passive] (* from 히옴이다
                            passive of 하다)

(see above)

1992~1993년 한국에서 조선 시대 시조를 공부할 때 사용한 노트.

경대 후문 앞에 있던 '동방서적'의 단골이 되었다. 1987년 6월 민주항쟁 이후 서울은 표면적으로는 '따뜻한 봄날'이었다. 이전에 볼 수 없던 새롭고 흥미로운 책이 앞다퉈 나왔고, 나는 책방에 갈 때마다 새 책을 사들고 오는 재미를 만끽했다. 나에게 영어를 배우는 학생들과 서로 읽은 책에 대해 이야기도 많이 나누고, 서로에게 권하기도 했다. 비록 배우고 가르치는 사이였지만 비슷한 나이였고, 대화도 자주 하다 보니 책을 보는 눈높이가 서로 비슷했다. 이미 믿고 보는 한국의 출판사도 있었다. 이곳에서 나오는 책이라면 무조건 사서 읽었다. 창작과비평사(오늘날 창비), 문학과지성사(오늘날 문지), 한길사, 민음사 등이 그런 출판사들이었다.

소설도 읽긴 했지만 인문교양서를 주로 읽었고, 한편으로 시집을 많이 봤다. 그 시절은 시집이 많이 팔리기도 했고, 짧고 낭독하기도 좋아서 언제든 편하게 읽을 수 있어 좋았다. 어려운 시는 도전의식을 불러일으켜 이해가 될 때까지 몇 번이나 읽고 또 읽었다.

독학으로 한국어를 배울 때와 대학에서 전공으로 일본어를 배울 때는 느낌이 달랐다. 가장 큰 차이는 무엇일까. 바로 시험이 없다는 점이었다. 그 덕분에 점수에 연연하지 않고 그때그때 읽고 싶은 책을 마음껏 읽었다. 모르는 부분은 그냥 넘어가곤 했다. 말하자면 정독보다는 다독이었다. 오늘날 내가 한국어로 글을 쓸 수 있는 것은 그 시절 수많은 책을 가리지 않고 왕성하게 읽은 덕분이 아닐까 생각한다.

고교 시절 스페인어를 처음 배울 때는 어땠을까. 그때는 내가 주도적으로 방법을 찾아서 공부하기보다 교과 과정을 따라가는 것이 자연스러웠다. 주로 문법 중심의 수업이었고, 교과서에 나오는 짧은 대화를 익히면서 동사 변화를 연습했다. 진도를 나가면서 점점 긴 텍스트를 읽기

Foreign Languages

Spanish

ROW 1: Jill McCrea (Pres.), Lisa Reiher (Vice-Pres.), Howard Shafer (Treas.), ROW 2: Bob Fouser, Mrs. Calhoun (Advisor). Mr. DeNicolo (Teacher), Mrs. Tons (Teacher), Diane Schwartz, Betsy Billings, Teresa Clauson, Carolyn Stearns, ROW 3: Katie Barr, Eric Johnson, Janet Lamsa, Debbie Copp, Jean Cartter, John Aberdeen, Leonard McAdoo, Michele Monterio, Tod Foxworthy. ROW 4: Allison Downing, Neil Shafer, Paul Super, Liz Tomorsky, Paul McNaughton

고등학교 졸업 앨범에 실린 스페인어 클럽. 밑에서 두 번째 줄, 왼쪽에서 첫 번째가 필자다.

1980년대 홈스테이로 머물던 멕시코시티 시내 광장.

시작했고, 역시 문장에 나오는 동사 변화를 중점적으로 연습했다. 지금 생각하면 지루하기 짝이 없지만 스페인어는 영어와 비슷한 부분이 많아 한국어나 일본어에 비해 텍스트를 읽는 단계로 빨리 진입할 수 있었다.

이렇게 고교 시절 약 2년여 동안 스페인어를 배웠고, 장학금을 받아 멕시코에서 홈스테이를 할 수 있는 기회를 얻어 그 기간에 집중적으로 익힌 뒤 대학에 진학했다. 진학 후 치른 스페인어 시험에서 비교적 좋은 성적을 얻어 바로 문학 작품을 읽는 수업을 들을 수 있었다. 아무래도 버거운 수업이었던 터라 초기에는 무척 어려웠지만 열심히 하다 보니 어느새 가브리엘 가르시아 마르케스Gabriel García Márquez 같은 유명 작가의 소설을 읽고 있었다. 그런 보람과 성취감 덕분에 수업과는 관계없는 파블로 네루다Pablo Neruda의 아름다운 시에 한동안 빠져 지내기도 했다. 시를 소리 내어 읽는 것은 발음 연습에 매우 효과적이었고, 이는 한국어를 공부할 때도 잘 활용한 방법이기도 하다.

02

인류의
외국어 학습은
어디에서 시작해
어디로 향하는가,
외국어 학습은
어떻게
진화했는가

◀◀◀◀◀◀◀◀◀◀◀◀◀◀◀◀◀

전통적으로 외국어 학습은 곧 독해력 중심이었다. 주로 상류층과 엘리트를 대상으로 이루어졌다. 외국어를 잘한다는 것은 독해력이 뛰어나다는 것을 뜻했다. 역사는 늘 변화한다. 엘리트, 상류층을 벗어난 다양한 계층에서 교육의 요구가 생겨났다. 외국어 학습 역시 대상과 목적이 달라졌다. 학교가 등장하면서 더 많은 이들이 외국어 학습을 경험했다. 그리고 외국어 학습은 곧 말하기를 뜻하게 되었다.

▶▶▶▶▶▶▶▶▶▶▶▶▶▶▶▶▶▶

▶▶▶▶▶▶▶▶▶▶▶▶▶▶▶▶▶

상류층과 엘리트의 전유물, 외국어 학습

1980년대 외국어를 배우기 시작하면서 주로 읽기에 집중했다고 했지만 이건 나만의 특별한 학습법은 아니다. 전 세계적으로 수많은 사람이 외국어를 처음 배울 때 시도하는 매우 흔한 방법이면서 동시에 매우 역사적이고 전통적인 학습법이다.

전통적으로 외국어 학습은 곧 독해력 중심이었고, 외국어를 잘한다는 것은 독해력이 뛰어나다는 것을 뜻했다. 주로 다른 언어로 된 문헌을 읽기 위해 외국어 학습이 필요했기 때문이다. 사람을 만날 때 필요한 회화보다 문헌을 읽을 수 있는 독해력 향상이 훨씬 더 시급한 과제였다. 이유는 간단하다. 읽어야 할 외국어 문헌은 많았지만 실제로 외국인을 만날 일은 흔치 않았기 때문이다.

외국어 학습은 주로 상류층과 엘리트를 중심으로 이루어졌다. 지배계층의 문자 독점에 관해서라면 이야기가 너무 길어지니 여기에서는 생략하기로 한다. 서양인의 경우 그 대상은 고전어인 라틴어나 그리스어였다. 회화 능력은 거의 필요하지 않았고 텍스트를 잘 이해하는 게 학습의 주된 목적이었다. 수업 내용은 주로 문법, 텍스트 낭독, 그리고 이를 잘 이해했는지를 확인하기 위한 모어로의 번역으로 이루어졌다. 따라서 문법을 배우고 글을 읽는 것이 무엇보다 중요했다. 엘리트 계층에서 이런 수업은 효과적이었다. 오늘날에도 이런 전통은 남아 있다. 유럽 거의 대부

오르비에토 대성당의 산브리지오 예배당 벽화에 그려진 단테가 라틴어 문헌을 읽고 있다.
15세기 이탈리아 화가 시뇨렐리가 그린 것이다.

분의 나라에서 학생들은 라틴어를 선택 과목으로 배우고 있으며, 특히 이탈리아·스페인·그리스 등에서는 인문계 고등학교의 필수 과목으로 학습이 이루어지고 있다.

아시아의 경우도 크게 다르지 않았다. 물론 그 대상은 짐작하겠지만 한문이었고 학습자들은 주로 상류층이었다. 중국을 중심으로 한자 문화권에 속한 한국, 일본, 그리고 베트남 등에서는 한문으로 된 중국 고전을 정독하면서 실력을 키웠다. 위대한 문헌을 읽으면서 한자를 배우는 것은 물론, 그 내용을 깊이 이해하는 것이 학습 목적이었다. 오늘날에도 한문, 한자의 영향력은 여전히 강력하다. 한국의 사정은 다르지만 중국의 중고등학교 학생들은 한문을 필수 과목으로, 일본의 고등학교에서는 국어 시간에 한문을 배우고 있다.

외국어 학습의 목표, 읽기에서 말하기로

역사는 늘 변화한다. 외국어 학습 역시 대상과 목적이 달라졌다. 시대가 변화하고 국가 간의 교류가 다양한 방식으로 이루어지면서 외국과의 접점 양상이 다양해졌다. 엘리트, 상류층을 벗어난 다양한 계층에서 외국어 교육의 요구가 생겨났다. 학교라는 일반 교육 제도가 등장하면서 더 많은 이들이 외국어 학습을 경험했다.

이들에게 기존 독해 중심의 교육 방식은 지루하고 실용적이지 않았다. 비판은 갈수록 거세졌다. 거기에 더해 산업혁명으로 인해 유럽 대륙 안에서 왕래가 더욱 잦아지면서 자유로운 의사소통을 위한 회화 학습의 필요성이 대두됐다. 그러면서 19세기 말부터 이른바 교수법의 시대가 열렸다. 더이상 개인이 개인을 가르치는 방식으로는 해결할 수 없었다. 어떻게 하면 더 많은 학생을 더 빠른 시간 안에 효과적으로 가르칠 수 있는가 하는 문제가 교육계의 관심사가 되었다. 바야흐로 '외국어 교육 혁신 운동'의 시대가 열렸다.

외국어 교육 혁신 운동은 19세기 유럽과 북미를 중심으로 기존 문법과 번역 중심의 외국어 교육에 대한 비판에서 비롯됐다. 기존 방식이 교육의 대중화에 기여하지 못한다는 이유였다. 그런 배경에서 비롯한 외국어 교육 혁신 운동은 어떤 특정 단체가 주도했다기보다 자발적으로 일어났다고 보는 편이 맞다. 생각이 비슷한 사람들이 서로 연결되면서 힘을 얻었다. 이 운동의 핵심은 교육 과정에서의 외국어 교육은 말하기에 중점을 두어야 하고, 그러기 위해 교육 방식을 바꿔야 한다는 것이었다.

가장 두드러진 특징은 다름 아닌 '말하기 교육'의 중요성을 강조하기 시작했다는 점이다. 그 이전까지 학교 교육 현장에서 거의 존재하지 않던 말하기 교육은 시의적절했다. 이미 문법과 독해 중심의 교육에서 흥미를 느끼지 못하는 학생들이 많았다. 그런 학생들에게 오늘 배운 인사말을 당장 사용할 수 있을 것 같은 말하기 수업은 관심을 끌기에 충분했다. 나아가 외국어 교육의 효용성을 극대화하는 데 말하기 교육만큼 좋은 것도 없었다. 이런 변화의 움직임은 비록 제1차 세계대전이 터지면서 주춤해졌지만 '외국어 교육은 곧 말하기'라는 근본적인 교육 패러다임을 안착시켰으니 결과적으로는 성공했다고 보아야 한다.

오늘날 우리에게 외국어를 잘한다는 것은 대부분 유창하게 말하는 것을 뜻하는데 그 시작점이 바로 이 무렵부터였다. 물론 외국어 학습에서 말하기가 유일한 목적이라는 의미는 아니다. 하지만 오래전 '외국어 학습은 곧 독해'였던 시절에 비하면 오늘날은 '외국어 학습은 곧 말하기'가 기본 인식이라는 점은 누구나 동의할 것이다. 이런 인식의 변화로 인해 20세기 중반 이후 외국어 학습에 관한 거의 대부분의 교수법은 말하기 중심 또는 말하기 교육을 병행하는 방식으로 이루어졌다.

교육 현장에 불어온 변화의 바람

이론과 방법이 가장 그럴듯해 보였던 것으로는 '청각구두 교수법'Audio-lingual Method이 있다. 1940년대부터 1970년대까지 유행했던 이 교수법은 수업 시간에 발음과 문법의 반복 연습을 강조했다. 하지만 외국어를 배우는 사람의 입장에 대한 고려가 거의 없었다. 어떻게 하면 흥미를 불러일으킬 수 있는가에 대해 전혀 관심을 두지 않은 교수법이었다. 학습자들에게 이런 식의 딱딱한 연습 과정이 재미있을 리 없었다. 그걸 거듭 반복하는 일은 더더욱 그랬다. 외국어를 배우는 데 도움이 되는 과학적 교수법으로 각광받았지만 학습자들이 지루해 하자 1970년대 이후 거의 사라졌다.

새로운 교수법을 표방하며 다양한 교수법이 등장하면서 교육 현장에는 변화의 바람이 불어온 듯했으나 근본적인 변화는 정작 이루어지지 않고 있었다. 거의 모든 학습법, 학습 과정이 학생이 아닌 학교 수업과 교사를 중심에 두고 있었다. 학생이 아닌 교사 중심의 교실 풍경은 예전이나 그때나 여전했다. 주어진 수업 환경에서 어떻게 하면 교사들이 더 효과적으로, 효율적으로 가르칠 수 있게 하느냐 하는 것이 그 당시 등장한 거의 대부분 교수법의 주요 관심사였다. 이에 대한 이론과 방법 역시 다양하게 등장했지만 큰 테두리 안에서 거의 비슷했다.

학습 환경 역시 달라지지 않았다. 19세기 공교육 확산으로 등장한 교실 풍경을 떠올리는 것은 전혀 어렵지 않다. 교사 한 명이 칠판 앞에 서 있고, 학생들은 책상에 앉아 있다. 교사는 학생들을 바라보고, 학생들은 같은 방향으로 나란히 앉아 교사를 바라본다. 교실 환경의 좋고 나쁨은 교사 한 명 앞에 앉은 학생들의 수에 따라 달라질 뿐 기본 방식은 모두 동일하다. 한 교실 안에 학생이 10명일 때와 60명일 때 학습 결과의 차이가 있을 수 있다. 하지만 교사와 학생이 일 대 다라는 전제가 있는 한 바라는 학습 결과를 얻기는 매우 어렵다.

더구나 말하기 중심인 외국어 교육은 그 출발부터 꼬일 수밖에 없다. 학생 한 사람이 말할 수 있는 기회가 매우 적을 뿐만 아니라 자발적으로 연습할 수 있는 기회도 전무한 교실에서 학생들은 과연 기대한 만큼의 학습 효과를 얻을 수 있을까? 선생님 말씀에 많은 학생이 귀를 기울이고 일사불란하게 따라하며 연습하는 모습은 보기에는 좋지만 학생들에게 실제로 도움이 되는지에 대해서는 확신할 수 없다.

이런 점을 고려하여 등장한 것이 '의사소통중심 교수법'Communicative Language Teaching이었다. 학습자를 중심에 두었다는 점을 강조했다. 다시 말해 그동안 외면해 온 학습자의 요구와 생각을 중요하게 여기고 그에 맞게 가르쳐야 한다고 했다. 수업은 학습자가 흥미를 느끼고 즐겁게 연습할 수 있는 방향으로 이루어졌다. 학습자의 학습 동기를 높이는 것이 무엇보다 중요시되었다. 딱딱하고 획일적인 반복 대신에 자율성을 높였으니 지

1943년 미국 뉴욕의 한 초등
학교 수업 장면. 미국 국회도
서관 소장.

1968년 푸에르토리코의 스페
인어 사용자를 위한 영어 수업
장면.

1964년 모스크바의 한 초등
학교 영어 수업 장면.

19세기 말 20세기 초 장 마르크 코테Jean-Marc Côté가 그린 우편엽서 중 한 장. ⟨En L'An 2000⟩라는 제목으로 여러 명의 작가와 함께 작업한 연작 중 하나인데, 그 당시로서는 약 100년 후인 2000년의 미래를 상상해서 그린 것이다. 이 그림에는 ⟨학교에서⟩라는 제목을 달았는데, 오늘날의 학교 현장과 비교해서 보면 흥미롭다. 공상과학영화 같은 기발한 상상력을 발휘하고 있지만 한 명의 교사와 여러 명의 학생들로 이루어진 학교 수업 현장의 기본 풍경에서 크게 벗어나지 않았다.

루한 청각구두 교수법에 비해서 크게 나아진 교수법이었다. 외국어 교육 역사상 거의 최초로 시도한 '수행 학습의 일종'이라고 볼 수 있다. 의사소통중심 교수법이 보급되면서 많은 학습자가 외국어에 대한 관심을 느끼고 재미있게 외국어를 공부했다.

하지만 한계는 곧 드러났다. 수업이 지속될수록 그 초점은 역시 학습자의 관심을 유지시키기보다 습득 효과에 맞춰졌다. 그보다 더 근본적인 한계도 있었다. 이 의사소통중심 교수법은 배우려는 외국어를 일상생활에서 접하기 어려운 이들에게 효과적으로 가르치겠다는 의도에서 출발했다. 하지만 공교육 현장, 말하자면 일반 학교 교실에서 그 정도로 학생들을 이끌어 나갈 교사를 당장 육성하기에는 현실적으로 어려움이 많았다. 즉, 애초에 영국에서 영어 원어민 교사를 전제로 개발된 교수법이었기 때문에 교사가 원어민 또는 적어도 원어민에 가깝게 해당 언어를 사용할 수 있어야 했다. 이런 교사가 갑자기 등장할 리 만무했다. 비영어권 교육 현장에서 이 의사소통중심 교수법은 전혀 현실에 맞지 않았고, 오히려 교육 현장에서 비원어민 교사의 자질을 의심케 하고, 그 능력을 평가 절하하는 악영향을 불러일으켰다. 교실에서 교사에게 외국어를 배우는 것으로 만족할 수 없던 학생들은 각자 배우고 싶은 외국어를 찾아 해외 연수를 떠나기도 했다.

기술의 발전과 함께 진화하는 외국어 학습

이런 한편으로 외국어 학습을 둘러싼 기술의 발전 역시 비약적으로 이루어지고 있었다. 외국어를 처음 배울 때를 생각해 보자. 한국의 내 또래들 이야기를 들어 보면 학창 시절 교실에서 교과서를 먼저 읽는 선생님의 발음 역시 따라 읽는 자신들에 비해 썩 신통치 않았다고 한다. 나이가 많은 세대라면 TV나 라디오 영어 방송을 찾아 듣거나, 카세트 테이프를 돌려 가며 열심히 따라 했던 기억도 있을 것이다.

아주 오래전부터 외국어 학습을 위해 무엇보다 정확한 발음을 가르치려는 시도가 이미 있었다. 이 세상에 음반이라는 것이 처음 등장했을 당시 외국어 학습을 위해 원어민의 발음을 녹음해서 음반으로 제작, 보급하려는 시도가 있었다. 하지만 음질이 썩 좋지 않았고, 반복해서 같은 내용을 듣는 것으로는 흥미를 끌기 어려워 널리 보급하는 데는 한계가 있었다.

1920년대 라디오가 본격적으로 보급되면서 라디오를 통해 외국어를 공부하는 시대의 막이 올랐다. 당시 일본에서는 라디오 영어 프로그램이 큰 인기를 끌었다. NHK 방송사의 라디오 외국어 수업이 출발점이었다. 일제강점기 한국에서도 라디오 강의로 영어를 배우는 이들이 많았다.

기술의 진보는 이어졌다. 1930년대 접어들면서 테이프 녹음 기술이 등장, 발전했다. 그러자 이를 활용한 어학실습실이 등장했다. 저마다 머리에 헤드폰을 끼고 테이프에 녹음한 원어민의 발음을 반복해서 듣고 따라했다. 초반에는 릴 테이프를 썼지만 카세트 테이프가 보급되면서 점차 카세트 테이프로 일대 전환이 이루어졌다.

카세트 테이프의 등장은 개인용 학습 도구의 탄생을 의미했다. 방송 프로그램, 학교를 비롯한 교육 기관의 도움 없이 개인이 원할 때면 언제나 원어민의 발음을 들을 수 있다는 것은 당시로서는 매우 획기적인 일이었다. 제작 비용이 저렴해지면서 카세트 테이프를 포함한 개인용 교육 교

어학실습실 초기 모습.

재 시장이 점점 활성화 되었다.

인기 절정을 구가하던 카세트 테이프의 시대는 1980년대 비디오 기술이 보급되면서 막을 내렸고, 이번에는 듣는 것만이 아니라 보는 것까지 가능한 비디오 교재 개발이 활발해졌다. 그 이전에 이미 전 세계적으로 앞다퉈 전파된 지 오래인 TV는 외국어 학습을 위해 반드시 갖춰야 할 장비였다. 이에 발맞춰 다양한 외국어 학습 방송 프로그램이 등장했다. 1950년대부터 1980년대까지 영국 BBC방송사에서 유럽 주요 언어를 다루는 교육 프로그램을 내보낸 것 역시 그런 시대의 변화를 드러내는 예다.

음반, 라디오, 카세트 테이프, TV, 비디오까지 이어져온 기술의 진보 속도는 그 이후 훨씬 더 빨라졌다. 이전까지가 아날로그 시대였다면 이제부터는 디지털 세상이었다. 기술의 패러다임이 완전히 바뀐 셈이다. CD의 등장으로 세상이 놀란 것도 잠시, 인터넷이 등장하면서 클릭만 하면 원하는 정보를 언제 어디서든 쉽게 찾을 수 있는 세상이 된 지 이미 오래다.

디지털 혁명은 외국어 교육의 풍경을 여러 차례 변화시켰다. 처음에는 이전과 똑같은 형태의 수업 진행을 유지하면서 아날로그 교재를 디지털화하는 데 그쳤다. 새로운 기술에 대한 이해가 부족하기도 했고, 여전히 전통적이고 보수적인 수업 형태를 최선으로 여기는 이들이 많았다. 따라서 한동안 디지털 세상에서도 교사와 학생이 교실에서 얼굴을 마주하고 수업을 하는, 대면 수업이 일반적이었다.

인터넷이 발달하면서 교재의 디지털화만이 아니라 수업의 방식 역시 달라졌다. 교사와 학생이 같은 공간에 있지 않아도 수업이 가능하다고 주장하는 이들이 나타났고 아예 대면 수업을 대체하려는 시도가 다양하게 이루어졌다. 이른바 비대면 수업의 등장이다. 그러나 이러한 수업 방식은 새로운 기술을 무분별하게 받아들인, 또는 기술의 발전으로 모든 것이 가능하다고 여기는 성급한 이상주의가 만들어낸 결과로 치부되기도 했다.

변화는 이에 굴하지 않고 계속 이어졌다. 대면 수업과 비대면 수업의 장점을 취해 혼합시킨 수업이 등장하더니 온전히 비대면으로만 수업이 이루어지는 날이 머지 않을 거라는 예측이 심심찮게 나오기 시작했다. 아울러 이러한 변화는 이미 컴퓨터와 인터넷 환경에 익숙해진 인류가 이를 기반으로 그동안 축적한 여러 방식을 통해 학습법의 균형을 잡아나가는 과정으로 여겨졌다. 그리고 2020년 전 세계적으로 '코로나19'로 인한 팬데믹이 들이닥쳤다. 이로 인해 '언젠가의 미래'로 여겨졌던 전면 비대면 원격 수업이 일반 학교의 일상적인 풍경이 되었다. 이미 기술은 우리보다 몇 발 앞서 걸어가고 있었음을 우리 모두가 갑자기 일제히 깨닫게 된 셈이다.

읽기에서 말하기로 변화하는 외국어 학습, 그렇다면 발음은?

외국어를 읽기 위해 공부하던 시대에서 말하기 위해 배우는 시대로 변화하던 그때, 오랫동안 지배해 온 교육 방식을 바꾸는 것도, 새로운 것을 가르치는 것도 쉽지 않았다. 발음을 가르치는 일은 특히 어려웠다. 말을 가르치려면 발음을 가르쳐야 하는데, 선례가 없었다. 교사들의 발음부터 오히려 정확하지 않았다. 학생들 이전에 교사를 위한 훈련이 시급했다. 음성학 관련 연구는 19세기 중반부터 활발했지만, 교육적 관점에서의 연구는 아직 부족한 상태였다. 가르칠 준비는 여전히 미흡한데, 배우려는 이들의 관심은 급격하게 높아졌다.

프랑스 상류층 출신 교육자 폴 파시Paul Passy, 1859~1940도 그 가운데 한 사람이었다. 어릴 때 이미 영어, 독일어, 이탈리아어 등을 배운 그는 대학에서 산스크리트어와 라틴어를 배웠다. 여기에서 끝이 아니었다. 졸업 후에는 약 10년에 걸쳐 영어와 독일어를 익혔다. 그런 그였지만 그는 자신이 받은 교육 방식에 불만을 가졌고, 홀로 음성학을 공부하는 동시에 집에서 개인 교습을 통해 학생들에게 프랑스어 발음을 가르치기 시작했다. 이후 그는 모교인 파리 고등연구실습원EPHE의 첫 음성학 교수로 부임하게 된다.

파시는 외국어 발음을 더욱 쉽게 가르치기 위해 1886년 파리에서

폴 파시가 1890년에 제시한 국제음성기호표.

폴 파시.

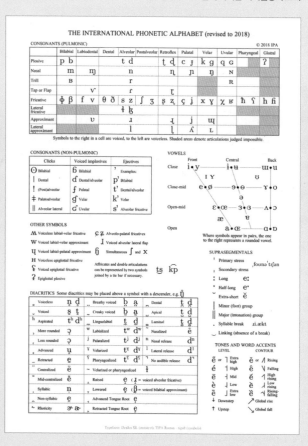

2018년 개정된 국제음성기호표

헨리 스위트.

외국어를 가르치는 교사 몇 명과 함께 발음 문자 개발을 위한 모임을 만들었다. 그렇게 시작한 모임의 활동이 활발해지면서 영문법을 연구하는 덴마크 출신 오토 에스페르센Otto Jespersen, 1860~1943을 비롯한 여러 나라의 언어학자가 함께하게 되었다. 이 모임은 1897년 '국제음성학회'The International Phonetic Association로 이름을 정했고, 오늘날까지 그 활동을 이어오고 있다.

이들은 초기부터 모든 언어의 발음을 표기할 수 있는 음성 기호의 개발과 관리에 큰 관심을 가졌다. 1888년에는 영국 헨리 스위트Henry Sweet, 1845~1912가 개발한 음성 기호를 빌려 국제음성기호International Phonetic Alphabet·IPA의 초안을 완성했는데 이 기호표의 가장 중요한 원칙은 언어와 상관없이 '하나의 소리는 하나의 글자로 표기한다'는 것이었다. 이로써 개별 언어의 벽을 초월하는 표준 체계를 확립할 수 있었다. 그때까지만 해도 유럽 언어의 발음에만 집중했던 이 문자표는 1890년대 들어서면서 아랍어를 비롯한 유럽 밖의 다양한 언어까지 포함했고, 그후로 국제음성기호는 언어학자들은 물론 수많은 외국어 학습자들의 유용한 길잡이가 되어주었다. 그뿐만 아니라 여러 언어의 발음 연구는 꾸준히 활발하게 이어졌고, 새로운 발음을 반영한 개정이 자주 이루어졌다.

제2차 세계대전 이후 연구 대상의 언어는 더 다양해졌고, 이에 따라 1989년 대폭 개정된 데 이어 현재 사용하는 기호표는 2018년 개정판이다. 1990년대부터 가속화한 디지털 혁명을 반영해 기호를 위한 폰트, 유니코드 문자 세트, 그리고 온라인 변환 기능 등이 추가로 개발되기도 했다.

국제음성기호에 대한 관심은 여전하다. 그 이유는 뭘까. 언어학자는 물론 외국어를 가르치고 배우는 사람에게 큰 도움이 되기 때문이다. 외국어 학습자를 위한 거의 모든 사전에서는 국제음성기호를 사용한다. 영어처럼 철자법이 소리를 반영하지 않는 언어를 배울 때 국제음성기호의 도움을 받아 발음을 효과적으로 가르칠 수 있다. 또한 새로운 외국어를 배울 때 발음 체계를 이해하는 데도 매우 유용하다.

나 역시 예나 지금이나 도움을 받는다. 최근 배우기 시작한 이탈리아어를 공부하면서 자주 만나는 'ch' 철자의 발음이 영어나 스페인어 같은 [tʃ]가 아니라 [k]라는 것을 국제음성기호 덕분에 쉽게 이해할 수 있었다. 또한 한국어를 처음 공부할 때도 국제음성기호를 잘 활용했다. 나 같은 영어 모어 화자에게 특히 한국어 어두語頭에 나오는 ㄱ, ㄷ, ㅂ, ㅈ 같은 글자 발음은 ㅋ, ㅌ, ㅍ, ㅊ과 구분하기 어렵다. 한국어 어두의 'ㄱ' 발음은 영어의 [k]와 [g] 사이에 있다. 그런데 국제음성기호에서 'ㄱ'은 [k]로 쓴다. 예를 들어 한국어 '거리'의 발음은 [kʌri]로 쓰는 식이다. 결과적으로 국제음성기호가 한국어와 영어의 차이를 파악하지 못하고 있는 셈이다. 하지만 이런 부분은 오히려 한국어와 영어 발음의 미묘한 차이를 드러내줌으로써 나의 경우에는 'ㄱ', 'ㄷ', 'ㅂ', 'ㅈ'으로 시작하는 발음에 특히 주의를 기울였고, 지금까지도 강연이나 인터뷰할 때 잘못 발음하지 않도록 신경을 쓰고 있다.

말하자면 내가 스페인어를 거쳐 일본어와 한국어를 배우고 있는 동안 다양한 교수법이 등장했고, 기술의 진보 역시 급속도로 이루어지고 있었다. 돌이켜보면 그 시절 나는 때로는 새로운 교수법과 기술 진보의 세례를 받기도 하고, 또 때로는 전통적인 방법의 학습법을 고수하면서 나도 모르게 나만의 방식으로 외국어 학습의 길을 걸어나가고 있었다. 수많은 텍스트를 읽으며 낯선 언어의 저변에 흐르는 문화적 뉘앙스를 익히고, 말을 할 수 있는 상황에 스스로를 노출시키기 위해 노력한 것이 바로 나만의 방식이었다. 인류가 걸어온 외국어 학습의 과정에도 역사가 있는 것처럼 나 역시 나만의 외국어 학습의 역사를 쌓고 있었던 것이다.

03

처음
외국어를 배운
그 순간을
기억하는가,
그것은
우리의
선택이었는가

▲
▲
▲
▲
▲
▲
▲
▲
▲
▲
▲
▲
▲
▲
▲
▲

외국어와의 첫 만남은 대부분 우리의 선택이 아니었다. 지금은 어떨까. 배우려는 외국어가 어떤 것이든 그것을 선택한 각자에게는 그럴 만한 이유가 있을 것이다. 나는, 우리는 왜 이 언어를 선택할 걸까. 이 선택에 작동한 사회적 배경은 무엇일까. 하나의 언어가 내 앞에 당도하기까지의 사연을 안다면 외국어 학습의 과정이 훨씬 더 입체적으로 느껴질 것이다.

▶▶▶▶▶▶▶▶▶▶▶▶▶▶▶▶

우리가 외국어를 배우기 시작한 이유

잠깐 처음 외국어를 배운 각자의 경험을 떠올려 보자. 무슨 이유로, 어떻게 해서 외국어를 배우기 시작했을까. 그 최초의 순간은 어떻게 이루어진 걸까. 질문을 던지긴 했지만 가장 많이 나올 답은 이미 알고 있다. 세대와 국적을 불문하고 대부분 비슷할 것이다.

"왜냐고? 학교에서 가르쳤기 때문이지!"

학교에서 이루어지는 외국어 수업을 들을 것인지 말 것인지를 학생들이 자유롭게 선택할 수 있는 나라는 갈수록 줄어들고 있다. 20세기 말 소위 '글로벌화'가 빠르게 진행되면서 그 수는 더 줄어들었다. 즉, 외국어 교육은 대개의 나라에서 필수가 된 지 오래라는 의미다. 전통적으로 외국어 교육에 신경 쓰지 않던 대표적인 영어권 국가인 미국조차도 20세기 말부터 공교육 과정에 외국어를 적극적으로 포함시켰다. 비슷한 시기 한국을 포함한 많은 나라에서는 점점 더 어린 학생들에게 외국어를 가르치기 시작했다. 인도, 인도네시아, 나이지리아 등 한 국가 안에서 여러 언어를 사용하는 나라 초등학생들은 학교에서 모어가 아닌 '공용어'를 배우는 동시에 외국어도 필수로 배운다.

결과적으로 2021년 현재 전 세계 거의 모든 학생은 교육 과정에서 모어가 아닌 다른 언어를 배우고 있으며, 21세기 말에 이르면 아마도 한 번도 학교에서 외국어를 공부한 적이 없는 사람은 이 세상에 거의 없을 것 같다.

그걸로 끝일까? 우리 모두 아는 것처럼 그게 끝이 아니다. 학교를 졸업한 뒤에도 취직을 하고 승진을 하기 위해 외국어 실력을 요구 받곤 한다. 누군가 요구하지 않아도 사회생활을 해나가고, 나이를 한두 살 먹어가면서 다양한 이유로 외국어를 공부할 어떤 필요가 생기곤 한다. 그렇다면 그런 필요는 대부분 어디에서 비롯하는가. 그리고 그 대상이 되는 외국어는 주로 어떤 언어인가.

우리가 바로 '그' 외국어를 배워야 했던 이유

우리가 배워온 외국어는 대개 학교 교육 과정에 처음부터 포함이 되어 있었다. 또는 개인적인 다양한 이유로 특정 외국어를 선택해서 배우기도 한다. 하지만 우리 앞에 그 외국어가 오기까지는 사연이 있기 마련이다. 역사적으로 외국어, 즉 언어는 사회의 여러 모순, 권력 구조와 밀접한 관련이 있다.

19세기부터 등장한 '민족'이라는 개념 정의에는 언어가 매우 중요한 역할을 했다. 같은 언어를 사용하는 사람들이 같은 집단에 속해야 한다는 인식, 예를 들어 독일어나 이탈리아어 등을 사용하는 사람들은 같은 나라의 일원이 되어야 한다는 인식이 확산되면서 독일과 이탈리아 통일에까지 영향을 미쳤다. 20세기 후반에는 유럽이 지배하던 아시아와 아프리카

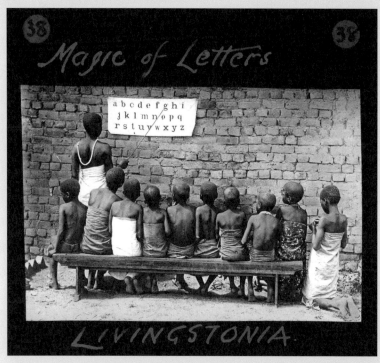

19세기 말 아프리카 말라위의 어린이들이 영어 알파벳을 배우는 장면. 세계기독교연구센터 소장.

20세기 아프리카 가나의 어린이들이 프랑스어를 배우는 장면.

의 여러 식민지가 독립하면서 수많은 국가에서 언어와 민족에 대한 논의가 일어났고, 다른 언어를 쓰는 다른 민족과의 내부 갈등은 심지어 전쟁으로까지 이어졌다.

1990년대 소련 붕괴 이후 유럽과 구 소련 지역에 걸쳐 나타난 민족주의 강화로 새로운 국가가 탄생하기도 했다. 새로 탄생한 국가는 민족이라는 개념에 언어가 미치는 영향이 크다는 걸 잘 알고 있었고, 자국어 교육을 신속하게 시작했다. 그런 한편으로 외국어 교육을 병행했는데, 그 이전까지 옛 공산권의 글로벌 언어는 러시아어였으나 자연스럽게 영어로 바뀐 국가들이 늘어났다. 러시아어에서 영어로 바뀌었다는 것은 상징하는 바가 꽤 큰 변화였다. 이로 인해 오랜 시간 매우 큰 영향력을 발휘해 온 러시아어, 즉 소련의 언어에 대한 관심과 인식이 달라졌다. 해당 언어를 향한 사회적 인식은 물론 개인의 인식도 변하기 시작했고, 그러한 변화는 고스란히 학습자들에게도 영향을 미쳤다.

소련의 강력한 독재자 스탈린의 출생지 조지아Georgia는 1991년 소련의 붕괴와 맞물려 독립했다. 이후 조지아는 러시아를 경계하기 위해 의도적으로 유럽연합이나 미국과 가깝게 지냈는데, 그러면서 러시아어가 아닌 영어 교육에 집중했다. 그 결과 오늘날 조지아의 기성세대는 소련 시대의 영향을 받아 러시아어에 익숙한 반면 젊은 세대는 러시아어보다 영어에 훨씬 더 익숙하다. 사회 변화가 언어 학습 환경에 어떤 영향을 미치는지 보여주는 흥미로운 사례다.

언어와 사회적 환경의 관계는 또한 국가 권력이나 경제적인 영향력과 깊은 관련이 있다. 세계 언어 교육 현황을 보면 한눈에 보인다. 일반인이 배우고 있거나 배우려는 언어는 주로 강대국의 언어다. 영어는 19세기

'대영제국'과 20세기 패권국가인 미국의 힘으로 국제 공통어로 등장한 지 이미 오래다. 1990년대 이후 인터넷이 확산하면서 영어의 힘은 더 강력해졌고, 영어가 이미 획득한 '글로벌 언어'로서의 위상과 그 위력은 갈수록 커져만 가고 있다.

영어의 패권에 대응한 중국과 프랑스

이런 현상에 대한 반감이 없던 것은 아니다. 예를 들어 또다른 강대국인 프랑스는 자국어의 위상을 지키기 위해 프랑스어를 사용하는 국가와 지역 연합인 프랑코포니La Francophonie의 연대를 강화했고, 프랑스 내에서의 외래어 사용을 관리하기 위해 노력하고 있다.

중국은 영어의 영향을 통제하기보다 중국어를 외국에 더 널리 보급하려는 전략을 취하고 있다. 특히 2000년대 들어서면서 중국은 세계적으로 자국의 문화적 영향력을 확대하기 위해 노력했는데 그 일환으로 등장한 것이 공자학원孔子学院이다. 2004년부터 점차 설립하기 시작, 2020년 현재 약 160개국에 545여 곳의 공자학원이 있다.

공자학원과는 별개로 현지 학교를 통한 중국어 교육 역시 적극적으로 지원하고 있다. 중국어가 모어가 아닌 이들의 중국어 능력을 평가하기 위한 중국어 능력 시험 HSK는 전 세계적으로 약 112개 국가, 860여 곳의 시험 접수처를 통해 시행되고 있다. 학습자 비중을 보면 주로 아시아에 몰려 있긴 하지만 아시아를 넘어 다양한 국가에서 응시자들이 늘어나고 있다. 물론 2010년대 후반 공자학원은 문화와 언어 교류의 역할을 한다기보다 중국 정부의 선전 무대라는 비판을 받았고, 북미와 유럽 지역에서 문을 닫아야 했지만, 아프리카를 예로 들면 남아프리카공화국·케냐·우간다·잠비아 등에서 이미 공교육 과정에 도입할 만큼 중국어는 곳곳에 확산이 되었다.

강력해지는 영어의 패권에 대응하는 중국어과 프랑스어의 전략에는 차이점이 있다. 공자학원으로 상징되는 중국어 확산 전략은 중국이라는 국가가 주도하고 있는 데 비해, 프랑코포니의 경우, 물론 그 중심에는 프랑스의 제국주의가 자리잡고 있긴 하지만, 프랑스어를 사용하고 있는 여러 국가가 함께 나섬으로써 '특정 국가의 언어 전파'라는 한계를 극복했다. 그런 면에서 보자면 자국의 언어를 확산, 보급하기 위한 중국의 다음 전략이 어떻게 이어질지 궁금하다.

프랑스와 중국이 자국 언어 확산을 위해 노력하는 까닭은 단지 자신들의 언어를 세상에 널리 퍼뜨리기 위해서만은 아니다. 자국 언어 확산을 통해 자신들의 문화 및 국가의 영향력을 확대하고, 나아가 정치·경제·사회적으로 자신들의 우월한 위치를 확보하기 위해서라는 것이 오히려 더 정확하다. 다시 말해 언어의 확산이 곧 자국의 영향력을 확장하는 데 효과적이라는 것을 잘 알고 있다는 의미이기도 하다.

인도 그리고 르완다, 언어 정책을 둘러싼 이 나라의 속사정

권력과 언어의 상관 관계를 보여주는 또 다른 사례도 살펴볼 만하다. 19세기 초부터 1947년까지 영국의 식민 지배를 받은 인도는 사회 전

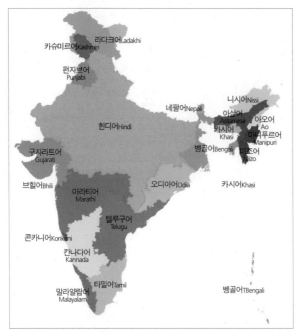

인도의 공용어 분포도.

반에 영어가 깊이 뿌리를 내린 지 오래되었지만 동시에 한 나라에서 여러 언어를 쓰는 것으로도 유명했다. 그런 까닭에 막상 독립한 뒤 공용어 선정에 어려움을 겪어야 했다. 1950년 영어에서 벗어나 여러 언어 가운데 사용 인구가 가장 많은 힌디어를 공용어로 선택했지만, 힌디어를 거의 쓰지 않는 남부 지역 주에서 반발이 극심했고, 1964년에는 힌디어 사용을 반대하는 시위가 번지기도 했다. 그 결과 1965년에 이르러서 힌디어를 전국 공용어로 쓰는 대신 영어를 보조적 공용어로 사용하는 것을 대안으로 선택했다. 그로 인해 인도의 각 주에서는 힌디어와 영어 외에 자신들의 공용어를 따로 지정할 수 있게 되었다. 인도 전역에서의 영어 확산은

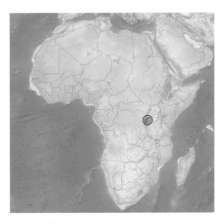

아프리카 대륙에서 르완다 위치.

매우 예상 가능한 일이었다.

2020년 여름, 인도 정부는 새로운 교육 과정을 도입했다. 이번에도 언어 교육 과정은 논란을 불러일으켰다. 인도 정부는 학교에서 세 개 언어를 가르치되 그 가운데 두 개는 인도의 고유 언어여야 한다고 밝혔다. 힌디어를 필수로 지정하지는 않았지만 고유 언어 두 개를 가르쳐야 한다면 힌디어가 채택될 가능성이 매우 높았다. 이번에도 남부 지역, 특히 타밀나두 주에서 크게 반발했다. 이 지역의 많은 학교에서 힌디어와 타밀어 두 개를 나란히 가르칠 거라는 우려 때문이었다. 결국 타밀나두 주에서는 이전처럼 타밀어와 영어만 가르치겠다고 선언하고 나섰다.

르완다는 중앙아프리카 콩고민주공화국과 이웃한 작은 국가다. 1962년 벨기에로부터 독립한 뒤 극심한 민족 갈등으로 1990년대까지 치열한 내전과 학살을 겪어야 했다. 2000년대 접어들면서 점차 안정을 찾고 위기를 벗어나기 시작했는데, 1990년대의 어두운 역사는 이 나라의 언어 정책에 큰 영향을 미치고 있다. 독립할 당시 르완다는 사용 인구가 많은 키냐르완다어를 국어로 선택했지만, 약 46년여 동안 벨기에의 지배를 받은 탓에 상류층 사이에서는 프랑스어가 넓고 깊게 보급되어 있었다.

변화가 일어난 건 2008년이었다. 1990년대 내전에서 승리한 세력은 오랫동안 영어를 사용해온 우간다와 매우 밀접한 사이이면서 프랑스와는 갈등이 심했다. 이들은 프랑스어보다 영어에 능통했고, 나아가 자신들의 조국 르완다가 영어권인 동아프리카 국가와 협력하길 원했다. 그렇지 않아도 1990년대부터 세계적으로 글로벌 영어가 국제 교류의 모든 분야에서 표준처럼 여겨지고 있었다. 이렇듯 영어에 대한 안팎의 호의적인 태도로 인해 르완다에서는 그 이전까지 키냐르완다어와 프랑스어로 이루어지던 초등학교 수업을 영어로만 진행하는 쪽으로 방향을 바꿨다. 그렇다고 교실에서 영어 수업이 즉각적이고 효과적으로 이루어질 리 없었다. 이를 해결하기 위해 2009년 대규모 영어 연수를 시행하기도 했지만, 그렇게 해도 제대로 된 수업이 이루어지기까지는 시간이 필요했다. 그러자 2011년부터 초등학교 1~3학년 수업은 키냐르완다어로 진행하고 4~6학년 수업은 영어로 진행하는 걸로 방향 수정을 거쳤고, 프랑스어는 이미 2008년부터 '외국어' 과목으로 분류했다. 그리고 이윽고 2019년 르완다 정부는 다시 한 번 모든 초등학교 수업을 영어로 진행하는 것을 목표로 교육 현장과 소통하면서 장차 영어 수업으로 전면 전환할 것을 밝혔다.

인도와 르완다의 언어 정책은 같은 듯 다르다. 식민 지배로부터의 독립 후 공용어 논쟁이 일어났고, 그 논쟁의 핵심이 결국 언어 패권에서 비롯한 것이라는 점은 공통점이라 할 수 있다. 그러나 인도는 지배 계급의 언어였던 영어에서 벗어나기 위해 노력했으나, 힌디어 패권 장악의 견제로 인해 오히려 영어를 지속적으로 사용하고 있다. 르완다는 지배 계급의 언어였던 프랑스어에서 벗어나기 위해 고유어 대신 이웃 나라 지배 계급의 언어였던 영어를 선택함으로써 새로운 언어 패권을 확립하고 있는 중이다.

민족과 권력, 정치적 원인 말고도 외국어를 둘러싼 사회적 환경은 매우 광범위한 주변 상황에 영향을 받는다. 한 사회가 외국어를 어떻게 인식하고, 관심을 갖느냐 하는 것 역시 빼놓을 수 없다. 학교에서 영어가 주요 과목이 된 지 오래인 한국에서는 예나 지금이나 영어 교육 열풍이 뜨겁다. 하지만 1980년대 학생들이 주도한 민주화 운동에서 표출된 반미감정의 영향으로 '영어는 곧 미국 언어'라는 인식이 강해 이에 대한 반감이 만만치 않은 시절이 있었다. 그때도 물론 열심히 영어를 공부하는 이들도 있었으나 이러한 사회적 환경 때문에 영어를 기피하는 학생들도 꽤 많았다. 21세기 이후 영어를 글로벌 언어로 받아들이고는 있으나 미국에 대한 비판과 반감이 더 커지면 영어에 대한 반감 역시 언젠가 다시 등장할지도 모를 일이다.

같은 사회 안에서 어떤 외국어를 사용하느냐는 그 언어 사용자의 교양과 사회적 지위를 드러내주는 수단이 되기도 한다. 1868년 단행한 메이지 유신 이후 일본은 문을 활짝 열고 서양 강대국을 적극적으로 모방했다. 서양의 언어를 배우는 것은 상류층이 갖춰야 하는 기본 교양의 일부가 되었다. 서양식 교육 제도가 정립되었고, 대학 입시를 위한 외국어 교육의 비중도 덩달아 커졌다. 그러면서 외국어 학습에 대한 공감대는 갈수록 확산, 외국어를 배우는 일은 학교를 다니는 사람이라면 누구도 예외일 수 없는 사회적 환경의 하나로 자리잡았다. 동시에 서양의 언어를 할 줄 아느냐 모르느냐로 그 사람의 지적 수준과 교양의 정도, 사회적 지위를 판단하기도 하였다.

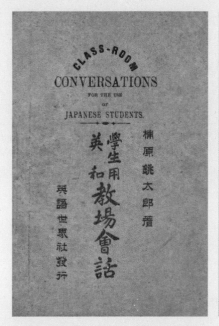

일본 메이지 시대 사용한 영어 학습 교재 표지와 본문.

일본 메이지 시대 도쿄에서 출간한 영어 학습지 『유행 영어 모임』 일부. 미국 국회도서관 소장.

또한 어떤 외국어를 배우느냐는 얼핏 온전히 개인의 선택에 의한 것처럼 보이지만 실상은 국가 또는 사회 전반의 분위기에 의해 좌우되기도 한다. 오랜 세월 영국의 지배를 받는 아일랜드는 유럽의 변방이었다. 19세기 말부터 영어로 인해 쇠퇴하기 시작한 아일랜드어를 지키기 위해 국어로 지정, 의무교육을 시작했다. 그런 한편으로 유럽과의 연대감을 형성하기 위해 프랑스어와 독일어 교육 역시 중시했다. 1993년 유럽연합 설립 이후 회원국들끼리의 교류가 잦아지면서 다양한 외국어를 가르치는 데도 관심을 기울였다. 이런 역사가 쌓이면서 어느덧 아일랜드인은 말을 배우는 것을 곧 그 나라와 가까워지는 수단으로 여기고 있으며, 외국어 학습이 사회적으로 꼭 필요하다고 오래전부터 인식하고 있다. 이런 사회적 환경에서라면 외국어를 배우는 행위의 가치는 더 중요한 일로 여겨지고, 이러한 인식은 개인들의 학습에 매우 강력한 동기를 부여한다.

지금 우리가 배우기 시작하려는 외국어가 어떤 것이든 그것을 선택한 각자에게는 그럴 만한 이유가 있을 것이다. 한 번 곰곰히 생각해 보자. 나는, 우리는 왜 '이' 언어를 선택한 걸까. 그 이유를 깊이 살피다 보면 그 선택을 하기까지 작동한 사회적 배경이 눈에 보일 것이다. 그리고 하나의 언어가 내 앞에 오기까지의 사연을 안다면 외국어 학습의 과정이 훨씬 더 입체적으로 느껴질 것이다.

04

AI 시대,
외국어 학습
딜레마, 그리고
우리 앞에 당도한
외국어 학습의
새로운 목표

◀◀◀◀◀◀◀◀◀◀◀◀◀◀◀◀◀

21세기, 우리는 이전에 없던 '외국어 딜레마'와 마주 앉았다. 외국어 학습을 둘러싼 숱한 전망과 요구 앞에서 결국 선택은 개인의 몫이다. 외국어 학습이란 어쩌면 수많은 논의와 선택의 과정을 거쳐야만 당도할 수 있는 머나먼 여정인지도 모른다. 그러나 분명한 건 있다. 어떤 외국어든, 나이가 몇이든, 지금부터 시작하면 평생의 즐거움을 만날 수 있다는 사실이다.

▶▶▶▶▶▶▶▶▶▶▶▶▶▶▶▶▶

▶▶▶▶▶▶▶▶▶▶▶▶▶▶▶▶

인류의 오랜 꿈, 인간의 기술로 언어의 장벽을 넘는다

인류는 이전에 경험하지 못한 새로운 세상을 접하고 있다. 인공지능artificial intelligence, AI 때문이다. AI의 등장으로 우리는 일상생활 전반에서 커다란 변화를 경험하고 있고, 외국어 학습의 방법론 역시 예외가 아니다. AI 덕분에 한결 쉽고 정확하게 외국어를 학습할 수 있게 된 것을 누구도 부인할 수 없다.

이러한 변화는 새로운 전망을 동반한다. 즉, AI의 발달로 앞으로는 외국어를 배울 필요가 없어질 거라는 전망이다. 이런 전망이 일상적으로 등장한 지 이미 오래다.

'글로벌 시대'를 살면서 어쩐지 외국어 하나 정도는 할 줄 알아야 할 것만 같은데 쉽지 않다. 하면 할수록 좌절의 경험과 아픈 기억만 쌓인다. 그러던 중 날로 발전해가는 AI 기술의 눈부신 진보를 지켜보는 일은 한편으로 즐겁다. 더이상 힘들게 외국어를 공부하지 않아도 되는 세상이 올 거라는 기대에 부풀기도 한다. 이왕 시작한 공부를 접는 이들도 벌써부터 많다. 이미 AI를 통해 이쪽 언어에서 저쪽 언어로의 텍스트 번역이 손쉽게 이루어지고 있고, 이런 추세로 볼 때 머지 않아 AI가 외국인과의 실시간 대화까지 통역을 해주는 시대가 올 텐데 굳이 힘들게 외국어를 배울 필요가 있겠느냐는 주장에는 제법 힘이 실린다. '전 세계 수많은 인류를 고달프게 해온 외국어 학습은 AI의 등장으로 더 이상 필요하지 않게 되었

안톤 요제프 폰 프레너Anton
Joseph von Prenner, 〈바벨탑〉,
18세기, 메트로폴리탄 미술
관 소장.

다'는 이른바 '외국어 딜레마'다. 드디어 인류는 AI를 통해 『성경』에 등장하는 바벨탑 이전의 세상으로 돌아갈지도 모른다.

'인간의 기술로 언어의 장벽을 넘는다.'

이는 1950년대부터 인류가 꿈꿔온 일이다. 그 당시에는 컴퓨터 기술 개발이 그에 못 미쳐 현실화하지 못했지만 꿈을 포기한 것은 아니었다. 그뒤 반 세기가 넘는 시간이 흘렀다. 이윽고 인류는 2010년대 전후부터 AI 기술의 발전으로 오래전부터 품어온 꿈을 어느 정도 실현시킬 수 있게 되었다. 두드러진 것은 외국어 텍스트 번역 기능이다. AI 텍스트 번역 기능이 좋아지면서 외국어 텍스트 접근 방식은 이미 상당 부분 달라져 있다. 온라인 상에서 접하는 텍스트라면 대부분 많은 사람들은 자동적으로 번역 기능을 활용한다. 이로써 전혀 모르는 외국어로 된 텍스트의 의미를 별도의 학습 과정 없이도 손쉽게 이해할 수 있게 되었다.

물론 언어에 따라 번역의 정확도에서 차이는 여전히 있다. 어순과 문법 구조가 유사하고, 한자에서 비롯한 공통 어휘가 많은 한국어와 일본어의 AI 텍스트 번역 정확도는 이제 큰 불편 없이 읽을 수 있을 정도로 높다. 언어적으로 가까운 영어와 스페인어, 영어와 프랑스어, 영어와 포르투갈어, 영어와 네덜란드어의 AI 텍스트 번역 역시 한국어와 일본어처럼 전반적으로 정확하다.

AI 텍스트 번역의 정확도가 반드시 언어끼리의 유사성과 관계가 있는 것만은 아니다. 언어적 관계가 적은 편인 영어와 중국어의 경우에도 정확도는 비교적 높다. 이는 언어끼리의 상호 유사성만이 아닌, 번역 기능의 사용 빈도가 정확도에 영향을 미친다는 방증이다. 다시 말해 영어와 중국어의 AI 텍스트 번역 사용자가 많은 까닭에 알고리즘이 활용할 수 있는 데이터가 많아졌고, 축적된 데이터의 양만큼 정확도는 올라간다. 즉, 사용자 수와 데이터 양이 정확도에 영향을 미친다는 의미다.

이처럼 정확도의 차이가 있을지언정 이미 오늘날은 클릭 한 번으로 외국어 텍스트의 내용을 간단히 파악할 수 있게 되었다. 언어권별로 번역 수준의 편차가 있긴 하지만 앞으로 점점 좋아질 것임은 누구나 예상할 수 있다. 다양한 언어의 텍스트는 더 다양한 다른 언어로 접근 가능한 시대가 머지 않았다.

어디 텍스트뿐일까. AI가 발달하면서 말하기 역시 동시 통역의 시대로 접어들 것이다. 서울에 사는 한국인이 뉴욕에 사는 미국인과 통화하는 장면을 떠올려 보자. 지금은 두 사람이 쓰는 언어가 같아야만 원활한 의사소통이 가능하다. 하지만 한국인이 한국어로 말하면 상대방에게 동시 통역이 되어 영어로 전달되면 어떨까. 영상통화가 가능한 시대이니 상대방의 얼굴을 보면서 내가 하는 말이 상대방의 언어 자막으로 화면에 바로바로 흐르는 일도 가능할 것이다. 그 반대의 경우도 마찬가지다. 기술의 진보에는 여러 장애물이 등장하겠지만 언어의 장벽을 넘는 것은 인류의 오랜 꿈이니 이제 속도의 문제일 뿐 머지않아 이러한 세상에서 살게 될 것은 분명하다. 자, 그렇다면 우리는 다시 또 익숙한 질문과 마주하게 된다.

AI 시대, 외국어 학습이 필요한가? 그렇다! 이유는?

"AI 시대, 외국어 학습은 과연 무슨 의미가 있는가."

이 질문에 어떤 답을 할 수 있을까. 나는 이렇게 답하고 싶다.

"더 먼 미래는 알 수 없다. 하지만 적어도 나와 이 책의 독자들이 살아갈 21세기까지는 여전히 외국어 학습은 필요하다."

이유는 간단하다. AI가 할 수 없는 일이 있기 때문이다. 우리가 언어를 통해 전하려는 '의사'는 크게 두 가지로 나눌 수 있다. 하나는 지식과 정보이고, 또 하나는 소통과 이해다. AI를 통해 감정이 개입하지 않은 지식과 정보를 다른 언어로 변환하는 기술은 이미 상당한 수준으로 구현이 되고 있고, 앞으로 더욱 더 정교해질 것이다. 하지만 여기에는 중요한 전제가 있다. 앞에서 언급했듯 AI 텍스트 번역의 정확도는 유사성만이 아닌 축적된 데이터의 양에 영향을 받는다. 즉, 사용자가 많을수록, 사람들이 많이 찾는 언어일수록 그 정확도는 점점 높아질 것이다. 로마제국 시대, 모든 길은 로마로 통한다는 말이 있었다. 오늘날 전 세계 각 분야의 공통어는 누가 뭐라고 할 것 없이 영어다. AI 외국어 통번역의 세계에서도 거의 대부분의 언어는 결국 영어로 통한다. 글로벌 영어의 패권으로 인해 각 분야의 최신 정보를 알기 위해서는 영어 텍스트를 읽을 수 있어야 하는데, 영어로 가는 길이 쉽고 편리하게 펼쳐진다니 두 손을 들어 번쩍 환영할 일이라 여길 수 있다.

그렇다면 사람들이 많이 찾지 않는 언어는 어떻게 될까. 축적된 데이터의 양이 적다면 그 번역의 정확도는 과연 신뢰할 수 있을까. 그렇다면 선택은 어디로 향하게 될까. 찬란한 AI의 세계에서 어쩌면 우리는 지금보다 훨씬 더 협소한 언어의 세계에 살게 될 가능성이 높다. AI가 선택한 정보 바깥의 세상에는 아예 진입조차 불가능한 세계가 펼쳐질 수도 있다는 의미다.

실제로 이런 미래를 예상할 수 있는 사례가 있다. 이민자가 많은 미국의 공공기관에서는 영어를 모어로 쓰지 않는 이들을 위한 여러 서비스를 제공한다. 사용자가 많은 스페인어의 경우 굳이 AI를 통하지 않아도 된다. 오래전부터 정확한 번역 서비스를 제공하고 있기 때문이다. 반면에 사용자 수가 적은 언어의 경우 최근 들어 AI를 통한 정보 제공 서비스를 시도하고 있다. 하지만 그 언어의 사용자 수가 적을수록 축적된 데이터 양이 많지 않아 정확도가 현저히 떨어진다.

AI를 통해 제공하는 서비스가 일반적인 기사 종류라면 다소 정확도가 떨어져도 전체적인 의미를 파악할 수 있으니 도움이 되겠지만, 이민자 입장에서 학교나 병원 등을 포함한 공공기관에서 잘못된 안내를 받는다면 사정은 달라진다. 즉, 아무리 사소한 오류라고 해도 자칫하면 큰 문제로 이어지기 때문이다. 때문에 비록 AI를 통해 대략적인 정보를 얻었다 할지라도 사람이 다시 점검하는 과정이 꼭 필요하다. 즉, 지식과 정보의 전달에서 여전히 해결되지 않은 부분이 존재하고 있으며 그것의 해결이 과연 궁극적으로 가능할까 하는 의문이 남는다.

거듭 발전해나갈 AI가 과연 이런 문제까지 해결할 수 있을까. 사용자가 많지 않은 언어는 AI 세계에서 어떤 대접을 받게 될 것인가. 그렇다

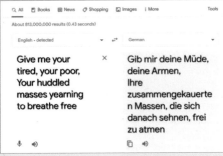
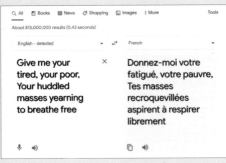
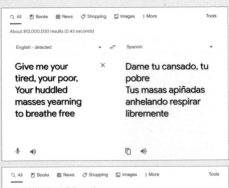

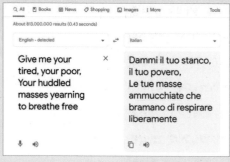

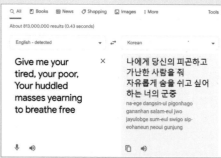

미국 뉴욕 자유의 여신상 받침대에 새겨진
에머 레저러스의 시 「새로운 거상」 일부분
을 각각 독일어, 프랑스어, 스페인어, 포르
투갈어, 이탈리아어, 일본어, 중국어, 한국
어로 자동 번역을 해봤다. 번역 정확도의
차이는 어디에서 비롯된 걸까.

면 우리가 서 있는 쪽이, 우리가 필요한 언어가 사용자가 많은 언어라고 해서 과연 AI와 함께 당도할 그 세계에 박수만 치고 환호해야 하는 걸까. 이런 면으로 볼 때 외국어 학습 무용론에 대해서는 선뜻 동의하기 어렵다. 아울러 장차 AI 세계에서 과연 모든 언어가 같은 대접을 받게 될지, 나아가 궁극적으로 모든 언어의 세계에서 사람의 개입이 필요 없는 단계에까지 이를 수 있을지 관심을 가지고 지켜보는 중이다.

또 하나 눈여겨볼 지점은 바로 소통과 이해의 측면이다. AI의 세계에서 우리는 과연 인간의 본능적 욕구인 소통과 이해를 다른 언어권 사용자들과 아쉬움 없이 주고받을 수 있을까. 언어에 담긴 수많은 상황과 감정의 다양한 진폭을 기계적인 AI로 정확하게 변환, 전달하는 것이 과연 우리 세대에 가능할까. 어떻게 생각해도 긍정적인 답을 상상하기 어렵다.

소통과 이해를 AI를 통해 다른 언어로 변환하는 것은 왜 어려울까. 거기에는 답이 없기 때문이다. AI는 컴퓨터 메모리 기능이 업그레이드 되면서 진화를 시작했다. 앞으로 메모리 기능의 발전 속도에 비례해서 그 진화의 속도와 수준 역시 급속하게 발전할 것이다.

하지만 소통과 이해를 전제로 한 대화는 대부분 수많은 감정을 동반한다. 즉, 말은 같으나 시와 때에 따라 다른 의미를 담는 경우가 빈번하다. 우리가 가족과 친구, 직장에서 나누는 수많은 말들을 떠올려 보자. 같은 말 안에 다른 의미를 담는 경우가 얼마나 많은가. 말없이 표정과 몸짓, 또는 침묵만으로도 소통이 가능한 반면 정확하게 번역된 무수한 말로도 소통이 불가능한 경우도 많다. 주관적으로 이루어지는 소통과 이해는 답이 정해져 있는 기계적인 정보나 객관적인 지식들과 같은 방식으로 기능하지 않는다. 거기에는 교감이라는 과정이 필요하다. AI가 아무리 발달한다고 해도 과연 이러한 미세한 감정의 전달, 상대방과의 교감까지 제대로 옮길 수 있을까. 우리가 살아갈 21세기 안에?

싸이의 노래 <강남 스타일>의 오빠는 oppa일까, big brother일까?

또한 언어가 곧 문화임을 생각한다면 언어의 차이는 문화의 차이를 뜻하기도 한다. 인공지능의 발달 방향은 언어의 장벽을 넘는 것에 집중되어 있지만 그것으로 다른 언어권의 문화적 맥락의 특징까지 해결할 수는 없다.

1990년대 일본의 대학생들에게 영어를 가르칠 때였다. 교과서에 이런 예시 문장이 나왔다.

"The party was fun because I could meet a lot of new people."
낯선 사람을 많이 만날 수 있어서 파티가 즐거웠어.

일본인 학생들이 도대체 이게 무슨 말이냐고 되물었다. 나는 이 문장의 의미를 학생들이 왜 묻는지 처음에는 이해하기 어려웠다. 미국인인 나의 사고방식으로는 낯선 사람이 많다는 것은 그동안 몰랐던 다양한 사람을 만날 수 있다는 뜻이기도 해서 파티를 더욱 즐길 수 있다는 의미로 여겨진다. 뭐가 문제인지 선뜻 파악하지 못했다. 하지만 일본인 학생들은 아는 사람이 없어서 부담스러운 자리로 여겨지는데 왜 즐겁다고 하는지 이해할 수 없노라고 했다.

내가 한국어를 배우기 시작한 지 몇 달 지난 뒤의 일이다. 수업을 마친 뒤 버스를 타고 갈 때였다. 승객 중 한 분이 내게 말을 걸었다.

"어디 계세요?"

바로 며칠 전 존댓말을 배웠던 터라 '계시다'는 '있다'와 같은 의미임은 제대로 알아들었다. 하지만 어쩐지 이상했다. 내가 분명히 버스에 타고 있는데 나더러 어디에 있느냐고 묻는 것이 납득이 되지 않았다. 그렇다고 대답을 안할 수는 없었다.

"여기 있어요."

그러자 버스 안의 승객들 모두 폭소를 터뜨렸고, 나는 큰 충격을 받았다. 사람들이 왜 웃는지 전혀 이해할 수 없었다. 나에게 분명히 'Where are you?'라는 뜻으로 물었고 나는 사실 그대로 'I am here'라는 의미로 대답했는데 그게 어디가 잘못된 걸까 나 혼자 답답했다. 그러자 그 승객은 다시 물었다.

"아니, 어디 계시냐고요."

나는 같은 말을 거듭 묻는 그를 이해할 수 없었고, 고집스럽게 같은 답을 내놓기보다 주위를 돌아보며 영어가 가능한 승객이 있을지 찾았다. 지금처럼 영어를 잘하는 사람을 손쉽게 만날 수 있는 시절이 아니었는데,

다행스럽게도 한 사람이 나서 주었다.

"Your job. What's your job? He wants to know."
그는 하는 일이 뭔지를 묻고 있어요.

그제야 의미를 파악한 나는 다시 답했다.

"저는 학생입니다."

이를 듣고 있던 승객 몇몇이 박수를 쳐줬다. 내가 한국어의 표현 방식을 파악하지 못해 일어난 해프닝인 셈이다. 이런 일이 어디 한국어에만 해당하는 걸까.

케이팝이 영어권에서 큰 인기를 얻으면서 이제 한국어의 몇몇 표현은 굳이 영어로 번역하지 않고 한국어 그대로 사용하는 일이 많다. 싸이의 〈강남스타일〉의 가사 일부인 '오빠 강남스타일'의 '오빠'는 예전이라면 'older brother' 또는 'big brother'로 번역했겠지만 그래서야 그 맛이 안 산다. 그래서 대부분 '오빠'를 소리 나는 대로 'oppa'로 쓴다. 오빠만이 아니다. '형', '언니', '누나'까지 'hyung', 'unnie', 'noona'로 쓰는 경우를 자주 본다. 이런 현상이 더 확산이 되면 언젠가 '김치'처럼 오빠부터 누나까지 모두 외래어로 인정하고 영어권에서 어휘사전에 수록할 날이 올 듯도 하다.

이처럼 다른 언어권의 어휘가 갖는 느낌을 자국어로 번역하기보다 그대로 '수입'하면 언어의 표현이 신선해지고, 그 활용 범위가 훨씬 풍부해지는 장점이 있다. 이런 경향이야말로 20세기에서 진일보한, 다양성과 융합을 추구하는 21세기다운 발상이 아닐까. 케이팝 팬 중에는 이미 한국 어를 본격적으로 공부하는 이들이 많은데, 이러한 단어의 느낌을 파악하 고 있다면 한국어만이 아니라 한국 문화를 이해하는 데도 도움이 되는 건 두말하면 잔소리다. 하지만 AI가 이런 표현을 얼마나 '센스' 있게 판단하 고 반영할까 하는 데서는 회의적일 수밖에 없다. 노래 가사의 오빠, 다른 텍스트에서의 오빠를 'oppa'로 할 것이냐, 'older brother'로 할 것이냐는 정보에 의해 추출되는 데이터 결과로 결정하기 어려운 면이 있다. 이쪽의 언어를 저쪽의 언어로 바꾸는 결과값이 모두 다 전하기 어려운 감정의 영 역에 속해 있기 때문이다. 즉 AI 텍스트 번역을 무조건 만능으로 여기기 어렵다는 의미다.

다른 언어에서도 비슷한 사례는 많다. 스페인어에는 명사와 형용 사 뒤에 지소사指小辭, 원래의 뜻보다 더 작은 개념이나 친애의 뜻을 나타내는 접사 를 붙이는 경우가 많다. 친근감이나 애정을 표시할 때 주로 사용한다. 예 를 들면 할머니는 스페인어로 'abuela'다. 여기에 지소사 '-ita'를 붙이면 'abuelita'가 된다. 똑같은 할머니지만 뉘앙스는 다르다. 일반적인 할머 니, 또는 다른 사람의 할머니를 이야기할 때는 원래 단어인 'abuela'를 사 용하지만, 자신의 할머니는 'abuelita'를 쓴다. 한국어에서 친근함을 표시 할 때 '우리'를 붙이는 것과 비슷하다. 처음 한국어를 배울 때 '우리' 아빠, '우리' 엄마라는 말을 듣고 혼동에 빠졌던 순간이 떠오른다. '그'의 엄마, '그'의 아빠가 어떻게 나와 함께 '우리'의 엄마, '우리'의 아빠가 될 수 있단 말인가. 물론 지금은 나도 그 표현에 매우 익숙하다.

스페인어를 배울 때 지소사를 열심히 외웠다. 2018년 스페인어를 더 잘하고 싶은 마음에 마드리드에 한동안 머물렀다. 가까운 톨레도에도 두어 번 찾아갔다. 그날은 골목을 따라 걷다가 우연히 로마시대 목욕탕 유적이 있다는 교회를 발견했다. 지하에 있는 목욕탕 유적을 보려면 좁은 계단을 따라 내려가야 했다. 관리인에게 스페인어로 내려가도 좋으냐고 물으니 이렇게 답했다.

"Si, con cuidadito."
네, 조심하세요.

'cuidadito'는 'cuidado'에 지소사 'ito'를 붙인 것이다. 처음에는 친근감을 표시한 것일까 의아했다. 오늘 처음 만난 나에게? 하지만 언어는 역시 암기만이 전부가 아니다. 그녀가 나에게 부드러운 어조로 'cuidadito'라고 하는 걸 들으니 조심하라는 염려를 담은 것이라는 걸 즉각적으로 느낄 수 있었다. 그녀 역시 처음 본 외국인이지만 딱딱한 표현 대신 친절한 표현을 선택했을 것이다. 그날의 짧은 대화로 나는 스페인어 지소사의 문화적 맥락과 쓰임을 단번에 파악할 수 있었다.

이런 미묘한 뉘앙스를 과연 AI로 제대로 정확하게 전달할 수 있을까? 분명히 같은 의미를 전달하고는 있으나 언어 그 자체만으로는 설명할 수 없는 지점이 있다. AI가 아무리 정확하게 하나의 언어를 다른 언어로 번역한다 해도 내포하고 있는 의미의 차이까지 전달하는 데는 한계가 있을 수밖에 없다. 새로운 언어를 배워나가면서 그 문화에 대한 이해의 폭을 넓히는 과정이 선행되어야 그 언어의 맛을 제대로 느낄 수 있다.

외국어 학습을 바라보는 새로운 패러다임

물론 그런 언어의 맛을 모두가 다 알아야 하는 것이 아니라는 이견이 있을 수 있다. 하지만 언어는 말하자면 정보와 지식만을 전달하는 도구가 아니다. 앞에서 나에게 외국어는 세상을 보는 창문 같다고 했다. 같은 창문 앞에 서 있어도 창문을 통해 바라보는 풍경은 보는 사람에 따라 다를 수밖에 없다. 게다가 풍경을 통해 느끼는 감정 역시 사람에 따라 천차만별이다. AI를 통해 외국어의 의미를 표면적으로 이해할 수는 있게 될 것이다. 하지만 언어를 통해 우리가 만날 새로운 세상의 풍경을 나만의 방식으로 접하고 싶다면 AI로 해결할 수 없는 지점이 분명히 존재한다. AI 시대에 우리가 외국어를 공부해야 하는 이유는 어쩌면 거기에서 찾을 수 있지 않을까.

과거로부터 현재까지 외국어 학습은 주로 원하는 목표를 이루기 위한 일종의 도구였다. 시험 성적을 잘 받기 위해, 취직을 위해, 승진을 위해, 업무의 필요에 의해서 꼭 획득해야만 하는 도구. 즉 나의 능력과 가능성을 평가 받기 위한 도구. 외국어를 잘하는 사람은 곧 다른 사람으로부터 능력은 물론 성실함까지 인정을 받을 수 있었다. 남들로부터 인정받고 싶다면 외국어 실력이 전제되어야 했다. 하지만 이제 그런 인식에서 조금 벗어날 때가 되었다. 물론 그런 필요 역시 존재하지만, 머지않아 그런 이유로만 외국어를 배우는 시대는 지나갈 것이다.

이미 수많은 사람들에게 외국어는 더이상 해내야 하는 의무의 대상이 아닌 지 오래되었다. 성적이나 업무와 관계없이 새로운 외국어를 배우는 이들이 많다. 이전에 없던 새로운 실용적 요구도 등장했다. 최근 눈에

은퇴 후 노후를 보낼 해외 거주지를 안내하는 미국의 한 웹사이트.

떠는 사례로는 이런 것이 있다. 미국의 많은 중년들은 노후의 연금액을 따져보고, 좀 더 물가가 싼 지역에서 조금이라도 더 여유 있게 살기를 원한다. 그러기 위해 살던 곳을 떠나 이사를 하기도 하는데 예전에는 주로 미국 안에서 대상지를 골랐다면 이제는 물가가 싼 다른 언어권의 나라를 고려하기도 한다. 마음에 드는 곳이 정해지면 그 나라의 언어를 미리 공부한다. 누군가로부터 평가를 잘 받기 위해서가 아니라 새로운 거주지에서의 편안하고 즐거운 삶을 준비하기 위해서다. 예전에 볼 수 없던 외국어 학습의 목표는 이렇게 새롭게 등장하기도 한다.

어떤 사람들에게 외국어는 그 자체로 즐거운 놀이이며 취미다. 지적 자극을 주는 매개체다. 낯선 언어의 체계를 배워가는 과정 그 자체에서 희열을 느낀다.

취미에서 도구로, 도구에서 다시 취미로! 외국어 학습 목적 변천사

외국어 학습이 취미의 대상이 된 것은 최근 들어 일어난 현상이 아니다. 이미 19세기 말 등장했다. 외국어 고전 문헌을 읽는 것에서 말하기로 외국어 학습의 내용이 근본적으로 변화하자 뜻밖에 외국어를 취미로 배우려는 사람들이 급증했다. 당장 필요는 없지만 언젠가를 위해 또는 호기심에 의해 외국어를 배우려는 사람들이 늘어난 것이다. 이런 추세에 발맞춰 알리앙스 프랑세즈Alliance française, 벌리츠Berlitz 같은 교육 기관이 등장했다. 아울러 인공적 국제 공통어인 에스페란토를 공부하려는 이들도 점점 늘었다. 이러한 외국어 학습의 형태는 주로 대면 수업과 학습 모임이었다. 사람들이 같은 목표를 가지고 모이는 곳이다 보니 취미로 외국어를 공부하면서 동시에 사교의 기회가 되기도 했다.

이렇듯 취미와 사교를 목적으로 한 외국어 학습에 관한 관심은 20세기 중반에 접어들면서 제1차, 제2차 세계대전을 치르느라 현저히 낮아졌다가 종전 이후 활발해지는 듯하더니 또다시 주춤했다. 외국어 학습이 더이상 취미의 영역에 머물 수 없었기 때문이다. 즉 실용적인 이유로 외국어 학습의 필요성이 어느 때보다 높아졌기 때문이다. 이는 제2차 세계대전 이후 전 세계를 장악한 영어 패권과 깊은 관련이 있다. 이제 다양한 외국어를 취미로 배우는 대신 앞다퉈 영어를 배워야 했다. 오직 영어만이 성취를 위한 강력한 도구였고, 외국어를 배운다는 것은 곧 영어 학습을 의미하는 세상이 도래했다. 비영어권 국가에서는 앞다퉈 교육 현장에 영어를 필수 과목으로 지정하였다. 한국 역시 그런 나라 가운데 하나지만, 한국만 그런 것은 아니다. 세계 주요 도시의 거리에서 만나는 젊은이들에게 말을 걸면 거의 대부분 나에게 영어로 답한다. 그 나라 말로 질문을 해도 영어로 답하는 이들이 많다. 그들 역시 학창 시절 자연스럽게 영어를 배웠을 것이다. 졸업 후에도 열심히 공부를 계속 했을 가능성이 높다. 그들이 배운 영어가 자발적 선택에 의한 취미의 대상이었을 가능성은 얼마나 될까. 아마 그보다는 교과 과정의 필수 과목이자 성취를 위한 도구였을 가능성 쪽이 훨씬 높을 것이다.

그러나 세상은 또 변화했다. 21세기에 접어들면서 외국어 학습을 취미로 인식하는 경향이 매우 뚜렷하게 다시 등장했다. 물론 그 이전에도 이런 경향이 전혀 없지는 않았다. 실제로 한국의 중년 가운데 1998년 김대중 전 대통령의 일본 문화 개방 방침 결정 이전 일본의 만화나 영화 등을 즐기기 위해 일본어를 독학했다는 이들이 많다. 그 역시도 취미로 외국어를 학습한 사례가 아닐 수 없다. 하지만 본격적인 취미의 대상으로 외국어 학습의 붐을 일으킨 사례는 훨씬 더 가까이에 있다. 바로 아시아를 중심으로 등장한 한류다. 외국어 학습을 취미의 영역으로 확장시킨 흐름의 선봉에 한류를 빼놓을 수 없다. 거의 모든 문화가 영어권, 즉 미국에서 발원하여 세계로 뻗어나가던 형국이었다면 언젠가부터 다양한 국가의 다양한 문화가 굳이 미국 또는 영어라는 인프라 없이도 세계 곳곳으로 뻗어나가고 있다. 이를 가능케 한 것은 인터넷의 발달인데, 영어의 패권은 여전하지만 오로지 영어만이 전부였던 세상에 다른 언어의 유입과 확산은 유의미한 변화가 아닐 수 없다.

일본에서 한류의 시작을 알린 드라마 〈겨울연가〉의 '욘사마'를 내세운 한국어 교재 안내.

　　한류의 첫 테이프를 끊은 것은 일본에서 붐을 일으킨 드라마 〈겨울
연가〉다. 실제로 이 드라마에 몰입한 일본 중년 여성들은 주연 배우인 배
용준과 최지우를 '욘사마', '지우히메'라고 부르며 강력하고 뜨거운 팬덤을
형성했고, 이들은 드라마 촬영지를 보기 위해 한국을 찾는 것에서 나아가
앞다퉈 한국어를 배우기 시작했다. 이른바 일본인들이 취미로 배우는 외
국어의 앞자리에 한국어가 자리를 잡은 셈이었다.

　　2000년대 중반 가고시마 대학교에서 일본 학생들에게 한국어를 가
르칠 때였다. 첫 학기를 마친 뒤 학생들에게 한국어 수업을 신청한 동기

2006년 가고시마 대학교에서 한국어를 가르치는 장면.

를 물었다. 몇몇 학생이 학교에서 한글을 배워 욘사마를 좋아하는 어머니에게 가르쳐 드릴 수 있을 것 같아 시작했다고 했다.

하지만 나는 그런 동기로 외국어 학습을 시작하는 이들의 의지가 얼마나 유지될 것인가에 대해 당시만 해도 회의적이었다. 역시 욘사마로부터 시작한 학생들은 대부분 다음 학기에 주목할 만한 성적을 거두지 못했다. 한글과 간단한 인사말 정도에서 더 나아가지 못했다.

한류 열풍으로 한글을 앞다퉈 배우려던 일본 중년 여성들 가운데 한국어를 중급 이상의 단계까지 공부한 사례는 극히 적었다. 이들 역시 대부분 한글을 익히고 간단한 인사말 정도를 하는 것에서 멈췄다. 전국적으로 붐처럼 급증한 한국어 교습 학원의 프로그램 역시 거의 다 기초 한국어 과정이었고, 중급 또는 고급에 이르는 이들은 극히 드물었다. 원하는 이들이 있다 해도 뒷받침해 줄 교육 시스템이 거의 없었던 탓도 컸을 것이다. 하지만 그때만 해도 나는 이런 현상이 실용적 목표가 아닌 취미로서의 외국어 학습이 갖는 한계라고 생각했다.

한류로 시작한 한국 대중문화 붐은 주춤하는 듯하더니 어느새 케이팝이라는 불꽃으로 이어졌다. 드라마에 비해 훨씬 폭발적이었고, 일본과 아시아를 넘어 전 세계로 퍼져 나갔다. 단순히 스타를 좋아하는 것에서 나아가 온라인과 SNS를 통해 정보 교환을 하는 강력한 팬덤이 등장했고, 역시 한국어를 배우려는 이들이 전 세계적으로 급증했다. 세계 여러 나라에서 한국어 수업에 대한 요구가 늘어났다.

2019년 발행한 미국현대어학회Modern Language Association of America 2016년 조사에 따르면 미국 고등교육기관에서 외국어 수업을 수강하는 학생 가운데 한국어 수강생이 해마다 큰폭으로 늘어나는 것으로 나왔다. 물론 미국인들의 전통적 외국어 학습 대상인 스페인어는 물론이고, 프랑스어·독일어·일본어에 비해 뒤떨어지는 숫자이긴 하지만 몇 년 사이 한국어 수강자가 급증한 것은 눈여겨볼 만하다.

그러나 케이팝을 통한 한국어 학습 붐은 이 조사의 결과로

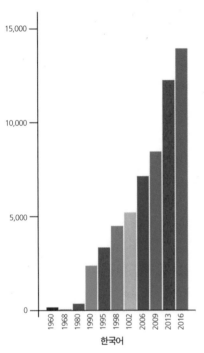

2019년 미국현대어학회에서 발행한 보고서에 실린 그래프로, 미국에서 한국어 수강생의 증가세를 보여준다.

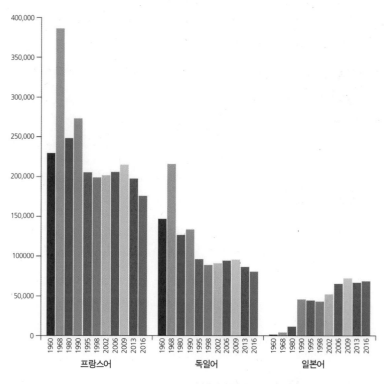

2019년 미국현대어학회에서 발행한 보고서에 실린 그래프로,
미국에서 프랑스어, 독일어, 일본어 수강생의 현황을 알 수 있다.

만 판단할 수 없다. 외국인 팬들의 한국어 학습은 교육 기관을 통하기보
다 팬들끼리 서로서로 정보를 공유하는 방식으로 훨씬 역동적으로 전개
되고 있기 때문이다. 케이팝 팬들은 노래 가사를 자국의 언어로 번역하기
위해 자발적으로 한글을 배우고 단어와 가사의 표현을 익힌다. 그렇게 번
역을 해서 올려놓으면 다른 팬들이 그것으로 노래를 이해하기도 할 뿐만
아니라 서로 잘못된 부분을 바로 잡아주기도 하고, 다른 가수의 다른 노

래를 소개해주기도 한다. 그러면서 점점 한국어에 익숙해진다. 이들에게 한국어 학습은 골치 아픈 공부의 대상이라기보다 게임을 즐기기 위한 룰처럼 엄연한 취미 활동의 일환이며 자신이 즐기려는 취미의 세계에 더 깊이 진입할 수 있게 하는 강력한 도구다.

21세기 케이팝의 팬들은 SNS와 인터넷을 통해 취미로서의 외국어 학습이 어디까지 가능한지를 보여주고 있다. 욘사마를 좋아했던 일본 중년 여성들, 그보다 더 거슬러 올라가 벌리츠나 알리앙스 프랑세즈를 통해 프랑스 회화를 배웠던 미국인들 모두 같은 마음이었을 것이다. 하지만 취미로 외국어 학습을 배웠던 이전 시대 사람들이 대내외적 환경에 의해 대부분 초급 수준에 머물렀다면 21세기 취미로서의 외국어 학습은 새로운 시대, 새로운 기술의 발전을 토대로 이전보다 훨씬 유창한 수준에 도달하고 있다. 이러한 변화의 선봉에 한류에 이어 케이팝이 있다는 것은 주목할 만하다. 이는 곧 전 세계적으로 한국어가 어디까지 어떻게 뻗어나갈까를 지켜보는 것과 동일한 의미이기 때문이다.

이미 개인에게 넘어온 외국어 학습 주도권

이렇듯 이미 외국어 학습은 개인의 취미, 교양 중심, 지적 자극을 위한 도구 등 각자의 목표를 가진 개인들의 자발적인 동기로 이전보다 훨씬 다양한 모습으로 이루어지고 있다. 때문에 앞으로 외국어 학습은 교사 중심, 학교 중심, 교과 과정의 일방적인 흐름에 따르지 않고 개인이 원하는 대로, 각자 형편에 맞춰 진행될 것이 분명하다. 그러한 전환은 뚜렷하게 진행 중이다. 즉, 외국어 학습의 주도권이 이미 개인으로 넘어가기 시작했고, 조만간 완전히 넘어가게 될 것이라는 의미다.

AI의 등장과 발전으로 실용적인 목적의 외국어 학습은 조만간 사라질 거라는 전망이 우세하다. 그럼에도 불구하고 외국어 학습의 필요성은 사라지지 않을 것이다. 외국어 학습의 주도권이 개인에게 넘어갔기 때문이다. 즉 개인에 따라 외국어 학습에 대한 요구가 그만큼 다양해졌기 때문이다. 누군가의 요구에 의해, 누군가에게 자신을 증명하기 위해 외국어를 배워야 하는 시대는 이미 저물어 가고 있고, 그 대신에 개인의 필요와 요구에 의해 외국어를 학습하는 시대가 이미 문을 연 지 오래다. 그리고 이 세상의 수많은 사람들은 여전히 외국어 공부를 하고 있다. 그것도 매우 열심히.

배우기가 만만치 않은 데다가 AI의 급속한 발달로 굳이 힘들게 배우지 않아도 언어의 장벽을 뛰어넘을 수 있는 세상이 열리고 있는 이 시대에 그들은 또 우리는 왜 외국어를 배우려 하고, 공부하고 있는가. 누군가는 AI를 통해 변환하는 데이터 값으로서의 언어 사용이 편리할 수 있다. 그런 편리함을 추구하는 이들을 위해 기술의 발전은 눈부시게 빠른 속도로 전개될 것이다.

21세기를 살고 있는 우리는 새롭게 등장한 '외국어 딜레마'와 마주 앉아 있는 셈이다. 곧 AI로 모든 게 해결이 될 텐데 굳이 외국어를 왜 배워야 하느냐고 생각하는 사람부터 학습하는 과정의 즐거움을 만끽하며 수많은 외국어를 끊임없이 공부하는 사람까지 외국어 학습을 둘러싼 개인들의 입장은 천차만별로 다르다. 오늘날 무수한 개인 앞에 주어지는 학습의 내용과 환경 역시 이루 다 말할 수 없을 정도로 다양하다.

하지만 만약 AI의 진보된 기술에 더해 '인간적인 대화'를 원한다면,

누구에게나 똑같은 결과값을 제공하는 매끈한 번역문에 더해 행간에 담긴 문맥의 의미를 제대로 읽고 싶다면 외국어 학습의 문을 다시 한 번 두드려볼 것을 권한다.

외국어 학습을 둘러싼 숱한 전망과 요구 앞에서 결국 선택은 개인의 몫이다. 그렇게 놓고 보면 외국어 학습이란 무엇을 배울 것이냐, 어디에서 어떻게 배울 것이냐, 누가 어떤 동기와 태도로 배울 것이냐를 둘러싼 수많은 논의와 선택의 과정을 거쳐야만 당도할 수 있는 머나먼 여정인 것 같기도 하다. 분명한 건 있다. 어떤 외국어든, 이 책을 읽는 독자의 나이가 몇이든, 지금부터 시작하면 평생의 즐거움을 만날 수 있다는 사실이다.

외국어는 배울 것도 많고 시간이 오래 걸린다. 부인할 수 없다. 배워 나가는 길은 시원하게 앞으로 뻗어나가는 직선이 아니다. 전진과 후퇴를 번갈아 맛볼 것이다. 좋은 날이 있으면 답답한 날이 있다. 그러나 묵묵히 해나가다 보면 단계마다 고비마다 각별한 즐거움이 기다리고 있다. 이 길의 가장 좋은 동반자는 좋은 교사도, 탁월한 교수법도 아니다. 외국어 공부를 그 자체로 즐기며 힘들지만 앞으로 나아가 보겠다는 각자의 마음과 태도다. 그러다 보면 자신에게 맞는 학습 스타일을 발견하게 되고, 어느덧 외국어 공부에 끌려가지 않고 주체적으로 해나가는 스스로를 만나게 될 것이다. 또한 평생의 친구를 얻게 될 것이다.

이 책은 외국어 학습의 출발선에 선 독자들을 응원하는 마음으로 쓰게 되었다. 피할 수 없다면 즐기라는 말이 있다. 이왕 마음먹고 시작한 외국어 학습의 어려움을 함께 견디고, 오랜 시간을 인내하며, 즐겁게 배워 나가는 방법을 함께 찾아보기로 하자. 즐기며 연습하며 계속해 나가기. 이 책의 결론은 어쩌면 이미 나온 건지도 모르겠다.

05

다시,
외국어 학습을
시작합니까?
각자
외국어 학습의
역사를
한 번 돌아봅시다!

▶▶▶▶▶▶▶▶▶▶▶▶▶▶▶

가장 먼저 할 일은 '외국어 성찰'이다. 성찰이라니 반성문 같지만 아니다. 스스로의 모습을 돌아보는 일이다. 자신만의 외국어 학습의 역사를 정리해 보는 것이다. 일종의 이력서처럼 외국어를 처음 배우기 시작한 순간부터 언제까지 어떻게, 어디에서 공부했는지 천천히 기록해 보는 것이다. 이 기록이야말로 새롭게 외국어를 배우는 출발점이다.

▶▶▶▶▶▶▶▶▶▶▶▶▶▶▶▶▶▶

학창 시절 배웠던 외국어, 지금은 어디에?

2001년 영화 〈친구〉를 봤다. 여러 장면이 기억에 남아 있지만 주인공들의 고교 시절 영어 수업 시간은 특히 인상적이었다. 매우 강한 억양의 부산 사투리로 짧은 영어 텍스트를 읽은 교사가 학생에게 이게 무슨 의미인지를 묻는다. 학생은 이렇게 대답한다.

"모르겠는데예."

영화를 다 본 뒤 맥주 한 잔을 마시며 함께 간 친구에게 그 장면에 대해 물으니 학창 시절 영어 수업 분위기와 매우 비슷하다고 했다.

한국 영어 교육에 대해 이야기할 때면 영화 속 그 장면이 자주 떠올랐다. 민주화가 이루어지고, 경제적으로 성장하면서 외국어 학습의 필요성은 더 커졌다. 20세기를 거쳐 21세기에 들어오면서부터 유학을 다녀오거나 짧게라도 어학 연수를 다녀온 학교 선생님들이 많아졌다. 하지만 공교육 현장의 수업 방식에 대한 학생과 학부모들의 불만은 여전하다. 세월은 흘렀지만 학교 수업의 기본 방식은 영화 〈친구〉 시절과 크게 다르지 않아 보인다.

한 학급에 서른 명의 학생이 수업을 받는다고 생각해 보자. 이들은 모두 각자의 학습 스타일learning style을 가지고 있다. 학습 스타일이란 외

The classroom

the class

외국어를 배우는 매우 전형적인 교실 풍경.

부에서 들어오는 새로운 정보를 자신의 뇌에 받아들이거나(처리하는) 이미 형성한 정보를 필요한 순간에 찾아내는 방식을 의미한다. 이미 형성한 정보의 양에 따라, 새로운 정보를 처리하는 방식에 따라 학습 스타일은 천차만별로 달라진다.

　그러나 이들의 책상 앞에 놓인 교재는 모두 똑같고, 한 사람의 교사에 의해, 동일한 교수법으로 수업을 듣는다. 아무리 뛰어난 교사일지라도 수십 명 모두에게 적합한 방식으로 가르치는 건 어렵다. 게다가 말을 하는 쪽은 주로 교사이고 학생들은 대부분 말 한 마디 하지 못하고 수업을 마친다. 언어를 배우는 시간인데도. 교사의 자질·능력·교재의 수준이 아무리 뛰어나도 이런 식으로는 모든 학생이 비슷하게 언어를 제대로 배우기가 어렵다.

전 세계 거의 모든 인류가 학교에서 외국어를 배우고 있는데, 정작 그렇게 배운 외국어를 잘 사용하는 이들은 얼마나 될까. 자신 있게 그렇다고 말할 수 있는 사람이 얼마나 될까. 학교에서 배우긴 했지만 외국어를 잘하는 사람은 생각보다 그리 많지 않다. 그러니 교육열이 워낙 높고, 공교육 현장에서 이루어지는 영어 교육의 한계 역시 잘 아는 한국의 학부모나 학생들, 심지어 교사까지도 외국어 학습을 위해 정규 수업과 별개로 막대한 비용을 써가면서 사교육 시스템을 활용하는 것을 당연하게 받아들이고 있다. 아이러니한 것은 그렇게까지 외국어를 열심히 배우려고 하고 노력했지만 정작 학교를 졸업하고 사회에 나가 학습을 멈추는 동시에 배운 걸 거의 다 잊어버린다는 사실이다.

외국어 성찰, 새롭게 외국어를 배우는 출발점

여기까지 읽으면서 자신의 이야기가 아니라고 생각하는 이들은 몇이나 될까. 아마도 거의 대부분 외국어를 처음으로 배우기 시작한 청소년기 자신의 모습을 떠올릴 것이다. 좋았던 기억, 좌절한 기억이 동시다발적으로 떠오를 것이다. 그렇다면 성인이 된 지금, 우리는 어떻게 하면 외국어를 즐겁게 배워나갈 수 있을까.

가장 먼저 할 일은 '외국어 성찰'이다. 성찰이라고 하니 반성문이라도 써야 하나, 싶지만 그런 건 아니다. 그동안 외국어를 공부해온 스스로의 모습을 돌아보는 일이다. 이를테면 자신만의 외국어 학습의 역사를 정리해 보는 것이다. 일종의 이력서처럼 외국어를 처음 배우기 시작한 순간부터 언제까지 어떻게, 어디에서 공부했는지를 천천히 기록해 보는 것이다. 이 기록이야말로 새롭게 외국어를 배우는 출발점이다.

대부분 중학교 입학해서 처음 들었던 영어 수업 시간이 먼저 떠오를 것이다. 고등학교에 진학한 뒤 제2외국어를 공부한 경험이 있다면 그걸 적는다. 한국에서 고등학교까지 다닌 성인이라면 대부분 비슷한 경험을 했을 것이다. 하지만 영어 공부를 했던 기억은 뚜렷해도 제2외국어 배운 기억은 희미하다는 이들이 많다. 대학에 들어가거나 직장 생활을 하면서 학원이나 어학 연수, 여행 등 외국어 학습과 관련한 경험이 있다면 빠짐없이 적어 보자. 어릴 때부터 비교적 최근까지의 경험을 정리했다면 일단 출발은 잘한 셈이다.

그 다음은 경험 당시의 마음을 떠올릴 차례다. 중학교 첫 영어 수업을 들을 때 어떤 기분이었는지, 언제부터 점점 영어에 자신을 잃었는지, 또는 언제 가장 흥미를 느꼈는지 등등 떠오르는 대로 기록해 보자. 당시의 추억이 겹쳐져 감상적이 되기도 하고, 건조한 기억만 떠오르기도 할 것이다. 감정을 나열하기 싫다면 '아주 좋았다'에서 '아주 싫었다'까지 단계를 표시해 보는 것도 좋다.

이제 마지막 단계다. 그 마음의 이유를 스스로에게 물어야 한다. 아주 싫었다로 표시한 그때 그 수업에서 어떤 점이 그렇게 싫었을까. 선생님이 마음에 안 들어서? 수업 내용을 따라갈 수가 없어서? 좋았다면 또 어떤 점이 좋았을까. 뭔가 알아가는 즐거움을 느껴서? 시험 성적이 잘 나와서? 그렇게 하나씩 떠올리다 보면 외국어를 배우는 동안 스스로 어떤 점이 장점이고 단점인지, 외국어를 배우면서 좋았던 점과 부족한 점이 어떤 것인지에 대해 각자 깨닫는 바가 생길 것이다. 반복할 장점과 고쳐야 할

외국어 성찰	
학습 대상 외국어	
학습 동기 또는 이유	
학습 목적	
학습 목표	

대상 외국어 학습 경험 있다면

사용 가능 수준	• 읽기 : • 쓰기 : • 말하기 : • 듣기:
학습 경험 1	• 언제 : • 어디에서 : • 얼마나 :
학습 경험 2	• 전반적인 느낌 : • 학습을 통해 얻은 것 : • 학습법 :
학습 경험 3	• 즐거웠던 기억 : • 좌절했던 기억 :
학습 경험 4	• 만족스러운 기억 : • 후회스러운 기억 :
학습 경험 5	• 가장 보완하고 싶은 부분 :

기타

단점, 지향해야 할 태도, 지양해야 할 습관 등과도 객관적으로 마주하게 될 것이다. 이때 다른 사람이 뭐라고 했다거나 일반론적인 생각을 적지 않는 것이 무엇보다 중요하다. 정말 나의 생각인지, 내가 느낀 감정인지를 살피고 솔직하게 적는 것이 가장 중요하다.

외국어 학습에 관한 자신의 경험을 객관적으로 들여다 보는 일, '외국어 성찰'은 얼핏 사소해 보이겠지만 '어제의 내'가 겪은 실패와 아쉬움을 발견함으로써 시행착오를 최소화하는 것은 물론 '오늘의 나'에게 잘 맞는 학습법을 찾기 위한 매우 중요한 과정이다.

앞에서 외국어 성찰이라고 제목을 달아 일반적인 항목으로 간단히 표를 만들어 놓긴 했지만 정해진 항목이나 기준이 있을 리 없다. 얼마든지 자신이 만들고 싶은 대로 항목을 만들어 활용하면 된다. 얼마나 구체적이고 솔직하게 그동안의 외국어 학습의 경험을 돌아보느냐가 중요하다. 나아가 이를 통해 앞으로 나아갈 학습의 방향을 정하는 것이야말로 외국어 성찰의 진정한 목적이다.

성인 학습자를 위해 개발한 유럽 언어 포트폴리오

이렇게 자신의 외국어 학습의 역사를 글로 기록하는 일은 유럽에서 외국어 학습자들에게 오래전부터 권장해온 방법이기도 하다. 1990년대 유럽평의회Council of Europe는 주로 성인 학습자를 대상으로 한 '유럽 언어 포트폴리오'European Language Portfolio를 개발했다. 1949년 설립한 유럽평의회는 러시아와 터키를 포함해 회원국이 무려 47개국에 달하는데 여기에서 만든 '유럽 언어 포트폴리오'는 크게 '언어 여권'language passport, '언어 전기'language biography, '서류 일체'dossier의 세 부분으로 이루어졌다.

'외국어'foreign language 포트폴리오가 아닌 '언어'language 포트폴리오라고 쓴 부분은 주목할 만하다. 유럽에 사는 이들 중에는 워낙 이중언어 화자가 많다. '국어'와 '지역어'가 다른 경우도 많고, 이민자도 매우 많다. 모어는 아니지만 그렇다고 자주 쓰는 언어를 외국어라고 할 수는 없다. 프랑스에서 태어나 프랑스어로 살아가는 한국인 2세에게 프랑스어는 더 이상 외국어라고 할 수는 없다.

언어 여권 language passport	• 사용할 줄 아는 모든 언어 쓰기 • 언어 학습의 역사와 실력을 '스스로 평가'(self-assessment)하여 기록하기.
언어 전기 language biography	• 언어 학습 경험 자세히 쓰기 • 기존 학습 동기 자세히 쓰기 • 기존 학습 목표 자세히 쓰기 • 새로 배우고 싶은 언어 쓰기 • 배우고 싶은 동기 자세히 쓰기 • 배우고 싶은 목표 자세히 쓰기
서류 일체 dossier	• 언어 관련 취득 자격증 증빙 서류 유무 및 첨부 • 언어 관련 시험 점수 증빙 서류 유무 및 첨부

유럽 언어 포트폴리오의 구성

한 사람의 언어 이력을 파악하는 데 모어와 외국어를 구분하지 않고 구사할 수 있거나 배운 이력이 있는 모든 언어를 대상으로 삼는 쪽이 훨씬 정확한 자료가 될 것은 분명하다. 또한 지역어를 사용하거나 이민자라면 '국어'가 갖는 지배적인 뉘앙스에 다양한 감정을 가질 수 있다. 또한 학교에서 국어와 영어를 제외한 외국어를 배우는 경우도 많은데 포트폴리

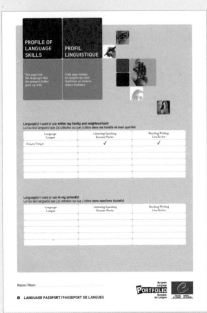

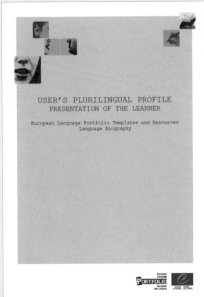

Presentation of the learner [Section: Presentation of the learner]

My name is ....

I was born on ....

I use the following language(s) actively or passively

- at home: ....
- with friends: ....
  ....

I have learned or have started to learn the following other languages outside school
(travel, visits, exchanges, meetings, etc):

....
....
....

I learned or have been learning the following languages at school or in language classes:

Language	from / since	to
....		
....		
....		
....		
....		

유럽 언어 포트폴리오 중 언어 여권과 언어 전기 일부.

오에서 외국어라고 한정하면 어떤 언어를 접해 왔는가에 관한 전체적인 이력이 드러나지 않을 수 있다. 이런 부분에 대한 세심한 설계로 유럽 '외국어' 포트폴리오가 아닌 유럽 '언어' 포트폴리오가 된 것이다.

유럽연합은 유럽 통합을 심도 있게 추진하기 위해서 다양한 정책과 제도를 마련했다. 가장 널리 알려진 것은 1999년부터 사용한 공용 화폐 유로화 도입이겠지만 그 외 수많은 분야에서 통합을 위한 일관된 정책의 집행이 이루어졌다. 서로 다른 언어를 쓰고 있다는 점 역시 중요하게 고려되었다. 이를 위해 유럽연합 주도로 다양한 언어 정책이 등장했다.

눈에 띄는 것은 유럽평의회에서 주도한 '유럽 언어 공통 기준'Common European Framework of Reference for Languages이다. 감히 역사적인 사건이라고까지 말할 수 있는 이 정책은 이후 성인의 외국어 학습과 외국어 실력 유지를 돕는 데 큰 역할을 한다. 미국과 소련의 냉전이 끝난 뒤 유럽 통합을 지향하는 1990년대에 개발이 되었지만, 일반 성인 언어 학습자를 위한 정책 가운데 오늘날까지 가장 광범위하고 중요한 것으로 꼽힌다.

유럽 언어 공통 기준은 유럽 전역에서 동일한 기준으로 활용하고 있는데, 간단히 설명하면 이러하다. 자신이 공부한 언어 학습의 성취를 평가하는 기준이 어디에서나 동일하다. 따라서 같은 기준을 적용하는 다른 곳에서 다시 공부를 시작하게 되더라도 자신의 실력을 객관적으로 증명하고 그 수준에서 바로 출발할 수 있다. 가르치는 입장에서도 다른 곳에서 공부한 특정 개인의 언어 실력이 어느 정도인지 쉽게 파악할 수 있다. 또한 수업의 내용에 동일한 기준을 적용함으로써 어느 나라 어느 지역이나 이루어지는 교육 내용 역시 일정한 수준을 유지한다.

이 정책은 학창 시절에 배운 적 있는 언어를 평생 학습 차원에서 유

유럽 언어 공통 기준 자가 진단표

A1 돌파 Breakthrough

- 간단한 회화를 이해한다.
- 자신과 다른 사람을 소개한다.
- 개인 신상에 대해서 묻고 답한다.
- 간단한 방식으로 소통한다.

A2 낮은 수준 Waystage

- 직접 관련된 영역과 연관된 문장들을 이해한다.
- 간단한 일상에 대해 소통한다.
- 간단한 용어로 당신의 상황에 대해 설명한다.

B1 문턱 Threshold

- 일반적인 상황의 요점을 이해한다.
- 익숙하거나 개인적 관심사에 대해 간단히 글을 쓴다.
- 경험한 일이나 꿈, 희망 등에 대해 간단히 설명한다.

B2 우월 Vantage

- 구체적이거나 추상적인 주제의 글의 요지를 이해한다.
- 원어민과 일상적으로 소통하고, 유창하고 자연스럽게 대화한다
- 광범위한 주제에 관해 명확하고 자세하게 글을 쓴다.
- 시사적인 내용에 자신의 입장을 설명한다.

C2 통달 Mastery

- 듣거나 읽는 모든 것을 쉽게 이해한다.
- 서로 다른 말이나 글로 된 자료들로부터 정보를 요약하고, 발표가 필요한 경우 논증과 설명을 재구성한다.
- 복잡한 상황에서도 세심하게 의미의 차이를 분별하면서 자신을 자연스럽고 유창하고 정확하게 표현한다.

C1 효과적으로 사용할 수 있는 숙련도 Effective operational proficiency

- 다양한 분야의 진지하고 긴 글을 이해하며 행간의 의미를 파악한다.
- 자신에 대해 유창하고 자연스럽게 표현한다.
- 사회적, 학술적, 전문적 목적에 맞게 유연하고 효과적으로 언어를 구사한다.
- 복잡한 주제에 대해 명확하고 논리적이며 상세하게 글을 쓴다.

유럽 언어의 날 홍보 이미지. 유럽 전역에서 다국어 사용을 장려하는 유럽평의회Council of Europe는 2001년부터 매해 9월 26일을 '유럽 언어의 날'European Day of Languages로 정해 기념하고 있다.

지하고 점차 나아지게 하는 것에 주안점을 둔다. 다시 말해 새로운 언어를 학습하는 것과 이미 한 번이라도 배운 경험이 있는 언어 실력을 유지하는 것에 차이를 두지는 않지만, 새로운 언어보다는 이미 배운 언어를 잘 유지하는 쪽에 방점을 찍은 셈이다.

이러한 유럽 언어 공통 기준의 부속 정책 가운데 하나가 바로 유럽 언어 포트폴리오다. 유럽연합에 거주하는 성인 중 다양한 언어를 사용하거나 학습 경험이 있는 이들의 언어 능력 및 사용 현황을 파악하는 것은 물론 성인이 된 이후 새로운 언어를 배우려는 이들이 계획을 세울 때 도움을 주기 위해 개발했다. 유럽 언어 포트폴리오의 언어 여권 부분에 '스스로 평가'self-assessment 기준으로 사용되는 것이 유럽 언어 공통 기준임은 두말할 나위가 없다.

이러한 정책의 큰 방향을 개발할 당시 이미 글로벌 영어의 패권은 확장세였지만 그럼에도 불구하고 여기에는 유럽인들이 공통어로 영어만을 사용하기보다 다양한 언어를 사용하게 하려는 취지가 반영되어 있었다. 이러한 취지는 여전히 이어지고 있다. 즉 전 세계적으로 영어의 힘은 계속해서 갈수록 커지고 있지만 유럽 거의 모든 국가에서는 여전히 영어 외에 제2외국어를 필수 과목으로 지정하고 있다. 이를 통해 유럽 지역에서는 다양한 언어와 지역어 교육이 이루어지고 있는데 이러한 오늘날의 교육 현장에서도 이 정책들은 여전히 제 역할을 잘해내고 있다.

앞에서 제안한 외국어 성찰은 바로 유럽 언어 포트폴리오를 참고한 것이다. 외국어 성찰의 가장 좋은 점은 '어제의 내'가 걸어온 외국어 학습의 역사를 통해 '오늘의 나'에게 맞는 공부 방법을 만들 수 있다는 점이다. 즉, 외국어 성찰은 스스로가 외국어 학습의 주체가 되는 첫 단계라 할 수 있다. 스스로가 학습의 주체가 되는 것의 중요성은 두말하면 잔소리다.

외국어를 잘하고 싶다면? 쉬운 방법을 찾고 싶다면?

1995년부터 2008년 초까지 일본 교토 대학과 가고시마 대학 등에서 영어를 가르쳤다. 개강하는 날 학생들에게 늘 같은 질문을 던졌다.

"이 수업에서 배우고 싶은 것을 적으시오."

가장 많이 나온 답은 이것이다.

"영어를 잘하고 싶다."

일본의 대학 교양 영어 수업은 보통 일주일에 두 번, 90분씩 이루어진다. 한 학기에 약 30회 남짓이다. 그 정도 수업 시간으로 영어 실력을 어느 정도나 향상시킬 수 있을까. 게다가 '잘하고 싶다'라는 문장에 담긴 잘한다는 기준은 어디에 맞춰야 하는 걸까. 영어만 그런 것도 아니다. 가고시마 대학교에서는 한국어도 가르쳤는데 개강 첫날 같은 질문을 던지면 거의 모든 학생들의 답은 역시 비슷하다.

"한국어를 잘하고 싶다."

학기 중간, 학기 말이 되면 학생들에게 역시 질문을 던진다.

"지난 학기 동안의 수업을 평가하고, 앞으로 배우고 싶은 것을 적으시오."

학생들의 평가 내용은 수업이 쉽다거나 어려웠다거나 하는 등 주로 난이도에 관한 것이었다. 구체적으로 무엇을 배우고 싶은가에 대한 답은 거의 없었다. 몇 년 동안 이런 과정이 반복되었다. 나는 하나의 결론을 내렸다. 나의 결론은 무엇이었을까. 학기 초에 써낸 '잘하고 싶다'는 것은 그저 학생들의 단순한 태도일 뿐, 학생들 스스로 자신에게 맞는 목표를 설정하지 못하고 있다는 것이다. 즉, 스스로 학습의 주체가 되지 못하는 것이다. 주체가 되지 못하니 목표를 설정할 수 없고, 그렇다 보니 어떻게 공부를 해야 하는지도 갈피를 잡기 어렵다. 당연히 좋은 성과를 기대하기 어렵다.

외국어를 배울 때 누구나 '잘하고' 싶지만 잘하는 게 어느 정도를 말하는지 설명할 수 있는 이들은 많지 않고, 나아가 잘할 수 있는 방법을 아는 이들은 극소수다. 대부분은 잘 모른다. 지금까지 배운 방법에 대해 불만이 있긴 하지만 그래서 앞으로 어떻게 할까에 대해서는 더 모른다. 그렇다 보니 학습의 양상은 주로 다음과 같이 나타난다.

가장 일반적인 양상은 수동적으로 누군가 이끄는 대로 '그냥' 공부를 하는 것이다. 외국어 학습에서 흔하게 볼 수 있는 딜레마다. 처음에는 의지를 가지고 열심히 시작한다. 하지만 곧 벽에 부딪히고 좌절한다.

또 하나의 양상은 '쉬운 방법'을 부단히 찾아 헤매는 것이다. 19세기 말 이후 대중을 위한 외국어 교육이 시작되면서 등장한 다양한 교수법을 우리는 앞에서 이미 살펴보았다. 체계적이고 효과적인 교육 과정을 위한 활발한 논의를 거쳐 등장했을 교수법은 그러나 대부분 학교를 비롯한 교육 기관을 위한 것이었다. 배우는 학생들보다 가르치는 교사 입장에 더 주목할 수밖에 없는 한계가 있었고, 학생을 고려한다고 해도 집단 교육을 전제로 하는 것이었다. 외국어를 배우려는 개인들은 이전에 비해 훨씬 많아졌으나 개인이 아닌 학생 다수를 위한 교수법 개발에 집중하면서 역설적으로 개인을 위한 외국어 학습법에 관한 논의는 거의 이루어지지 않았다.

19세기 초, 중반까지는 그럼 어땠을까. 그때까지 거의 모든 외국어 학습은 앞에서 이야기했듯 상류층, 엘리트 계층에서 주로 이루어졌다. 일대일 학습이 주로 이루어졌기 때문에 '다수의 개인들'을 위한 일반적인 학습법에 관한 논의는 불필요했다.

20세기 들어 효과적인 교수법을 표방했으나 여전히 교사 또는 교육 기관의 입장을 반영한 한계를 지닌 청각구두 교수법을 거쳐 의사소통중심 교수법이 등장하면서 학습자의 요구를 존중하려는 인식이 형성되기는 했지만 그것 역시 '다수의 개인들'을 위한 학습법이라고는 할 수 없었다.

20세기 말에 접어들면서 학습자 개인에 주목한 연구가 많이 나오긴 했다. 하지만 대부분 개인의 성격이나 스타일 등에 관한 연구였을 뿐 각각의 개인들이 사용할 수 있는 학습법을 제시하지는 못했다.

이렇듯 개인을 고려한 외국어 학습법에 대한 본격적인 논의는 찾아볼 수 없음에도 불구하고 수많은 외국어 학습법과 교재가 등장하고 유행하고 인기를 끌다가 사라지는 수순을 밟았다. 유행과 인기의 포인트는 바로 지금까지 나온 어떤 교재, 어떤 학습법보다 외국어를 '쉽고 빠르게' 배울 수 있다는 점이었다. '외국어를 잘하고 싶다'는 마음을 가진 학습자들은 이런 광고 문구에 마음을 뺏기고, 다시 한 번 큰마음을 먹고 비싼 돈을 들여 공부를 시작한다. 그러나 성공 확률은 지극히 낮다. 곧 개인의 한계를 탓하다가 몇 번 이런 과정을 반복하다 보면 외국어는 원래 어려운 것, 특별한 사람이 아니면 배울 수 없는 것이라고 단정하고 영영 포기하고 만다.

"수많은 학습 교재들이 제안하는 쉬운 방법은 왜 나에게는 쉽지 않을까?"

누구나 한 번쯤 해봤을 법한 질문이다. 답은 간단하다. '쉬운 방법'이라는 말 자체에 이미 문제가 있기 때문이다. 쉬운 방법이란 누구에게 쉽다는 걸까? 불특정 다수의 모든 사람에게 쉬운 방법이란 것이 과연 존재할 수 있을까? 그런 방법이 과연 나에게 맞아떨어질 확률은 얼마나 되는 걸까? 쉬운 방법이란 말에 끌려 책을 펼치긴 하지만 스스로 방법을 찾아내지 못하면 그 어떤 방법도 쉬울 수 없다. 그 이유도 간단하다. 외국어는 원래 배울 게 많고, 오랜 시간과 노력을 투자해야 하니 그렇다. 이 문제를 해결하기 위해서는 쉬운 방법을 찾아 헤매기보다 스스로에게 맞는 목표를 정하고, 이를 위해 자신에게 맞는 방법을 찾아야 한다. 그 첫걸음이 바로 외국어 성찰이다.

외국어 성찰은 시행착오를 거듭해온 수많은 성인 학습자들이라면 꼭 거쳐야 하는 과정이다. 그동안 자신의 외국어 학습의 역사를 객관적으로 돌아보면서 스스로 어떤 점이 한계이고, 어떤 부분이 강점인지를 파악해야만 자신에게 맞는 외국어 학습의 방향을 스스로가 주체가 되어 찾을 수 있기 때문이다.

06

'어제의 내'가
홀연히 등장하여
'오늘의 나'를
돕는다

'어제의 나'는 불안정한 집중력의 소유자였다. 그로 인해 진도를 따라가지 못하고 놓치는 부분이 많았다. 하지만 '오늘의 나'는 조금 다르게 대응할 수 있다. 집중하지 못할 때를 대비해 집중력을 높일 수 있는 방법을 찾을 수 있다. 잘할 수 있는 것에 집중하고, 몰입할 것. 못하는 것만 바라보며 지레 포기했던 '어제의 내'가 '오늘의 나'에게 주는 교훈이다.

▶▶▶▶▶▶▶▶▶▶▶▶▶▶

'어제의 나'는 어디에? '오늘의 나'는 어떻게?

외국어 성찰을 통해 새삼스럽게 떠올리게 된 학창 시절 어느 날의 외국어 수업 시간으로 잠시 다시 돌아가 보자. 수십 명의 학생을 앞에 두고 한 사람의 교사가 같은 내용을 가르친다. 학생 개개인에 맞는 수준과 교수법을 사용할 수 없으니 같은 교실에 앉아 있긴 해도 학생들마다 받아들이는 내용은 천차만별이다. 그렇다 보니 돌이켜보면 학창 시절 수업 시간은 보이지 않는 충돌의 연속이다. 가르치려는 교사와 배워야 하는 학생의 입장이 서로 다른 강도로 계속해서 충돌한다.

100명의 고등학생을 가정해 보자. 상위 10퍼센트 정도는 교사의 수업 내용을 전반적으로 이해하는 우등생이다. 이 가운데 한두 명은 매우 우수한 학습자들이었을 것이다. 교사가 가르치려는 내용이 고스란히 전달된다. 거의 충돌이 일어나지 않는다. 하위 10퍼센트는 수업 내용을 도저히 이해할 수 없다. 교사가 가르치려는 내용이 전혀 받아들여지지 않는다. 극도의 충돌이 일어난 상태다. 이런 학생들은 외국어라면 고개를 절레절레 흔든다. 상하위 각 10퍼센트를 제외한 나머지 80퍼센트는 어떤 상태일까. 교사의 수업 내용이 어느 정도 이해가 되긴 하지만 그렇다고 모두 다 이해한다고 말할 수는 없다. 과제를 내주면 힘들긴 해도 따라가긴 하지만 스스로 외국어를 잘한다고 자부할 수는 없다. 충돌이 있긴 하지만 미묘해서 어떤 점이 문제라고 꼬집어 말하기는 어렵다.

'어제의 나'는 과연 어디에 속해 있을까. 확률적으로 미묘한 충돌을 겪은 80퍼센트에 속했을 가능성이 높다. 그렇다면 '오늘의 나'는 이제 어떻게 해야 할까.

외국어 학습은 암기할 것이 참 많다. 단어만이 아니라 문법을 이해하기 위해서도 암기 과정이 필수다. 영어 일반명사의 복수형에는 's'가 붙는다. 하지만 생선을 뜻하는 'fish'는 단수와 복수 형태가 똑같다. 'Fishes'라고 쓰면 다른 뜻이 된다. 암기하지 않고 틀리지 않을 방법은 없다. 한국어라고 다를까. '하다', '가다', '사다'에 '요'를 붙일 때를 생각해 보자. '가요', '사요'는 무리가 없지만 '하다'는 '하요'가 아니라 '해요'가 된다. 외국인들이 한국어를 배울 때 이건 무조건 외워야 틀리지 않는다. '하다'는 자주 사용하는 동사라 처음 나올 때 집중해서 외워야 한다. 하지만 자주 나오니 외우기도 쉽다. 사용 빈도가 낮은 동사의 예외 사항은 외우기가 오히려 어렵다.

일본어는 어떨까. 한국어의 '하다'에 해당이 되는 'する'suru의 변화는 불규칙적이다. '오다'에 해당이 되는 '来る'kuru 역시 마찬가지다. 일본어를 처음 배울 때 교수님은 이 두 가지 동사 변화의 이유 같은 건 생각하지 말고 무조건 외우라고 강조했다. 외국어 학습자 중에는 매우 분석적으로 배우려는 이들이 있는데, 이런 유형의 수강생은 모든 단어 변화에 논리적인 설명을 요구한다. 이런 질문이 너무 많으면 진도를 예정대로 나가기 어려워진다. 그런 사태를 미연에 방지하기 위해 교수님이 미리 경고한 것인지도 모르지만, 모든 언어에 불규칙적인 부분은 반드시 있기 마련이다. 그런 경우를 만나면 분석적으로 알아보려 하기보다 무조건, 그대로 외우겠다는 각오가 필요하다. 결과적으로 일본어 교수님의 말씀이 맞았다.

동사 변화를 비롯한 문법에만 해당하는 말은 아니다. 예를 들면 일

본어에는 일상생활에 사용하는 기계적 표현이 많다. 식사하기 전에는 'いただきます'itadakimasu, 잘 먹겠습니다가 자동으로 나오고, 'よろしくお願いします'yoroshiku onegaishimasu, 잘 부탁드립니다는 직장이나 사회생활에서 자주 사용하는 표현이다. 일본어를 배우는 초보 수강생이 이런 관용구의 어원을 따지고 든다면 피차 피곤한 일이다. 이때도 무조건 외울 것, 이것만이 방법이다. 'すみません'sumimasen도 그렇다. '죄송하다', '미안하다'로 알려져 있지만 뜻밖에 '감사하다'는 뜻으로도 사용한다. 하나의 표현에 여러 의미가 담겨 있다는 것도 역시 무조건 외워야 한다.

무조건 외워야 하는 것에 발음도 빼놓을 수 없다. 언어마다 발음의 범위가 넓고 학습자에 따라 특별히 어렵게 느껴지는 억양도 있기 마련이다. '언어학 개론' 수업에서 억양을 소개할 때 영어의 'no'라는 말을 자주 예로 든다. 이 간단한 말이 억양에 따라 의미가 다양하기 때문이다. 거절할 때, 놀랄 때, 괜찮을 때, 화날 때, 잘 모를 때 등등 상황에 따라 'no'의 억양은 다르다. 일본어의 'そう'sou, 그렇다도 억양에 따라 의미가 다양하다. 주로 상대방의 의견에 동의할 때 사용하지만 강하게 동의할 때, 어쩔 수 없이 동의할 때, 응원하는 마음을 담아 동의할 때 등등 억양을 통해 의사를 다르게 전할 수 있다. 이 모든 것을 다 외워야 하니 외국어는 결코 노력 없이 내 것이 될 수 없는 대상이다.

'어제의 내'가 '오늘의 나'에게 주는 교훈

외국어를 배우는 동안 이렇게 문장마다 새로운 것이 끝도 없이 나오고, 이를 모두 이해하고 잘 사용하려면 역시 암기가 필수다. 암기만이 살 길이다. 암기를 위해 가장 중요한 것이 무엇일까? 바로 집중력이다. 그런데 나는 물론 내가 가르친 학생들을 떠올려 보면 집중력이 불안한 경우가 많다. 교사와 학생 사이에 일어나는 미묘한 충돌의 지점이 바로 이 부분인 경우가 많다. 즉, 불안정한 집중력을 해결하는 일이 가장 어려우면서 동시에 이를 해결하면 충돌을 해결할 가능성도 높다.

상하위 각 10퍼센트를 제외한 나머지 80퍼센트에 속해 있었을 가능성이 높은 '어제의 나' 역시 수업 시간 중 이해가 잘 가지 않는 부분에서 바로 이 집중력을 유지하지 못했고, 그 때문에 진도를 제대로 따라가지 못했다면 어떨까. 이를 해결하지 않고 다시 외국어 학습을 시작했다면 여전히 같은 문제를 반복할 가능성이 높다. 하지만 외국어 성찰을 통해 '오늘의 나'는 조금 다르게 대응할 수 있게 된다. '어제의 내'가 어떤 순간에 어떻게 '딴 생각'을 했는지를 돌아본다면 이제 그 순간을 어떻게 잘 넘기고 집중할 수 있을지 방법을 찾아볼 수 있다. 문제를 모르면서 해결책을 무작정 찾는 것과 문제점을 알고 그에 맞는 대책을 세우는 것은 큰 차이가 있다. '어제의 내'가 자주 수업 시간에 집중하지 못했다면? 집중하지 못할 때를 대비해 집중력을 높일 수 있는 방법을 미리 찾을 수 있다.

집중력 이야기가 나왔으니 설명을 하고 가는 게 좋겠다. 집중력은 외국어만이 아니라 모든 학습에서 중요한 부분이다. 이를 해결하기 위해 내가 찾은 방법은 바로 '몰입'flow이다. 정확히 말하면 내가 찾은 것은 아니다.

몰입은 헝가리 출신 심리학자 미하이 칙센트미하이Csíkszentmihályi Mihály, 1934~ 가 1970년대부터 주장해온, 일종의 심리적 상태를 이른다. 칙센트미하이에 따르면 몰입은 수행해야 하는 일의 난이도와 수행자의 능력이 균형을 이룰 때 가능하다. 즉 수행자의 능력에 비해 수행해야 하는 일이 너무 어려우면 몰입하기 쉽지 않고, 반대로 너무 쉬운 일을 할 때도 역시 몰입할 수 없다는 것이다.

몰입이란 쉽게 말해 무슨 일에 미친 걸 뜻한다. 몰입에 빠지면 어떻게 될까. 시간 가는 것도 모를 정도로 일에 집중하고, 그 결과에 대해 큰 보람과 성취를 맛보게 된다. 무언가에 깊이 빠져 그

미하이 칙센트미하이.

안에서 최고의 집중 상태를 맛보는 즐거움은 경험하지 못하면 알 수 없다. 칙센트미하이는 여기에 '몰입은 자아에 따른 감정과 심리적인 장벽을 넘을 수 있다'고 덧붙였다.

그렇다면 이런 몰입의 경지는 누구나 쉽게 경험할 수 있는 걸까. 수업 시간에 '어제의 나'는 왜 그런 몰입의 순간을 경험하지 못한 걸까. 이 물음에 대한 답은 간단하다. 수업 난이도와 개인 능력 사이에 균형이 이루어지지 않았기 때문이다. 수업 내용이, 교사의 설명이 내 능력에 비해 너무 어려웠거나 또는 너무 쉬웠는지도 모른다. 어려웠다면 다시 한 번 설명해 달라고 요구했다면 좋았겠지만 수업 시간에 그렇게 질문을 하기란 쉽지 않다. 그러니 학습자 개인의 탓으로만 돌릴 수 없다.

그렇다고 모든 순간에 모두 최고의 몰입을 기대할 필요는 없다. 가고시마 대학에서 한국어를 가르쳤던 학생이 생각난다. 이 학생은 수업 시간마다 눈빛과 표정의 변화가 무쌍했다. 발음 연습을 하면 눈이 반짝거렸고,

받아쓰기 시험을 보면 늘 만점을 받았다. 수업 시간뿐만 아니라 집에서도 틈날 때마다 발음 연습을 쉬지 않고 한다고 했다. 그 순간 그는 한국어 발음 연습에 깊이 몰입했을 것이다. 이에 비해 단어와 문법을 설명하는 시간에는 급격하게 눈빛이 흔들렸다. 시험 점수 역시 높지 않았다. 하지만 그 학생의 한국어 발음은 매우 훌륭했고, 여전히 한국어에 관심이 많았다. 그 관심을 바탕으로 계속해서 한국어 공부를 해나가겠다고 다짐하곤 했다. 그는 한국어 학습에 성공한 걸까, 실패한 걸까. 나는 성공했다고 생각한다.

우리는 외국어를 배울 때 읽기와 쓰기와 말하기와 듣기를 모두 다 잘해야 한다고 생각하기 쉽다. 그래야 외국어를 잘하는 거라고 생각한다. 물론 그럴 수 있다면 좋을 것이다. 하지만 한 사람이 모든 걸 다 잘할 수는 없다. 잘할 수 있는 게 있다면 못하는 것도 있는 법이다. 외국어라고 예외가 아니다. 못하는 게 있다면 잘할 수 있는 것도 있다. 이왕 시작한 외국어라면 학습자인 내가 스스로 몰입하기 좋은 부분을 찾아내서 거기에 집중하면 된다. 발음은 좀 어렵지만 독해 공부는 할 만하다면 독해 공부에 더 집중함으로써 성취감을 만끽하면 그걸로 충분하다. 그렇게 하다 보면 독해 실력이 좋아지면서 자신감 없는 발음 역시 조금씩 나아져 있는 것을 발견하게 된다. 잘할 수 있는 것에 집중하고, 몰입할 것. 못하는 것만 바라보며 지레 포기했던 '어제의 내'가 '오늘의 나'에게 주는 교훈이다.

못했던 나에서 잘하는 나로, 패배감을 성취감으로

간혹 외국어를 배울 때 하루에 어느 정도 공부를 하는 것이 좋은지 묻는 이들이 있다. 그럴 때마다 나는 어떻게 답을 할까. 간단하다. 본인에게 맞는 시간, 학습량이 가장 좋다.

성인 학습자의 가장 큰 어려움은 시간이다. 직장 생활은 분주하고, 가족과의 시간도 소홀할 수 없다. 사회적인 관계도 중요하다. 바쁜 일상 속에서 외국어 학습을 위해 따로 시간을 내는 것은 대단한 의지가 있지 않으면 지속하기 어렵다. 반면에 좋은 점도 있다. 학교를 졸업한 성인이라면 학창 시절과 달리 공부를 할 수 있는 선택의 범위가 매우 넓다. 학원을 다닐 수도 있고, 다니다가 마음에 들지 않으면 다른 학원을 선택할 수도 있다. 온라인을 활용해서 공부를 해도 좋고, 마음 맞는 이들끼리 모여 함께 공부를 하기도 한다.

가장 중요한 건 어디에서 누구와 얼마나 많이 공부하느냐보다 본인에게 맞는 학습 방법을 찾는 것이다. 앞에서 이야기한 대로 스스로 주체가 되어야 한다. 그 학습법에서 자신이 집중하고 몰입할 수 있는 부분이 있는지를 우선 확인해야 한다. 바쁜 시간을 쪼개 시작한 외국어 공부에서 몰입할 부분이 없다면 집중하기도 어렵고, 성취감 역시 맛보기 어렵다. 결국 지속이 불가능하다. 반면에 한정된 시간에 집중도를 한껏 높여 마음껏 몰입하며 공부를 하고 나면 그때 느끼는 충만감은 이루 말할 수 없다. 바로 그 충만함이 공부를 지속하게 하는 힘이다.

한국에서 가깝게 지낸 직장인이 있다. 그는 공대를 나와 관련 업종에 무난히 취직을 했다. 이후로 외국어를 따로 배울 필요를 느끼지 못하다 몇 년 전부터 중국 거래처와 일을 하게 되었다. 그때부터 1년에 서너 차례 중국을 오가게 되었다. 갈 때마다 현장 사람들에게 좋은 인상을 주기 위해 쉬운 단어와 기본 표현을 조금씩 익히기 시작했다. 비교적 한자를 많이 알고 있는 편이어서 단어를 익히는 게 한결 나았다. 그렇게 중국어를 시작한 뒤 거의 매일 아침마다 약 20분 남짓 공부를 하게 되었다. 그 정도만 해도 중국 출장길이 한결 즐겁다고 했다. 자신이 알고 있던 한자를 다른 식으로 읽는 것이 갈수록 재미있고, 같은 한자를 다른 뜻으로 쓰는 것도 흥미롭다고 했다. 그는 한자의 사용 방식에 특히 몰입하면서 중국어를 통한 성취감을 맛본 것이다. 그가 만약 다른 사람들이 쉽게 시작하는 것처럼 하루 한두 시간씩 학원을 다니면서 지루함을 견뎌가며 공부했다면 어땠을까. 아마 그는 이렇게 즐기면서 오랫동안 중국어를 배우지 않았을 것이다.

우리 모두 다 알고 있듯이 외국어는 배울 것이 많고 일정 수준에 이르기까지 시간도 많이 걸린다. 그렇다고 무조건 난이도가 높다고 할 수는 없다. 외국어를 배울 때 어려움의 정도는 성인이라면 스스로 결정할 수 있다. 어렵게 느껴진다면 본인의 조건과 성격, 습관 등을 고려하여 적극적으로 다른 방법을 찾아야 한다. 다른 사람들이 만들어 놓은 틀 안에서, 제시해 놓은 '쉬운 방법'을 따라 '그냥' 하는 공부로는 외국어 학습에 성공하기 어렵다. 그렇게 계속 반복한다면 외국어는 언제나 그래왔듯 여전히 어려운 대상으로 남게 될 것이다.

지난 날의 시행착오를 되짚어 자신에게 맞는 방법을 찾아 외국어 학습의 주도자가 되어야 한다. 스스로 주도자가 되어 학습을 지속해 나가노라면 그동안 마음 한구석을 차지했던 외국어에 대한 무거운 패배감에서 해방되는 순간을 경험하게 될 것이다.

07

효과적인
외국어 학습법을
둘러싼 무수한
갑론을박

외국어 학습은 시간과 노력이 많이 든다. 쉽고 빠르게 외국어를 배울 수 있다고 약속하는 교수법이 끝도 없이 등장했지만, 애초부터 그것은 불가능한 일이다. 당연히 대부분 실망으로 끝나고 만다. 만약 기가 막힌 교수법이 등장한다면 외국어는 쉽게 배울 수 있을까? 아쉽게도 그렇지 않다. 바로 개인차라는 것이 존재하기 때문이다.

▶▶▶▶▶▶▶▶▶▶▶▶▶▶

외국어는 자고로 읽고 쓰고 듣고 말하기?

앞에서 우리는 자신이 그동안 걸어온 외국어 학습의 역사를 돌아보았다. 집중할 부분을 선택하고 몰입하는 과정의 중요성도 확인했다. 그 과정을 통해 자신에게 맞는 학습법을 구상했다면 이제는 외국어 학습을 시작해야 할 때다. 실제로 해나가면서 상황에 맞게 조금씩 수정하고 조정하며 앞으로 전진해 보자. 다른 누구의 말에 귀 기울이기보다 스스로 설정한 목표에 맞게, 일상의 흐름에 맞춰 내가 주체가 되어 흔들리지 않고 가려던 길을 꾸준히 가는 것이 가장 중요하다는 것을 잊어서는 안 된다.

외국어를 배운다는 행위는 구체적으로 어떻게 이루어지는 걸까. 우리가 외국어를 배울 때 구체적으로 무엇을 배우는지 생각해 보자. 전통적으로 외국어 교육은 네 가지를 전제로 한다. 학교 교육을 받은 사람이라면 누구나 아는 그것, 바로 말하기·듣기·읽기·쓰기다. 4기능四機能이라고도 한다.

외국어 교육은 곧 '잘 읽게 하는 것'이었던 19세기 말까지만 해도 이를 위해 문법을 분석하고, 자국어로 개발한 교재를 통해 가르치고 배우는 게 일반적이었다. 하지만 1900년대 말 외국어 교육 혁신 운동을 통해 외국어 교육의 주된 목적이 읽기에서 말하기와 듣기 중심으로 바뀌었고, 나아가 외국어 교육은 곧 '말을 잘하고 잘 듣는 것'으로 인식이 달라졌다는 이야기는 앞에서 살펴 보았다.

시대에 따라 변화하긴 했으나 4기능 중 읽기, 말하기, 듣기는 외국어 학습의 주요한 부분으로 늘 주목을 받아왔다. 쓰기는 줄곧 예외였다. 외국어 교육 혁신 운동 이전이나 이후나 여전히 보조적인 것으로 여겨졌고, 유학을 준비하는 이들 외에 일반적인 학습자들에게는 말하기, 듣기, 읽기에 비해 그 중요도가 현저히 낮은 것으로 여겨지곤 했다.

하지만 이제 세상은 달라졌다. 그동안 외면 받던 쓰기가 역사상 이렇게 주목받은 적이 있었나 싶다. 전 세계인들이 공유하는 SNS의 등장으로 짧고 간단하게 자신이 전하려는 바를 글로 표현할 수 있는 쓰기에 관한 관심이 높아진 것이다. 한국에서 한글로 글을 잘 쓰고 싶어 하는 이들이 많다는 것을 잘 알고 있다. 그러나 한편으로 외국어로 글을 쓰고 싶다는 욕구 역시 이미 급상승한 지 오래다. 번역기를 통해 의미를 전하기보다 나의 말을 나의 식으로 쓰고 싶다는 그 욕구 말이다.

이제야말로 4기능의 요소들이 골고루 대접을 받게 된 셈이다. 그런데 이런 4기능 중심의 전통적인 학습법에 대해서는 이견이 없었을까? 그럴 리 없다. 이를 둘러싼 비판과 그에 따른 논란은 매우 거센 편이다. 가장 두드러진 비판은 이런 식으로 네 가지 기능을 분리해서 언어를 배우는 것이 실제로 그 언어를 사용하는 사람들과 실제로 소통할 수 있게 하는 데 얼마나 효율적이냐 하는 것이다.

기능을 분리해서 배운 외국어가 해당 언어 사용자들이 실제 쓰는 언어와 다르다는 것이 제일 큰 문제였다. 이는 더 깊은 차원의 논의를 내포하고 있다. 즉, 해당 언어 사용자들이 실제 쓰는 언어를 어떻게 해야 배울수 있을까 하는 것이다. 우리가 이미 알고 있듯 대화라는 것은 나 혼자 할

말만 하는 게 아니다. 상대방의 말을 들어야 가능하다. 그것의 처음은 최소한의 발음과 단어다. 이 정도는 배워 두어야 기본적인 소통을 할 수 있다. 더 자유롭게 대화를 하려면 상황에 맞는 표현을 배워야 한다.

단어와 간단한 표현 방식을 쓰는 단계라면 굳이 문법까지 배우지는 않아도 되겠지만 더 많은 이야기를 능숙하게 나누려면 문법은 반드시 필요하다. 발음에서 단어로, 간단한 표현 방식에서 문법으로 점점 배울 것이 많아지고, 부담은 그만큼 커진다. 너무 부담스러우면 외국어를 배우는 것이 어려워지고 점점 포기하는 경우가 늘어난다. 학교를 다니는 동안이라면 어쩔 수 없이 배워 나가기야 하겠지만 어떤 동기도 없는 외국어 공부는 그야말로 고역이다. 그러자니 언어, 즉 '말'을 4기능으로 나눠서 학습자의 부담을 줄이는 방법을 채택하는데, 인위적인 분리인 탓에 실제 언어 사용자들의 말을 배우는 데는 결과적으로 효과가 크지 않다.

외국어 학습의 새로운 시도, 과제를 중심으로 공부해 보는 건?

20세기 말, 이러한 학습법의 한계가 두드러지자 외국어 교육계에는 다양한 시도가 이어졌다. 그 가운데 과제 중심 학습task-based learning이 등장, 발전해 많은 영향을 미치기도 했다. 과제 중심 학습의 기본적 이론은 20세기의 많은 교육 개혁에 밑바탕이 되었다. 즉 '행위를 통한 학습'learning by doing이다. 예를 들어 무언가를 배울 때 다른 학습자와 같이 과제를 푸는 행위는 학습 성취도를 높여줄 가능성이 크다. 과제에 대해서 이야기하고 해결 방법을 찾는 과정을 통해 학습자들끼리 서로 돕게 될 테니 그 일련의 행위로 인해 더욱 깊이 있는 학습이 이루어질 수 있다.

외국어 학습에는 어떻게 적용할 수 있을까. 예를 든 것처럼 수업 시간에 외국어를 사용하면서 과제를 여럿이 함께 풀게 하는 것도 하나의 방법이다. 나 역시 1980년대 말 고려대학교 영어교육과에서 영어를 가르치면서 과제 중심 학습을 자주 도입했다. 예를 들면 학생들과 함께 대학 박물관에 견학을 간다. 조별로 흥미로운 유물을 찾아보게 한 뒤 다음 수업 시간에 자신들이 본 유물에 대해 영어로 설명하게 했다. 박물관 안에서 물론 학생들은 한국어를 사용했지만, 다음 수업 시간의 발표와 토론은 모두 영어로 이루어졌다. 이러한 과제는 결과적으로 두 가지 효과가 있었다. 우선은 학생들의 영어 실력이 눈에 띄게 향상되었다. 또 하나는 학생들이 어느 때보다 보람을 느꼈다는 점이다. 영어로 외국 문화에 대해 이야기하는 대신 자국의 문화에 대해 이야기하는 학생들의 표정이 열의에 차 있던 걸 기억한다. 1980년대 말이면 인터넷은 물론이고 컴퓨터 보급도 드물 때였다. 어쩌면 오늘날 그때와 비슷한 과제를 내준다면 훨씬 더 흥미로운 학습이 이루어지지 않을까 생각한다.

기억나는 사례가 또 하나 있다. 1970년대 고향 앤아버에 대안학교가 문을 열었다. 그 학교를 다니던 친구에게 프랑스어 선생님이 수업 시간에 학교 조리실에서 빵과 과자를 만들면서 프랑스어를 가르친다는 이야기를 들었다. 지금 생각해 보면 이런 수업이야말로 말 그대로 행위를 통한 학습이다. 프랑스 음식 문화를 통해 프랑스어를 배우는 외국어 학습이라니! 그때 수업을 들은 학생들은 선생님이 과제로 내준 빵과 과자를 만들면서 외국어도 배우고 친구들과 협력을 통해 프랑스 음식 문화도 익힐 수 있게 되었을 테니 한 과목의 수업을 통해 다양한 목표를 달성했을 것이다.

하지만 이러한 과제 중심 학습은 한계가 매우 명확하다. 즉 원어민 교사라면 이런 방법을 자신 있게 수업 시간에 적용할 수 있지만 원어민이 아닌 교사라면 아무래도 부담이 클 수밖에 없다. 이에 맞는 교재 개발 역시 쉬운 일이 아니어서 한국처럼 비원어민 교사가 훨씬 더 많은 나라에서는 현실적으로 과제 중심 학습이 정착하는 데 한계가 있다.

또한 학생 수가 많은 일선 학교에서는 오히려 학생들이 달가워하지 않을 가능성도 크다. 모든 학생이 다같이 학습 동기가 높은 것도 아닐 뿐더러 설령 대다수 학생들이 학습 동기가 높다고 해도 외국어 그 자체를 배우는 것에 관심을 갖기보다 대학 입시에서 높은 점수를 받는 것이 더 중요하다고 여기는 학생들이 많을 것은 예상이 가능하다. 그런 학생들 입장에서는 프랑스어 시간에 빵과 과자를 만들자고 하면 오히려 귀찮아 하고, 대신 예상 문제를 하나라도 더 푸는 걸 선호할 가능성이 크다. 즉 이런 교수법은 학생 수가 적고 학습 동기가 특히 높은 학습자에게 적합하다고 할 수 있다.

이번에는 생산적 기능과 수동적 기능으로?

외국어 학습을 효과적으로 하기 위한 또다른 시도도 있었다. 외국어를 받아들이는 인간의 뇌 안에서 이루어지는 심리적 작동에 따라 4기능을 생산적 기능과 수동적 기능으로 나눈 뒤 두 기능의 상호 관계를 통해 각각의 기능을 극대화시키려는 시도였다.

생산적 기능이란 뇌가 말이나 글을 만들어 밖으로 표출하는 것으로,

말하기와 쓰기가 이에 해당한다. 이를 위해서는 단어, 표현, 적절한 문법을 활용하는 것이 중요하다. 수동적 기능은 밖에서 뇌 안으로 들어오는 자극을 처리하는 것으로, 듣기와 읽기가 여기에 속한다. 이를 위해서는 자극의 내용을 이해할 수 있는 능력이 필요하다.

이러한 기능을 극대화하기 위해서는 두 기능의 상호 관계가 중요한데, 예를 들면 생산적 기능인 말하기와 쓰기를 같이 배우기보다 생산적 기능인 말하기와 수동적 기능인 듣기를 함께 배우는 것이 자연스럽고 훨씬 효과가 있다.

그렇다면 어떻게 배우는 것이 좋을까. 여기에도 다양한 이론이 등장한다. 우선 아이가 말을 배우기 시작할 때를 생각해 보자. 갓 태어난 아이는 한동안 주위의 말을 듣기만 한다. 물론 아이가 소리를 내긴 하지만 주위의 말을 들으면서 언어의 발음 체계를 습득한다. 이렇게 보면 인간의 언어 습득은 수동적 기능인 듣기부터 시작하는 셈이다. 하지만 성인 학습자는 아이처럼 언어를 습득하지 않는다. 따라서 비교하기에는 한계가 있긴 하지만 확실한 것은 초급 단계에서 열심히 듣는 것은 분명한 효과가 있다는 점이다.

이 효과를 극대화하려면 학습한 단어와 문법 사항을 실제 사용해 볼 기회를 갖게 하는 것이 좋다. 그러다 보면 그 언어의 특징, 말하는 사람의 특성을 온전히 느낄 수 있게 된다. 말의 흐름, 목소리 음정, 표현 방식 등이 모두 학습의 바탕이 되는데 이를 들으면 들을수록 문맥의 의미를 정확히 파악할 수 있다. 이를테면 앞에서 이야기한 'no'의 억양에 따른 의미 차이를 열심히 외우지 않아도 듣기 연습을 열심히 하다 보면 저절로 그 뉘앙스의 차이를 파악할 수 있게 된다.

이러한 효과 때문에 일본 대학 교양 영어 강의에서는 일명 '영어 샤워'라고 해서 듣기 연습부터 시작하는 수업이 많다. 이러한 듣기 연습은 원어민과 비원어민 가르지 않고 편하게 도입할 수 있기 때문에 비교적 인기가 높은 편이다.

이 점에 착안하여 19세기 말부터 아이의 언어 습득 과정은 외국어 교육 방식의 하나로 주목받았고, 20세기 이후 유명한 학자 스티븐 크레션 Stephen Krashen, 1941~ 은 이를 이론화했다. 제2언어 습득 이론의 권위자로, 읽기 교육의 전문가로 알려진 그의 이론에 따르면 외국어를 유창하게 구사하기 위해서는 습득 과정이 필요한데, 외부에서 '언어적 입력'linguistic input을 받는 것이 그 첫 단계다. 바로 듣기와 읽기가 이에 해당한다. 1980년경까지 크레션은 듣기를 더 강조했지만, 1990년대부터는 자유로운 다독多讀을 강조했다. 그 과정을 거친 뒤 의도적으로 모든 기능으로 확장, 사용하게 되면 자연스럽게 학습한 모든 내용의 습득이 이루어지고 자동적으로 언어를 사용할 수 있게 된다는 것인데, 크레션에게 자동화automatization는 유창성fluency의 기본 요소로서, 습득을 거쳐 자동화로 이어지는 과정은 언어 학습에서 매우 중요하다. 크레션의 이론이 등장한 지 이미 오래되었지만 20세기 후반 이루어진 글로벌화의 일환으로 세계적으로 확산된 외국

스티븐 크레션의 언어습득론 주요 가설

어 교육 개혁에 그의 이론은 큰 영향을 미쳤다.

그렇다면 외국어 학습을 생산적, 수동적 기능으로 나누는 건 문제가 없을까? 그럴 리 없다. 듣기와 읽기가 전혀 수동적이지 않다는 게 가장 큰 문제점으로 지적 받았다. 생각해 보면 당연하다. 우리가 무엇을 들을 때, 그 의미를 이해하기 위해 뇌는 활발하게 작동한다. 새로운 내용을 이해하기 위해서 우리의 뇌는 이미 알고 있는 지식을 활용한다. 읽기 역시 마찬가지다. 외국어가 어려운 이유 중 하나가 바로 여기에 있다. 이미 가지고 있는 지식을 활발하게 활용해야만 유창하게 언어를 쓸 수 있다. 이렇게 보면 언어의 모든 기능은 수동적receptive이라고 볼 수 없고, 듣거나 읽기를 통해 습득된 것일지라도 이미 알고 있는 것을 활용해서 또다른 의미를 생산하는 것이라고 볼 수 있으니 모든 기능은 생산적productive이라고 볼 수 있다.

그렇다면 4기능을 어떻게 보느냐만이 외국어 교육에서 다시 고려할 점일까. 여기서 자칫 간과하고 넘어가기 쉬운 측면이 있다. 매우 오래된, 어찌 보면 전통적인 문제점이기도 하다. 그것은 바로 우리가 흔히 배우는 외국어 교육에는 사회적 언어 사용에 대한 충분한 고려가 없다는 점이다.

누구에게나 기가 막힌 학습법?

언어는 사회와 더불어 살아 있다. 살아 있다는 말은 변화한다는 의미이기도 하다. 하지만 역사적으로 외국어 교육의 중심은 바로 문법이었다. 물론 19세기 말부터 '말'을 가르치는 것에 관심을 갖기 시작하면서 발음을 중요시하고, 표현 방식에 대해서도 관심이 높아졌으며 1960년대 이후부터 사회언어학 연구에 주의를 기울이면서 외국어를 가르칠 때 사회언어학적 관점을 도입하는 것에도 관심이 높아지긴 했다. 하지만 주로 사회적으로 통용되는 적절하고 나아가 공손한 표현에 한정했다.

다시 말해 사회언어학의 관점에서 외국어를 실제 사용하는 것에 대해 관심이 높아지긴 했지만, 여전히 교육 과정 전반으로 놓고 보면 주변적 위치에 머무를 따름이고, 세계가 더욱 좁아진 오늘날에도 크게 다르지 않다. 한편에서는 해당 언어권의 문화를 함께 가르쳐야 한다는 주장도 펼친다. 문화의 정의가 애매하고 다양하지만 그 언어를 사용하는 이들의 문화를 제대로 알지 못한다면 언어의 사용 역시 한계가 있을 거라는 우려에서 비롯된 주장이다. 이를 테면 한국어를 배우려는 외국인이 반말과 존댓말을 사용하는 한국 문화를 이해하지 못한다면 한국어를 제대로 사용할 수 없음을 생각하면 이해가 쉽지 않을까 싶다. 아무리 어려워도 존댓말과 반말을 쓰는 사회를 이해하고, 그에 따라 한국어를 배워야만 제대로 한국어를 배웠다고 말할 수 있지 않겠는가.

지금까지 길게 이야기했는데, 결론적으로 보면 외국어를 잘하려면 배워야 할 것이 정말 많다. 얼핏 돌이켜봐도 발음이나 문법·단어·표현 등 언어의 체계를 잘 알아야 하고, 해당 언어권의 사회적 문화적 특성을 포함한 언어의 사용법을 잘 알아야 한다. 이렇게 배워야 하는 양이 많다 보니 쉽고 빠르게 외국어를 배울 수 있다고 약속하는 교수법이 끝도 없이 등장했고 여전히 수많은 비법 광고가 난무한다. 하지만 애초부터 그것은 불가능한 일이니 대부분 실망으로 끝나고 만다. 그렇다면 기가 막힌 교수법이 등장한다면 외국어는 쉽게 배울 수 있을까? 아쉽게도 그렇지 않다. 바로 개인차라는 것이 존재하기 때문이다.

08

가장
좋은 학습법과
학습자
개인 특성과의
상관 관계는?

▶▶▶▶▶▶▶▶▶▶▶▶▶▶▶▶▶▶

▶▶▶▶▶▶▶▶▶▶▶▶▶▶▶▶▶▶▶▶

외국어를 공부하려는 이유가 무엇인
가? 학창 시절로 돌아가 교단의 선생
님으로부터 이런 질문을 받으면 과연
뭐라고 답해야 할까. 무슨 대답을 할
수 있을까. 지금이라면 대답을 할 수
있을까? 어떤 대답을 할까? 그때나
지금이나 과연 자신의 요구를, 나만
의 특성을 잘 파악하고 답할 수 있는
이들은 몇이나 될까.

▶▶▶▶▶▶▶▶▶▶▶▶▶▶

우리는 모두 학교 밖에 서 있다

앞에서 우리는 청각구두 교수법과 의사소통중심 교수법에 대해 잠깐 살핀 바 있다. 외국어 학습이 읽기에서 말하기 중심으로 전환이 이루어지면서 등장한 청각구두 교수법에 이어 학습자 개인의 차이를 현장에서 최초로 고려해 등장한 것이 의사소통중심 교수법이다. 의사소통중심 교수법은 그 이전의 교수법에 비해 학습자의 요구를 반영하려 했다는 점에서 패러다임의 변화를 불러일으켰다. 그런 이유로 학자에 따라서는 이를 두고 '교수법'의 하나라기보다 '교수 철학'으로 정의해야 한다고 주장하는 이들도 있다.

엄밀히 말하면 개인의 차이를 고려했다기보다 학습자의 요구를 존중했다는 점에서 이 교수법은 의미가 있다. 그렇다면 학습자의 요구란 무엇인가. 영어로 하면 '니즈'needs다. 쉽게 말해 의사소통중심 교수법은 외국어를 배우려는 학습자의 요구, 즉 학습 목적에 관심을 가졌다는 뜻이다. 예를 들면 무역 관련 업무를 위해 영어를 배우려는 학습자라면 그 목적에 맞춰 영어를 배울 때 효과는 극대화된다는 식이다.

의사소통중심 교수법이 1980년대 크게 유행하면서 덩달아 '특수 목적 영어'도 유행을 했는데, 결과적으로 목적이 명확한 학습자에게 도움이 된 것은 물론 외국어 교육의 전문화에도 크게 기여를 했다. 현재까지도 특수 목적을 위한 외국어 교육은 흔히 찾아볼 수 있다.

그렇다면 이로써 외국어 교육은 효과적인 방법을 찾은 걸까. 결론적으로 의사소통중심 교수법이 만병통치약은 아니었다. 여기에도 몇 가지 문제가 있었다. 우선 일반 학교에서의 외국어 수업은 여전히 학습자의 요구보다 교육 과정 중심, 교사 중심으로 구성되어 있었다. 국가나 교육 기관의 교육 과정은 개인의 특성보다는 다수의 학습자를 함께, 먼저 고려해야 하고, 또한 교육을 통해 도달하려는 사회적 목적에 충실해야 했다.

학교에서 학생들에게 외국어를 가르치는 이유는 뭘까. 개인의 지적 능력을 향상시키기 위해서이기도 하지만 궁극적인 목적은 사회에 필요한 일반 시민을 육성하는 것이다. 이는 외국어 교육에만 해당하는 목적이 아니다. 근대 이후 많은 나라에서 공교육 기관을 설립하고 의무 교육을 실시한 목적 역시 대부분 비슷하다. 사회 발전을 위해 시민이 갖춰야 할 기본 소양을 가르치는 것이 공교육 기관의 탄생 이유라면 학교에서 이루어지는 외국어 교육에서 개인의 요구와 관심을 우선순위에 놓아야 한다는 주장은 어쩌면 성립 자체가 불가능했던 건지도 모른다.

교사들의 학습 자료에는 교과 과정마다 수업의 목표가 제시되어 있다. 이를테면 "영어로 간단한 인사말을 나눌 수 있다" 또는 "간단한 영어 문장을 쓸 수 있다"와 같은 일반적인 목표가 대부분이다. 여기에 "개인의 요구를 파악해 그에 맞는 표현을 가르친다"라는 목표는 애초에 불가능한 희망사항에 불과하다.

우리가 외국어를 배우는 최초의 현장은 대부분 이런 공공의 목표에 의해 탄생한 곳이다. 그러니 학습자 역시 자신이 무엇을 원하는가에 대해 생각할 겨를도 없이 무조건 학교에서 가르치니 무조건 배우기 시작했다. 그런 학습자에게 어느 날 문득 이런 질문을 던지면 어떻게 될까.

근대 초기 영국과 영국의 식민지에서 등장한 어린이들을 위한 소규모 사립학교 수업 장면.
토마스 웹스터, 〈부인의 학교〉, 1845, 영국 내셔널갤러리 소장.

1901년 아메리카 선주민 아이들을 위한 영어 수업 장면. 프랜시스 벤자민 존스턴이
펜실베니아 주 칼라일 인디언 학교에서 촬영한 것으로, 미국 국회도서관 소장품이다.

"자, 이제부터 각자 외국어 학습을 하려는 이유 또는 목적이 무엇인지 말해보시오."

학창 시절로 돌아가 교단의 선생님으로부터 이런 질문을 받으면 과연 뭐라고 답해야 할까. 무슨 대답을 할 수 있을까. 그때나 지금이나 과연 자신의 요구를 잘 파악하고 답할 수 있는 이들이 몇이나 될까.

다시 말해 청각구두 교수법이 학습자의 생각과 요구를 전혀 고려하지 않아 문제가 된 것처럼, 의사소통중심 교수법 역시 모든 학습자가 스스로 외국어 학습의 필요성, 목표 또는 요구를 잘 알고 있다는 전제에서 출발했으니 그 역시도 무리수였던 셈이다. 외국어를 배우려는 목적이 명확하지 않은 학습자가 명확한 요구를 제시할 수는 없을 테니 말이다.

의사소통중심 교수법에 이어 1990년대 후반에는 좀 더 진일보한 '후교수법'post-method이 등장했다. 후교수법은 간단히 말해 교수법 하나를 중심으로 삼지 않고, 학습자의 요구에 맞게 다양한 교수법을 적절하게 활용하자는 것이다. 학습자가 흥미를 느끼며 즐겁게 학습할 수 있도록 하는 것이 주 목적이다. 그 이전까지의 교수법이 학습 성취도에 주목했다면 후교수법은 학습자 개인의 발전이 무엇보다 중요하다는 점을 강조한다. 심지어 후교수법의 논리로는 외국어를 배우는 과정에서 다른 것에 관심이 생겼다면 외국어 실력은 늘지 않아도 괜찮았다. 학습의 결과보다 과정을 훨씬 중요하게 여기는, 사람 중심의 철학 역시 후교수법의 특징이다. 주어진 교육 과정에 충실해야 하는 학교에서 후교수법의 도입은 한계가 있겠지만 학생들의 개인차와 자율성을 존중하는 것이야말로 학습 효과를 극대화한다는 신념을 가진 교사들에 의해 일선 학교에서도 시도하는 사례가 늘고 있기는 하다.

하지만 여기에도 짚어볼 지점은 있다. 청각구두 교수법이 학습자의 개성과 요구를 고려하지 않고 교사가 가르칠 내용과 방법에 초점에 맞추었다면 후교수법은 이와 반대로 교사의 입장을 고려하지 않고 학습자의 요구와 개인 발달에만 방점을 찍고 있다는 점이다. 즉 후교수법은 기존의 교수법 그 자체에 대한 비판적 성격이 강한 반면 교사가 구체적으로 어떻게 가르쳐야 하는가에 대해서는 그다지 관심을 두지 않는다.

자, 그렇다면 왜 나는 지금껏 지루할 정도로 청각구두 교수법, 의사소통중심 교수법, 후교수법 등 여러 교수법에 대해 굳이 살펴본 걸까. 물론 이유가 있어서다. 우선 우리가 지금까지 학교라는 공교육 기관을 통해 경험한 학습법에 대해 객관적으로 살펴볼 필요가 있어서다. 우리는 정규 교육 과정, 즉 일선 학교 현장을 통해 경험한 외국어 교육에 가장 익숙하다. 지금까지 살펴본 것처럼 학교 현장의 최우선 과제는 모든 학습자에게 공평한 기회를 제공하는 것이다. 다시 말해 학교는 같은 목표를 향해 모든 학생들이 나아갈 수 있도록 균등한 기회를 제공하는 것을 최우선으로 고민하고, 이를 위해 최선을 다한다. 청각구두 교수법, 의사소통중심 교수법, 후교수법 모두 각각의 차이는 있지만, 한 교실 안에 앉아 있는 수많은 학생들을 동시에 끌고 가기 위한 교수법이라는 공통점이 있다.

하지만 우리는 지금 어디에 있는가. 우리가 지금 서 있는 외국어 학습의 현장은 이미 학교가 아니다. 서 있는 곳이 다르다면 목표와 방법도 달라져야 한다. 그런데 과연 그럴까. 이미 학교 밖을 떠난 지 오래된 성인들이 다시 마음을 먹고 외국어 학습을 시작하려는 순간 마음은 어느덧 학창 시절 그 교실, 그 의자에 앉아 있곤 한다. 과연 그게 맞는 방법일까. 학교 밖에 서 있는 게 맞는다면, 학교에서 정해준 교과 진도에 맞춰 외국어를 배우는 게 아니라면 이제는 그때의 방식에서 벗어날 필요가 있다.

그렇다면 어떻게? 여기에서 우리가 돌아봐야 할 것이 바로 나 자신의 특성이다. 나는 여러 사람과 함께 어울려 스스럼없이 이야기 나누는 걸 즐기는 사람인가, 혼자서 조용히 공부하는 걸 선호하는 편인가. 나는 왜, 무엇을 목표로 외국어를 배우려 하는가. 스스로에게 이런 질문을 던지고 스스로에게 답해야 한다. 그 답을 찾는 것이야말로 예전의 방식에서 벗어나 나에게 맞는 방법을 찾는 지름길이다.

세상에 똑같은 사람은 하나도 없다

"외국어를 배울 때 학습자 개인의 특성은 어떤 영향을 미칠까?"

세상에 똑같은 사람은 거의 없을 텐데 외국어 교육을 위한 공론의 현장에서 개인적 요소는 거의 거론되지 않는다. 교수법과 교재를 둘러싼 논의가 이루어질 때마다 마치 모든 사람이 똑같은 조건에서 배운다고 생각하는 것처럼 느껴질 때가 많다. 그런 탓에 엄격한 검증을 거치지 않은 특정 교수법과 교재가 마치 대단한 비법인 것처럼 각광받고 유행처럼 퍼져나가기 일쑤다. 그리고 얼마 지나지 않아 그런 인기가 시들해지는 모습 역시 심심찮게 볼 수 있다.

그렇다면 외국어 학습에 작용하는 개인의 요소란 어떤 게 있을까. 간단히 말하자면 바로 성격과 감정이다. 사람마다 성격이 다른 거야 두말할 것도 없다. 그런데 이런 개인의 성격이 외국어 학습에 영향을 미친다는 게 의아할 법도 하다.

이해를 돕기 위해 먼저 외향적인 성격과 내성적인 성격을 떠올려 보자. 외향적인 사람은 누군가와 이야기하는 것을 즐기고 새로운 사람을 만나는 것도 좋아한다. 자신감을 드러내면서 사람 사귀는 걸 꺼리지 않는다. 내성적인 사람은 잘 알거나 믿는 누군가가 아니라면 자신의 이야기를 선뜻 꺼내고 싶어하지 않는다. 새로운 사람 만나는 걸 부담스러워 하기도 한다. 대부분의 사람들은 어느 한쪽만의 성격을 가지고 있지 않다. 지극히 외향적이거나 지극히 내성적인 스펙트럼의 양극 사이 어딘가에 무수히 많은 개인이, 시시때때로 변화하는 나 자신이 있다.

외국어를 배우는 데는 절대적 시간이 필요하다. 새로운 언어 체계를 배우고, 배운 것을 수차례 연습하지 않고는 습득하기 어렵다. 외향적인 사람은 누군가와 이야기 나누는 데 거침이 없으니 연습 기회를 더 적극적으로 찾는다. 그 사람의 자신감이 얼마나 내면화되어 있는가를 일반화하긴 어렵지만 겉으로 볼 때 외향적 성향이 강한 사람일수록 자신 있게 말하고, 당장 말이 통하지 않아도 적극적으로 해결책을 찾아낸다.

반면 내성적인 성향이 강한 사람은 말하는 연습을 하고 싶긴 하지만 알고 있는 것을 자신 있게 표현하는 걸 주저한다. 그 심리적인 장벽을 넘어서기 위해서는 또다른 노력이 필요하다. 결과적으로 놓고 보면 외국어를 배울 때는 자신감 있게, 적극적으로 연습을 많이 해보는 것이 유리하다. 연습을 통해 새로 들어오는 정보를 지식 기반에 입력해야만 필요할 때 사용할 수 있는 '내 것'이 된다. 유창하게 외국어를 구사하고 싶다면 지식 기반에 입력해둔 내용이 자동으로 나올 수 있어야 한다. 연습 없이 자동화는 기대하기 어렵다.

대상 외국어를 향한 개인의 감정 역시 중요한 요소다. 그 언어를 사용하는 나라와 문화권에 대해 긍정적인 관심과 호기심이 있다면 훨씬 더 효과적인 학습이 가능하다.

흔히들 성인이 되어 외국어를 배운다고 생각하면 원어민 강사 앞에서 유창하게 이야기를 나누는 자신의 모습을 떠올린다. 하지만 조금만 생각해 보면 대부분의 학습자에게는 '가까이 하기에 먼 당신'이라는 걸 깨닫게 된다. 일단 초급자의 경우 원어민과 자유롭게 대화를 하기까지는 시간이 걸릴 수밖에 없다. 그렇다고 좌절은 금물이다.

학교 밖에 서 있는 우리에게 외국어는 단기간에 승부를 내야 하는 대상이기만 한 건 아니다. 의무와 책임감이 전혀 없는 것도 곤란하지만 강박적으로 스스로를 억압할 필요까지는 없다.

진학이나 취직, 승진 같은 평가 항목의 하나가 아닌 탓에 뚜렷한 목표가 없다는 점이 약점처럼 여겨지기도 하지만 대신 우리에게는 다양한 인생 경험과 관심사가 있다. 이를 바탕으로 스스로의 개성과 성향, 취향을 존중하며 각자의 요구를 스스로 파악해서 시작하는 쪽이 몰개성적인 외국어 비법을 찾아 헤매는 것보다 훨씬 효과적이다. 그렇게 스스로를 존중하며, 성향을 파악하는 것이 우선이다. 사람에 따라 빨리 찾을 수도, 늦게 찾을 수도 있다. 시행착오를 여러 번 거칠 수도 있을 것이다. 하지만 분명한 건 그렇게 자신에게 좋은 방법을 찾는 동안, 자신이 정한 목표에 맞춰 꾸준히 공부를 하고 있노라면 자신도 모르는 사이에 실력은 그만큼 쌓여 있을 것이라는 점이다.

09

어떻게 하면
외국어를 잘할 수
있을까라는
질문 앞에 선
로버트 파우저

외국어 실력을 쌓을수록 해방감과
풍요로움은 더욱 커진다. 이런 해
방감과 풍요로움은 그 자체로 외
국어 학습의 강력한 동기가 된다.
매일매일 짧은 시간이라도 할 줄
아는 외국어를 사용하려고 노력
한다. 이미 맛본 해방감과 풍요로
움을 잃지 않기 위해서이기도 하
지만, 내 방에 앉아 새로운 세상을
만날 수 있기 때문이다.

어쩌다 나는 평생 외국어를 공부하며 살고 있을까

"어떻게 하면 그렇게 외국어를 잘할 수 있어요?"

한국과 일본에 살면서 정말 많이 들었던 질문이다. 그뒤로 이어지는 질문은 으레 이렇다.

"외국어를 유창하게 할 수 있는 비법이 있나요?"

"한국어(또는 일본어)를 어떻게 배우셨나요?"

"학창 시절부터 외국어를 좋아했나요?"

한국과 일본에 각각 약 13년 정도 살았기 때문에 한두 번 들었던 질문이 아니다. 대답하기가 싫을 때도 있지만 나를 처음 본 상대방의 입장을 이해할 수 없는 건 아니었다. 그러면서 한편으로 어쩌다 내가 외국어와 평생 살게 되었는지를 돌아보기도 했다.

미국인은 누구나 이민자의 후손이다. 나와 나를 둘러싼 내 가족 역시 대부분 그렇다. 몇 세대 전에 이민을 왔고, 그 때문에 모두 다 영어를 모어로 삼고 있다. 나 역시 영어가 모어이고, 평생 영어만 사용해도 큰 불편 없이 살 수 있었을 것이다. 그럼에도 이렇게 여러 언어의 순례자처럼 살게 된 것은 신기한 일이기는 하다.

여러 언어를 공부한 가장 큰 이유는 무엇보다 외국어 그 자체를 좋아하기 때문이다. 단순한 이유일 수 있지만 낯선 언어를 깨우쳐 나가는 과정, 그것을 점차 익혀 자유롭게 말과 글을 통해 소통하는 걸 매우 즐긴다. 공부할수록 새로운 언어의 체계와 구조를 발견하는 것도 흥미롭고, 배워 나갈수록 표현할 수 있는 것이 늘어나고, 글과 말을 통해 새로운 세상을 직접 경험할 수 있게 되어 즐겁다. 외국어를 사용할 때면 또다른 내가 된 것 같다. 마치 무대에 선 연극배우 같다고나 할까.

가장 좋아하는 것은 발음이다. 말하기와는 좀 다르다. 문법과 어휘를 배우는 것도 재미있지만 발음 연습을 할 때만큼 흥이 나지는 않는다. 새로운 발음을 연습해서 직접 소리를 낼 때면 또 다른 나와 만나는 것 같다. 마치 내가 다른 사람이 되어 새로운 세상 앞에 서서, 내 앞에 펼쳐지는 풍경을 만끽하는 것도 같고, 그로 인해 앞으로의 인생이 더욱 풍부해질 것 같은 느낌이 무척 좋다. 그리고 그때마다 일종의 해방감도 느낀다. 책을 읽을 때도, 상대방의 말을 알아들을 때도 즐겁지만 내가 멋지게 발음을 해냈다는 순간의 성취감은 이루 다 말할 수 없다.

이런 해방감과 풍요로움은 나에게 그 자체로 외국어 학습의 강력한 동기가 된다. 미국에 살고 있지만 매일매일 짧은 시간이라도 꾸준히 몇 개의 외국어를 사용할 기회를 갖기 위해 노력하고 있다. 이미 맛본 해방감과 풍요로움을 잃지 않기 위해서이기도 하지만, 그 자체로 내 방에 앉아 새로운 세상을 만날 수 있기 때문이다.

외국어 잘하는 나만의 비법, 그것은 바로 다독

그렇다면 또다른 질문에 대한 답을 할 차례다. 어떻게 하면 외국어를 잘할 수 있느냐는 질문에 대한 답이다. 미국인인 내가 한국어로 대화를 나누고, 한글로 된 글을 읽고 쓰는 걸 보며 많은 사람들이 묻는다. 강의 시간에 만나는 학생들에게도 수없이 들었던 질문이다. 그때마다 나는 부드럽게 권유한다.

"배우고 싶은 외국어로 된 글을 많이 읽으세요."

바로 다독多讀이다. 내 경험으로는 새로운 외국어를 배울 때 그것이 가장 효과적인 방법이었다. 나만 이런 생각을 한 것은 물론 아니다.

앞에서도 언급한 스티븐 크레션 역시 읽기의 중요성, 특히 자유로운 다독을 강조했다. 다독과 정독精讀은 똑같은 읽기라고 여기기 쉽지만 엄연히 다르다. 다독은 정독과 달리 폭넓고 다양하게, 부담 없이 편하게 읽는 것이다. 관심 있는 분야, 읽고 싶은 것을 그때그때 골라 읽으며 외국어와 접촉면을 넓히면 된다.

'편하게' 읽는 것이 가장 중요하다. 정독은 그 내용을 깊이 이해하는 것을 목적으로 삼는다면 다독은 읽는 것 그 자체, 그걸로 족하다. 그저 마음 편하게, 즐겁게 읽는 것이 무엇보다 중요하다. 굳이 비교하자면 다독은 휴식에 속하고, 정독은 노동에 속한다. 외국어를 공부하려면 하루에 한 번 어떻게든 외국어와 접하는 것이 중요한데 부담스럽고 어렵게 느껴지면 오히려 포기하기 쉽다. 그보다는 천천히 가벼운 마음으로 휴식처럼 부담

느끼지 않고 자주 접하는 쪽이 한결 도움이 된다는 게 스티븐 크레션의 주장이다. 나 역시도 여기에 적극 동의한다.

하지만 누구에게나 그렇다는 것은 아니다. 본인의 성격과 외국어를 배우려는 목적에 맞는 학습법을 찾는 것이 제일 효과적이라는 점을 다시 한 번 강조한다. 누군가는 나처럼 글을 많이 읽는 것이 좋을 수 있고, 또 누군가는 맞지 않을 수 있다. 각자가 판단하여 결정하면 된다.

내가 외국어를 처음 공부할 때 다독을 권하는 것은 현실적으로 바쁘게 살고 있는 성인들에게 잘 맞는 방법이라고 생각하기 때문이기도 하다. 다독이라고 하면 책이나 신문을 떠올리기 쉽지만 거기에 한정할 필요는 없다. 우리는 매일 인터넷에 접속하고, 휴대전화기를 손에서 놓지 않는다. 영상을 보기도 하지만 끊임없이 텍스트를 읽는다.

또한 문법 중심으로 이루어진 학교 수업의 기억으로 읽기 자체가 따분하고 지루할 거라고 생각할 수도 있다. 하지만 우리에게는 이제 읽고 싶은 걸 골라 읽을 수 있는 '선택권'이 있다. 관심 있는 분야의 텍스트를 원하는 분량으로 얼마든지 구할 수 있는 세상이다. 관심 있는 텍스트를 읽으면 외국어를 공부하기 위한 수단인 동시에 그 자체로 새로운 것을 알아가는 즐거움을 누릴 수 있다. 일석이조라는 말은 이럴 때 쓰는 거다. 하루에 10분도 좋고 30분도 좋다. 오늘은 10분을 했지만 내일은 한 시간을 해도 좋다. 반대로 어제는 한 시간을 했는데 오늘은 10분 했다고 반성문을 쓸 필요도 없다. 시간을 정해놓고 똑같은 시간에 해도 좋지만 그렇게 하지 않아도 문제될 게 없다. 혼자 읽어도 물론 좋지만 여럿이 함께 읽어도 좋다. 요즘은 온라인으로 함께 읽기 모임을 꾸려 같은 텍스트를 여럿이 공유하며 읽는 것이 유행이다. 심지어 외국어 공부가 아니어도 자국어로 된 책을 함께 읽는 모임도 매우 많다.

나에게 맞는 다독 텍스트 고르기

읽고 싶은 텍스트를 고를 때는 난이도를 잘 살펴야 한다. 너무 어려운 텍스트부터 시작하면 아무래도 지속하기 어렵다. 처음에는 아주 쉬운 것부터 시작해서 조금씩 실력을 키워 나가는 편이 훨씬 좋은 방법이다. 이왕이면 전혀 모르는 분야보다는 관심과 배경 지식이 있는 분야의 텍스트를 고르는 게 좋다.

텍스트를 이해하는 데는 배경 지식, 즉 '스키마'schema를 활용하는 게 도움이 된다. 인지심리학에서 나오는 이론으로, 기존에 알고 있던 배경 지식이 새로운 정보를 받아들이고 이해하는 데 도움을 준다는 것이 핵심이다. 텍스트를 통해 새로운 정보를 접하게 되면 기존의 정보가 그걸 처리한다. 처리에 성공하면 새로운 정보는 기존의 정보처럼 우리의 지식 기반에 남게 된다. 반대로 배경 지식이 없거나 부족하다면 새로운 정보의 처리는 한결 어렵게 되고 지식 기반에 남을 확률은 아무래도 줄어든다.

예를 들면 간단하다. 영어를 모어로 쓰고 있으면서 언어학자인 내가 영어로 된 의학 논문을 읽는다고 가정해 보자. 비록 영어에 익숙하니 글자를 잘 읽을 수는 있지만 그 내용을 이해하기는 어렵다. 그 내용을 통해 어떤 정보를 얻고 기억하는 건 더 어렵다. 배경 지식이 거의 없기 때문이다. 낯선 외국어 문서를 읽는 것보다 이해가 더 어려울 수도 있다. 법조계에서 작성한 문서를 일반인이 이해 못해서 변호사의 도움을 받는 것도 같은 이치다. 그러니 외국어 텍스트는 두말할 것도 없다. 오늘 우리가 읽어야 할 텍스트는 무엇보다 배경 지식이 있는 분야, 이미 어느 정도 관심을 가지고 있는 분야에서 골라야 한다. 그것이야말로 외국어 텍스트를 즐겁게 읽는 지름길이다.

처음에 훑어보면서 모르는 단어가 얼마나 나오는지를 살피는 것도 중요하다. 어떤 글에서나 모르는 단어는 나오기 마련이다. 하지만 아는 것보다 모르는 게 훨씬 많다면 내용을 읽기보다 단어를 찾느라 지치기 쉽다. 한두 번 실패하면 다독을 지속하기 어렵다. 그렇다고 또 너무 쉬운 단어만 나오는 걸 고르는 것도 곤란하다. 실력을 키우는 데 도움이 거의 되지 않기 때문이다. 자신에게 맞는 난이도의 텍스트를 고르는 것부터 어렵게 느껴지겠지만 막상 해보면 그리 어려운 일이 아니라는 걸 금방 알 수 있다. 인터넷에서 구할 수 있는 많은 글을 살피다 보면 판단력이 자연스럽게 생긴다. 중요한 것은 직접 해보는 것이다. 쉬워 보일 것 같았는데 막상 읽어보니 어려우면 어떻게 할까? 그런 글은 자신에게 적합하지 않은 것이다. 끝까지 해내야 한다고 붙잡고 있어 봐야 고생만 한다. 끝까지 해내야 한다는 부담도 버리고, 미련도 버리고 자신에게 맞는 난이도의 글을 다시 골라 시도하는 게 훨씬 낫다.

실전 공개, 넉 달 만에 일본 신문을 읽은 20대 로버트 파우저

대학에 진학해서 일본어를 2년 정도 공부한 뒤 고교 시절 홈스테이를 했던 일본의 가정집에서 여름방학을 보낸 적이 있다. 그 집의 아들이 약 1년 정도 우리 집에 머물면서 많이 친해진 덕분이었다. 미국을 떠나기 전에 그 친구로부터 편지를 받았다.

"공항에서부터 일본어만 사용할 거니까 각오를 단단히 하는 게 좋을 거야."

일본에 도착하니 친구는 작정이라도 한 것처럼 일본어로만 대화를 했다. 처음에는 자신만만했다. 대학에서 우등생이라는 소리를 듣고 있어서 어렵지 않을 거라 여겼다. 막상 시작해 보니 아니었다. 정말 따라가기 어려웠다. 친구는 내 콧대를 꺾을 심산이었는지 다음날 나를 대학 전공 강의실로 데리고 갔다. 무려 경제학 강의였다. 일본의 대학 강의가 지루하다는 말은 들었지만 그렇게 지루한 수업은 태어나서 처음이었다. 칠판에 쓰는 한자 단어 중에 읽을 수 있는 게 간혹 나오기는 했지만 수업 내용은 단 한 마디도 제대로 알아들을 수 없었다. 충격을 받은 나는 친구에게 내일부터는 따라다니지 않고 혼자 공부를 하겠다고 선언했다. 친구의 말도, TV도, 대학 수업도 어느 것 하나 알아듣지 못한 탓에 자신감을 완전히 잃었다.

결과적으로 보면 이때 자신감을 잃은 것이 큰 도움이 되었다. 나에게 맞는 학습 방법을 적극적으로 찾는 동기가 되었기 때문이다. 먼저 그 집에서 구독하고 있던 『아사히 신문』을 열심히 읽기 시작했다.

처음 읽을 때는 모르는 말이 아는 단어에 비해 압도적으로 많았다. 다독의 최대 복병은 바로 단어다. 문장을 읽다가 모르는 단어가 연달아 나오면 답답하다. 진도가 더디 나가면 어느덧 포기하고 싶어진다. 하지만 이는 지극히 자연스러운 반응이니 걱정할 필요는 없다.

낯선 일본어 신문을 처음 읽기 시작할 때는 문맥을 이해하는 걸 포기하고, 우선 모르는 단어를 표시하면서 무작정 기사를 끝까지 읽었다. 때로는 고통스럽기도 했지만 어떻게든 끝까지 읽었다. 잘 살펴보면 문장 안에는 꼭 알아야 하는 단어도 있지만 그냥 넘어가도 되는 단어도 있다. 명사와 동사는 내용을 이해하는 데 꼭 필요하니 확인을 하고 넘어가야 하지만 형용사나 부사는 때로 무시하고 넘겨도 괜찮을 때가 있다. 특히 문학 작품이 아닌 경우에는 대부분 형용사는 몰라도 된다. 물론 '끝까지', '여기 나오는 단어는 모두 다' 공부하고 싶다면 열심히 찾으면 되겠지만 사전 찾는 빈도를 줄이고 싶을 때는 과감하게 넘어가도 된다.

그렇게 일단 끝까지 읽은 뒤에는 표시한 단어를 사전에서 찾았다. 몇 개의 기사를 읽다 보니 자주 나오는 단어가 눈에 보였다. 그런 단어를 따로 모아 사전에서 찾은 뒤 단어장을 만들었다. 배경 지식이 있는 분야의 글을 읽는 게 좋을 거라고 한 이유가 여기에 있다. 이미 배경 지식이 있다면 문장 안에 자주 등장하는 명사나 동사는 한 번쯤 접했을 가능성이 높다. 익숙한 단어가 나오는 문장일수록 읽기에 훨씬 편하고 즐겁다.

그렇게 만든 단어장을 옆에 두고 기사를 읽으니 한결 이해가 쉬웠다. 시간이 많이 걸리는 방법이긴 했지만 하루에 이런 식으로 기사 두세 개를 읽으니 자주 등장하는 단어는 자연스럽게 암기가 되었다. 그렇게 읽을 수 있는 단어가 많아지니 점점 기사를 읽는 데 속도가 붙었다. 그뒤로는 모르는 단어가 나와도 기사를 끝까지 읽기가 한결 나았다. 기본적인 단어를 조금 아니까 모르는 단어가 나와도 전체 맥락은 이해할 수 있게 되었다.

단어장을 만들어 외우는 게 효과가 있다는 걸 깨닫고 난 뒤에는 신문 기사에 많이 나오는 단어를 모은 단어장과 별개로 관심 분야의 필수 단어를 모은 단어장을 만들어 어디를 가나 들고 다니며 외웠다.

그렇게 약 4개월여 동안 매일매일 신문 기사를 열심히 읽었다. 암기 단어가 점점 늘어나면서 어느덧 일본 신문을 편하게 읽을 수 있었다. 일본 신문이 점점 편해지자 욕심이 생겼다. 신문에서 무라카미 하루키 관련 기사를 접한 뒤 가까운 서점에서 『1973년의 핀볼』을 사서 읽었다. 아무래도 소설은 대화가 많아 읽기에 수월한 점도 있지만 형용사를 비롯해 독특한 표현이 많아 집중해서 읽느라 고생을 했다. 역시 신문과 같은 방법을 사용했다. 그렇게 다 읽고 난 뒤 성취감은 말로 다 할 수 없었다.

혼자 시간을 보내는 낮에는 읽기에 집중했다면 친구가 학교에서 돌아온 뒤에는 말하기에 집중했다. '오직 일본어로만'을 강력하게 주장한 친구 덕분에 일본어로 대화하는 게 점점 익숙해졌고, 친구의 친구들까지 만나는 일이 잦아지면서 나도 모르게 말하기도 점차 익숙해졌다. 누군가와 대화를 나누려면 서로 관심 있는 분야의 단어를 알아야 한다. 친구도, 친구의 친구들도 경제학 전공자들이었다. 자연스럽게 당시 미국과 일본의 무역 갈등이 화제에 오르곤 했다. '수입', '수출', '무역', '환율' 같은 단어는 기본 중의 기본이었다. 입에 붙을 때까지 여러 번 반복해서 암기했다. 신문 기사를 통해 단어를 익힌 것이 도움이 된 것은 물론이고 입에 붙을 때까지 연습을 하니 TV 뉴스에 관련 단어가 나오면 자연스럽게 전체 맥락을 파악할 수 있었다. 다만 일본 국내 정치 뉴스에는 끝까지 익숙해지지 못했다. 무엇보다 수없이 등장하는 사람 이름을 알아듣기가 어려웠기 때문인데 그 분야에는 관심이 그리 높지 않아 큰 불편을 느끼지는 못했다.

나는 지금 내가 터득한 학습법이 효과적이라는 말을 하고 있는 게 아니다. 이런 방법이 능사라는 의미는 더더욱 아니다. 다만 나는 주어진 환경에서 나만의 학습법을 찾아서 읽기와 말하기, 듣기 등을 익혔고, 이렇게 스스로 학습법을 찾아 공부한 경험이야말로 이후에 다른 외국어를 배울 때 융통성 있게 나만의 학습법을 찾아 익힐 수 있는 자원이 되어 주었다는 말을 하고 있는 것이다.

성공한 경험만이 자신감의 토대가 된다

누구에게나 잘 맞는 학습법이란 과연 존재하긴 하는 걸까? 그런 학습법이란 애초에 실현 불가능한 가설일지 모른다. 하나의 외국어를 배우면서 터득한 학습법이 다른 외국어에도 똑같이 적용된다는 보장도 없다. 확실한 것은 각자 자신의 환경과 성향에 맞는 학습법을 찾아 성공한 경험만이 새로운 외국어를 배울 때 자신감의 토대가 된다는 점이다.

1980년대 말 고려대학교 영어교육과에서 가르친 학생 중에는 당시 한국에 주둔한 미군에 배속된 한국 군인, 즉 카투사로 복무한 이들이 있었는데 그들 가운데는 교수나 유학을 다녀온 학생들보다 훨씬 영어를 유창하게 구사하는 이들이 많았다.

이들은 물론 영어에 대한 자신감은 있었지만 제대 후에도 영어를 잊어버리지 않도록 꾸준히 노력을 했다. 몇몇 학생들은 『타임』지를 꾸준히 읽곤 했는데, 자기들끼리 기사를 선정한 뒤 각각 기사의 담당 부분을 나눠 정해서 미리 읽어온 뒤 함께 모여 한국어로 번역을 했다. 다같이 모르는 표현이 나오면 가끔 내 연구실로 찾아와 질문을 하곤 했는데, 주로 질문하는 내용은 사전에 나오지 않는, 미국의 문화적 특징과 배경에 관한 것이었다. 인터넷이 없던 시절이라 그때만 해도 한국에서 미국의 구체적인 문화적 배경을 이해하기 어려웠고, 주요 인물에 대한 정보는 거의 없었으니 당연한 질문이었다. 이들은 동기 부여가 높은 편이었고, 함께 공부하는 걸 즐겼기 때문에 맡은 부분을 성실하게 해왔고, 그러면서 내용에 대해 훨씬 깊게 이해했다.

그렇지만 이런 방법이 반드시 좋은 학습법이라고 말하기는 어렵다. 그당시 한국 제도권의 영어 교육은 물론 대학 입시를 치르면서 학생들이 경험한 학습법에서 '번역'의 비중은 압도적이었다. 그들은 자신들이 해온 가장 익숙한 학습법인 번역이야말로 가장 효과적인 학습법이라고 여기는 듯했다. 그때만 해도 서툰 선생이었던 나는 처음에는 그런 그들에게 다른 학습법도 있음을 말해주고 싶은 마음이 굴뚝 같았다. 하지만 이내 생각을 고쳐먹었다. 어떤 학습법이든 학생들 자신이 스스로 선택한 학습법을 존중하는 것이 더 중요하다고 여겼기 때문이다. 내 역할은 그저 옆에서 도와주는 것에서 그쳐야 한다고 여긴 것인데, 나는 그때의 내 판단이 틀리지 않았다고 생각한다. 자신의 학습법을 스스로 만들어 공부를 하다 보면, 그렇게 성공한 경험을 얻고 나면 다른 상황에서 훨씬 더 효과적인 자신만의 학습법을 스스로 만들어 익혀 나가게 된다는 걸 이제는 알고 있기 때문이다.

단어, 외국어 학습 성공의 가장 효과적인 무기

여기에서 한 가지 꼭 강조하고 싶은 부분이 있다. 바로 단어에 관한 이야기다. 어떤 학습법을 동원하더라도 단어를 검색하고 그것을 외우는 일은 매우 지루하고 고단하다. 하지만 단어 암기는 생각하는 것보다 훨씬 더 중요하다. 아는 단어가 많을수록 외국어를 이해하는 데 자신감이 붙는다. 특히 성인 학습자일수록 장소와 상황에 맞는 경어와 관련한 어휘, 고급 단어를 많이 알아둘 필요가 있다. 구사하는 어휘의 수준으로 그 사람의 연륜과 지식이 드러나는 건 모어는 물론 외국어의 세계에서도 마찬가지다.

한때 학교 교육 현장에서는 문법 위주로 가르치면서 학습할 단어의 수를 한정하곤 했다. 학습자의 요구에 맞는 수업을 지향하는 의사소통중심 교수법의 시행 이후에도 단어보다 다양한 표현 방식을 가르치는 걸 더 중시했다. 이를테면 학교에서는 문법과 표현 방식을 배우고 단어는 학습자 스스로, 각자 알아서 공부하라는 식이다. 이거야말로 절대 권하고 싶지 않은 학습법이다. 외국어를 편하게 사용하려면 어휘력을 늘리는 것이 무엇보다 중요하다. 그렇다면 어떻게 하는 게 좋을까. 나에게 묻는다면 역시 다독이다. 다독이야말로 어휘력을 늘리는 데 가장 좋은 학습법이다.

"한창 공부할 때는 말야. 영어사전을 한 장씩 외운 뒤 그 페이지를 뜯어먹었어."

한국의 중년들에게 자주 듣던 소싯적 무용담이다. 물론 그 방법도 좋지만 단어만을 따로따로 반복해서 암기하는 것보다는 문장 속에서 맥락을 통해 단어의 뜻을 이해하는 것이 훨씬 기억에도 오래 남고, 사용할 때도 도움이 된다. 일본 신문을 처음 읽을 때 맥락 없이 단어만 외웠다면 짧은 시간에 그처럼 빨리 일본 신문을 읽을 수 없었을 것이다. 문맥 안에서 자주 등장하는 단어를 만나면서 저절로 암기한 덕분에 효과적으로 읽기 실력을 쌓을 수 있었다.

오래전 공부하던 때를 떠올려 보면 오늘날은 정말 공부하기에 좋은 세상이 되었다. 예전에는 단어를 찾을 때마다 종이 사전을 들춰야 했다. 오래 사용해서 시커멓게 손때가 묻은 종이 사전은 그 자체로 보람이고, 자부심이었다. 하지만 이제 그런 시대는 끝났다. 포털 사이트는 최신 사전의 검색 결과를 입력과 동시에 눈앞에 대령한다. 각종 신개념 기능을 장착한 수많은 사전 애플리케이션이 이미 우리 앞에 도열해 있다. 단어를 찾으면 발음도 정확하다. 내가 어떤 단어를 찾았는지 기록도 남는다. 하나의 단어를 입력하면 유사한 다른 외국어 단어들까지 함께 나온다. 이제 우리가 할 일은 하나다. 나에게 편리한 인터페이스와 기능을 갖춘 웹사이트 또는 애플리케이션을 찾는 일이다. 그리고 틈날 때마다 열심히 단어를 찾아 어휘력을 늘려야 한다.

어휘력만으로 읽고 쓰고 말하기에 도움이 될까?

"많이 읽고 어휘력을 늘리면 말하기와 쓰기에도 도움이 되나요?"

이쯤에서 이 질문이 나올 법하다. 한국인을 비롯한 비영어권 국가의 중년들은 과거 문법 중심으로만 영어를 배워서 막상 서양인을 만나면 말한 마디도 못하게 되었노라고 한탄한다. 텍스트 중심으로만 배운 탓에 말하기를 제대로 배우지 못했다는 뜻이다.

중년들이 학교에서 한창 외국어를 배울 때는 텍스트 중심이었다. 영어만 해도 말하는 언어라기보다 읽는 언어에 가까웠다. 그도 그럴 것이 그때만 해도 일상생활에서 외국인을 실제로 만날 일이 거의 드물었고, 제도적으로 대학 입시는 문법을 잘 알고 텍스트를 잘 읽으면 그것으로 충분했던 시절이었다. 학생들은 물론 교사들 역시 읽기를 가르치는 것에 주력했고, 당시 교사들 중 말하기에 능숙한 이들은 거의 찾아보기 어려운 것이 비영어권 국가들의 현실이었다. 그러니 교실 현장에서 말하는 훈련은 거의 이루어지지 않았다.

그러나 세상은 변화했다. 말하기 교육의 부재라는 영어 교육 문제를 해결하기 위해 1990년대 중반 무렵부터 기존 영어 교육에 개혁의 바람이 불었다. 초등학생에게 영어를 가르치기 시작했고, 대학 진학 시험에 영어 듣기 시험을 도입했다. 영어 교육은 바야흐로 말하기 중심, 즉 실용적 방향으로 급변했다. 말을 더 잘하기 위해, 자녀들을 해외로 보내는 이들이 급증했다. 특히 화이트 칼라 계층에서 집중적으로 아이들을 해외로 보냈는데, 아이를 돌보기 위해 엄마까지 같이 가는 경우가 많아 한국에 홀로 남은 아빠를 가리켜 '기러기 아빠'라는 자조적인 유행어가 등장하기도 했다. 또한 많은 학생들이 고등학교 졸업 후 한국 대학 대신 영어권 대학에 입학했다.

그 결과 오늘날 영어 실력이 뛰어난 한국인들이 부쩍 늘었다. 1980년대 중반 한국에 처음 왔을 때만 해도 거리에서 영어로 길을 묻는 일은 엄두조차 낼 수 없었다. 말을 걸려고만 해도 멀리서부터 난처해 하고 피하려는 기색이 역력했다. 하지만 오늘날은 다르다. 어디서나 영어를 능숙하게 하는 이들을 어렵지 않게 만날 수 있다.

영어를 잘한다는 건 어떤 의미일까. 내 기준으로 보자면 역시 어휘력이다. 영어를 잘하기 위해서는 무엇보다 어휘력이 중요하다.

다시 말해 영어를 모어로 쓰는 내 눈에 누군가의 영어 실력이 뛰어나다는 판단 기준은 그들이 사용하는 어휘의 수준에 달려 있다. 영어를 사용하는 한국인의 억양에 한국식 발음이 섞여 있다고 해서 소통에 문제가 되는 일은 거의 없다. 하지만 어휘력이 부족하면 그가 전달하려는 의미를 제대로 알아듣지 못해 안타깝고, 전문적인 토론에서 초보적인 단어만을 사용한다면 그가 영어를 유창하게 사용한다고 말하기는 주저하게 된다.

어휘력은 매우 당연하게도 쓰기에도 영향을 미친다. 자신의 생각을 잘 전달할 수 있다는 자신감이 생기면 외국어를 사용할 기회를 더 많이 갖고 싶어진다. 생각을 전달하는 방법은 말하기만 있는 게 아니다. 예전에는 외국어로 글을 쓰는 일은 일반인에게 매우 드문 일이었다. 공부도 하면서 세계 다른 지역의 친구를 사귀기 위해 펜팔을 하는 경우도 많긴 했지만 일부의 이야기였을 뿐이다. 하지만 오늘날은 SNS로 전 세계 누구와도 쉽게 소통하는 시대가 된 지 오래다. 내가 원하는 언어권의 외국어로 짤막한 문장을 올리면 즉각적으로 그 언어권의 누군가로부터 응답을 받는다. 이때도 어휘력의 효과는 강력하다. 짧은 문장이라도 쓸 기회가 있을 때마다 어휘력이 풍부할수록 자신감이 붙어 어깨에 힘이 들어간다. 하다 보면 더 잘하기 위해 더 열심히 연습한다. 더 연습하면 더 잘하게 된다. 지극히 당연한 순서다. 이런 자신감의 밑바탕에는 어휘력이 있다. 문법이 외국어의 뼈라면 어휘는 외국어의 살이다.

하지만 현실은 아쉽게도 외국어 학습 과정에서 어휘의 중요성은 여전히 부차적인 것으로 여겨지고 있다. 내가 고교 시절 배운 스페인어 교과서는 대화문 밑에 단어가 나오고 그 옆에 영어로 뜻이 적혀 있었다. 선생님은 단어 부분은 빨리 넘긴 뒤 곧장 각 과의 핵심 문법 내용을 중심으로 설명하셨다.

훗날 일본 가고시마 대학교에서 한국어를 가르칠 때 사용한 교재 역시 매우 유사한 구성이었다. 대화문 밑에 주요 단어 목록이 있고 옆에 일본어로 번역이 되어 있고, 문법 설명으로 이어진다. 다만 나는 학생들에게 발음이 어려운 단어를 충분히 연습하게 하고 목록의 모든 단어가 시험에 나올 가능성이 높으니 열심히 암기할 것을 강조한 뒤 문법 설명으로 넘어간 것이 차이라면 차이였다.

외국어 교과서의 이런 일반적인 구성은 학습자에게 자칫하면 외국어 학습에서 어휘를 부차적인 것으로 인식하게 만들 수 있다. 거듭 강조하지만 외국어를 잘하고 싶다면 무엇보다 어휘력을 높이기 위해 적극적으로 노력해야 한다.

케이팝의 영향으로 한국어를 배우려는 외국인을 떠올려 보자. 이들은 교과서에 나오는 일반적인 대화문보다 '애교', '오빠', '강남' 같은 단어를 팬들끼리 서로 공유한다. 이런 이들에게 2000년대 가고시마 대학교에서 일본인들에게 가르친 한국어 교과서로 공부하라고 하면 어떨까. 대부분 지루해 하면서 흥미를 잃을 가능성이 높다. 이들에게는 새로운 정보를 습득하는 것만큼이나 자신이 표현하고 싶은 것을 효과적으로 전달하는 것이 한국어를 배우는 더 큰 목적일 수 있기 때문이다.

그런 면으로 볼 때 이제 외국어 학습은 외부의 정보를 내 안으로 받아들이기 위한 수단이면서 동시에 내 생각과 감정을 밖으로 표출하기 위한 수단으로 그 역할이 확장되었다고 할 수 있다. 따라서 이제 우리는 내가 표현하려는 것을 중심으로 외국어를 학습하는, 이른바 학습의 주도권을 내가 쥐는 태세의 전환이 필요해진 시대를 살고 있는 셈이다. 어휘력이야말로 무엇보다 먼저 장착해야 할, 가장 효과적인 무기다.

아무리 강조해도 지나치지 않는 다독의 장점

어휘력의 중요성을 설명하면서 다독을 함께 이야기했지만, 다독의 장점은 어휘력을 늘리는 것만이 아니다. 무엇보다 자신의 일상생활 속에서 자연스럽게, 혼자서 학습할 수 있다는 점을 빼놓을 수 없다. 생각해 보면 지극히 당연하다. 말하기는 상대방이 있어야 가능하다. 열심히 연습하고 싶지만 분명한 한계가 있다. 하지만 읽기에는 한계가 없다. 언제 어디서든 자신이 원하는 만큼 집중해서 공부할 수 있다.

이렇듯 뛰어난 장점을 가졌음에도 불구하고 한국의 학교 현장은 물론 성인들의 외국어 학습 방식에서 읽기가 차지하는 비중은 지극히 낮다. 학생들의 교과서는 텍스트가 짧은 편이고, 읽기에 관한 숙제는 거의 없다. 대학수학능력시험에 출제되는 읽기 문제는 대부분 다독보다 정독에 초점을 맞춘다. 문법의 이해 능력을 점검하는 문제가 주로 출제된다. 성인들이 다니는 학원 역시 대부분 회화 중심이다. 읽기의 중요성을 강조하

는 분위기가 아니니 따로 시간을 내서 공부해 볼 생각도 거의 하지 않는
다. 학교에 다닐 때는 물론 성인이 된 뒤에도 읽기에 관해서는 제대로 배
운 적이 거의 없다. 가까운 나라 일본 역시 크게 다르지 않다.

비영어권 나라가 많은 유럽은 어떨까. 분위기가 사뭇 다르다. 유럽
거의 모든 나라의 제1외국어는 영어다. 이르면 초등학교 때부터 또는 중
학교 때부터 영어를 배운다. 필수 과목으로 지정하지 않은 곳도 있지만
거의 대부분의 학생들은 영어를 배운다.

유럽을 여행하는 외국인들은 유럽인들의 평균 영어 실력에 대해 놀
라곤 한다. 나이와 교육 수준에 따라 편차가 있긴 하지만 어떤 비영어권
대륙보다 유럽인들의 평균 영어 실력이 높은 편이라는 것은 부인하기 어
렵다.

1993년 나는 한국을 떠나 아일랜드에서 응용언어학 박사 과정 공부
를 시작했다. 내가 살게 된 대학원생 기숙사에는 나 말고도 16명의 유학
생들이 있었다. 그들과의 의사소통은 주로 영어로 이루어졌다. 여러 나라
에서 온 친구들과 친해지면서 자연스럽게 영어 공부를 어떻게 했는지에
대한 이야기를 나누곤 했다. 다들 언어학 전공자였으니 모두의 관심사이
기도 했다.

덴마크, 네덜란드, 스웨덴에서 온 친구들은 고등학교 때까지 읽기 과
제를 끊임없이 해야 했다고 말했다. 수업 시간은 주로 영어로 진행되는데
오히려 말하기는 학교에서보다 영화나 TV드라마를 통해 도움을 받았고,
여행을 하면서 많이 좋아졌다고들 했다. 한국에서는 외국 영화나 TV드라
마에 한글 자막은 기본이다. 하지만 이들은 어릴 때부터 모어 자막 없이
그냥 영어로 보고 들었다고 했다. 모어로 된 자막이 없으니 더 집중해서

보게 되고 그러면서 영화나 드라마 속 주인공들의 영어 대화가 언젠가부터 잘 들리게 되더라고 했다. 대학에 진학한 뒤 영어 원서를 읽는 것은 일상이 되었는데 어릴 때부터 읽기 훈련이 되어 있어서 큰 어려움 없이 읽을 수 있는 것은 물론이고 영어는 다른 나라의 언어라기보다 일상생활에서 자주 사용하는 언어 중의 하나로 자연스럽게 쓰고 있다고들 했다. 이들과의 대화는 시종일관 즐겁고 유쾌했다. 잠깐씩 여행을 다닌 것뿐 영어권 국가에서 오래 지낸 적도 거의 없다고는 했지만 풍부한 어휘력을 가진 그들과 어떤 이야기를 나눠도 불편함을 거의 느낄 수 없었다. 게다가 비슷한 분야의 학문을 공부하고 있다는 공통점이 있으니 그들과 함께 한 대학원 시절은 떠올리기만 해도 즐겁다.

나의 대학원 친구들의 경험담에서도 알 수 있듯이 유럽에서의 영어 수업은 거의 영어로 이루어지는데 단계별로 읽기 비중을 높여 나가는 것이 특징이다. 학년이 높아지면 번역 과제가 늘어나고, 다독을 강조한다. 영미 문학 작품은 빠지지 않는데, 특히 독일에서는 셰익스피어 원문을 읽는 비중이 약 15퍼센트에 달한다. 이러한 문학 작품은 난이도와 분량 면에서 정독과 다독의 동시 학습이 가능하다. 영어 실력을 향상시키는 교육 과정으로서도 읽기가 의미 있지만 지식과 교양을 쌓는 데도 도움이 된다는 걸 유럽인들은 일찌감치 깨달았던 듯하다. 그렇다고 해서 이들이 영어의 실용성을 무시했다고 볼 수는 없다. 오히려 폭넓은 읽기 훈련을 통해 실용성과 교양 증진이라는 두 마리 토끼를 다 잡는 효과를 노린 것으로 보는 편이 맞겠다.

발음, 과연 그렇게 중요한 걸까?

자, 그렇다면 여기에서 짚고 넘어가지 않을 수 없다. 한국인들은 외국어를 배울 때 유난히 발음에 무척 신경을 쓴다. 많은 한국인들에게 영어를 유창하게 한다는 의미가 뭐냐고 물으면 발음이 좋은 것이라고 답한다. 실제로 발음을 원어민처럼 할 수 있게 해준다는 이유로 한때 서울 강남에 사는 어린이들에게 부모들이 혀 수술을 시킨다는 기사를 보고 깜짝 놀란 적이 있다. 외국어에서 발음이 그렇게 중요할까? 나는 생각이 다르다. 영어를 유창하게 하는 이들의 발음이 좋으면 반갑기는 하지만 멀쩡한 아이들의 혀를 수술시켜서라도 잘해야 할 만큼 절대적인 건 아니다. 나역시 외국어를 배울 때 발음에 신경을 쓰는 편이긴 하지만 그건 내가 새로운 발음에 익숙해지는 것을 특히 좋아해서 그런 것이지, 그것으로 외국어 실력의 우열을 가린다고 생각해서는 아니다.

2000년대 중반 일본의 대학에 재직할 당시 외국어를 온라인으로 교육하는 방법에 관해 연구한 적이 있다. 한창 주목받던 분야였기 때문에 관련 국제학술대회가 세계 각국에서 꽤 많이 열렸고, 나 역시 몇 차례 연구 결과를 발표하곤 했다. 일본에서 열린 학회에도 전 세계 학자들이 많이 참석했다. 일본 학자들은 물론 비영어권 학자들도 물론 많았다. 회의장에서는 각자 자국어의 억양과 뉘앙스가 섞인 영어를 사용했는데, 그런 발음으로도 소통에는 전혀 문제가 없었을 뿐만 아니라 누구도 불편한 내색을 보이지 않았다. 대화의 내용에 집중할 뿐 발음은 썩 중요한 문제가 아니었다.

발음을 중요하게 여기는 분위기는 한국이나 일본처럼 단일 언어 국

Some in S. Korea Opt for a Trim When English Trips the Tongue

By BARBARA DEMICK
MARCH 31, 2002 12 AM PT

TIMES STAFF WRITER

SEOUL — In a swank neighborhood renowned for designer boutiques and plastic surgery clinics, anxious parents drag frightened toddlers into Dr. Nam Il Woo's office and demand that he operate on the children's tongues.

It is a simple procedure: Just a snip on a membrane and the tongue is supposedly longer, more flexible and--some South Koreans believe--better able to pronounce such notorious tongue-teasers for Asians as the English word "rice" so it does not sound like "lice."

"Parents are eager to have their children speak English, and so they want to have them get the operation," said Nam, who performs about 10 procedures a month, almost all on children younger than 5, in his well-appointed offices in the Apkujong district here. "It is not cosmetic surgery. In some cases, it really is essential to speak English properly."

In this competitive and education-obsessed society, fluent and unaccented English is the top goal of language study and is pursued with fervor. It is not unusual for 6-month-old infants to be put in front of the television for as long as five hours a day to watch instruction videos, or for 7-year-olds to be sent out after dinner for English cram courses.

Koreans take a short cut on the road to English

By Richard Lloyd Parry | Saturday 17 September 2011 14:00 | comments

The Koreans, the Japanese and the Chinese are among the world's most dedicated learners of English, but they share a common weakness, the inability of many to distinguish between the sounds of the letters "l" and "r". Now, after decades of cruel jokes about "rice" and "lice",Korean doctors claim to have found a miraculous cure: a surgical operation to improve English pronunciation.

The Koreans, the Japanese and the Chinese are among the world's most dedicated learners of English, but they share a common weakness, the inability of many to distinguish between the sounds of the letters "l" and "r". Now, after decades of cruel jokes about "rice" and "lice",Korean doctors claim to have found a miraculous cure: a surgical operation to improve English pronunciation.

한국인들이 영어 발음 개선을 위해 어린이들의 혀를 수술한다는 내용을 다룬 기사.

가에서 주로 나타난다. 다중언어 국가 또는 이민자가 많은 나라에서는 발음에 대한 인식이 사뭇 다르다. 물론 대화를 나눌 때 발음이 방해가 될 정도라면 곤란하겠지만 원어민과 똑같이 하기 위해 지나치게 노력할 필요는 없다. 더구나 성인이 된 뒤 외국어를 배울 때는 서로 소통에 방해가 되지 않을 정도로만 발음을 하면 충분하다. 오히려 원어민과는 조금 다른 억양과 발음이 자신의 정체성을 드러내는 데 도움이 될 수도 있다.

그래도 이왕이면 정확하고 듣기 좋은 발음을 익히고 싶다면 역시 방법은 무궁무진하다. 역시 기술의 진보 덕분이다. 최근 몇 년 사이 온라인 사전 발음 구현 기술은 몇 단계를 건너뛴 듯한 성과를 이루어냈다. 사람이 녹음한 것을 조합하는 방식에서 벗어나 기계음으로 바뀐 것은 이미 오래전 일이다. 초반에는 기계음이 정교하지 않아 답답한 적이 많았다. 이제는 다르다. 인공적이라는 느낌이 거의 없다. 거의 원어민의 발음처럼 자연스럽다.

본문을 아예 통째로 읽어주는 기술도 등장했는데, 사전만큼 자연스럽지는 않지만 발음 연습을 하기에는 부족하지 않다. 본문을 읽어주니 발음뿐만 아니라 억양과 연음의 처리까지도 한꺼번에 익힐 수 있다. 영어는 물론 한국어, 일본어, 중국어를 비롯한 유럽 주요 언어들까지도 제법 자연스럽다. 여기에 텍스트를 읽고 있는 자신의 목소리를 녹음해서 바로 들어보는 기능도 일반화되었다. 본인의 발음과 AI가 들려주는 발음을 즉시 비교해서 교정할 부분을 직접 확인할 수 있게도 된 것이다. 예전에는 모두 교사의 지도를 통해서만 가능한 일이었다. 원어민처럼 발음을 하고야 말겠다는 무리한 욕심만 버린다면 오늘날 외국어 발음 역시 AI의 발전으로 한결 손쉽게 익힐 수 있게 되었다.

10

누구나 한 번쯤
해봤을 생각,
외국어를
배우기에 너무
늦은 나이가
아닐까?

자, 그렇다면 나이 많은 성인 학습자는 어떻게 해야 할까. 나이에 걸려 외국어 학습을 포기해야 할까. 우리에게는 희망이 있다. 어떤 면에서? 100세 시대다. 이는 곧 노인들의 시대라는 의미다. 예전 같으면 50대에 뭔가를 배울 일이 없었다. 요즘 50대를 노인으로 여기는 경우는 거의 없다. 외국어라고 여기에서 빼놓을 이유가 대체 무어란 말인가.

▲
▲
▲
▲
▲
▲
▲
▲
▲
▲
▲
▲
▲
▲
▲
▲

나이와 외국어의 상관 관계? 어떤 건 맞고 어떤 건 다르다

"그 나이에 무슨 외국어? 그게 가능할까?"

성인들이 외국어 학습을 시작하겠다고 하면 당장 나오는 반응이다. 시작하기도 전에 김을 확 빼는 반응이다.

그도 그럴 것이 외국어 학습과 나이의 상관 관계는 아주 오래된 논쟁거리다. 이때 '원어민'이라는 개념은 단골손님처럼 등장한다. 한마디로 사춘기 이전 인간의 언어 학습 기능은 매우 활발하게 작동하지만 사춘기를 거치면서 이 기능은 점차 퇴보하고 이에 따라 새로 습득하는 언어를 결코 원어민처럼 구사할 수 없다는 것이다.

이런 주장은 이제는 거의 정설처럼 굳어져 있다. 매우 유창한 수준까지는 배울 수 있지만 원어민처럼 될 수는 없다, 원어민처럼 문법을 자연스럽게 사용할 수 없으며 발음은 아무리 노력해도 차이가 난다는 것이다. 이를 '결정적 시기 가설'critical period hypothesis이라고 한다. 많은 이가 이 이론에 설득되었고, 1980년대부터 수많은 나라에서 외국어 조기 교육을 도입하기 시작했다. 한국 역시 1996년부터 초등학생 영어 교육을 시작했다. 한마디로 더 일찍 배울수록 더 잘할 거라는 기대 때문이었다.

반대 이론도 만만치 않았다. 외국어 습득의 결과가 사춘기 전후로 달라지는 건 인정하지만 전반적인 언어 실력을 쌓는 데 나이가 그렇게 중요한 요인은 아니라는 주장이다. 비원어민이라 할지라도, 사춘기 이후에 학습을 시작하더라도 원어민들의 어휘를 꾸준히 배우고 읽기와 쓰기 노력을 계속 해나가면 '학력이 낮은 원어민'보다 오히려 해당 언어를 잘 사용할 수 있다는 주장이다. 아울러 발음과 표현이 원어민과 다르다는 것은 그다지 중요하지 않다고 이야기한다.

미국과 캐나다처럼 고학력 이민자가 많은 나라에서 영어를 외국어로 배운 이들이 다양한 전문 분야에서 활동하며 사회 발전에 공헌하고 있는 것을 보면 이 주장은 매우 설득력이 있다. 실제로 북미와 유럽에서는 비영어권 국가 출신 성인 이민자를 위한 언어 교육이 활발하다. 이민자에게 이민 간 국가의 언어는 더이상 '외국어'가 아니다. 살아 나가야 하는 국가의 국어 또는 공용어는 이제 이들에게 '제2언어'다. 이들에 대한 제2언어 교육은 해당 국가의 기존 교육 제도나 기관과 깊이 연계되어 있기 마련이다. 미국의 경우 제2언어 교육으로 이루어지는 영어 수업은 전국 거의 모든 2년제 단기 대학community college에서 제도화되어 있다. 단기 대학은 일하면서 다닐 수 있으니 수강생 중 성인 비율이 훨씬 높다. 단기 대학 외에도 4년제 대학의 평생교육센터, 지역 교육청, 민간 단체, 종교 단체 등 여러 기관에서 다양한 형태로 수업이 진행된다. 제2언어만이 아니다. 미국에서도 외국어 수업은 활발하게 이루어지고 있는 편이다. 4년제 대학의 평생교육센터는 물론 단기 대학 등에서 주로 이루어지고 있는데 아무래도 스페인어와 프랑스어 수요가 높은 편이다.

유럽과 캐나다 역시 제2언어 교육은 공교육 기관을 중심으로 이루어지지만 민간 단체와 종교 단체에서도 수업을 제공한다. 해외 사례만 들 것도 없다. 한국에서도 2000년대 말부터 실시하기 시작한 '결혼 이민자

제1차 세계대전 중 러시아어를 배우는 독일 간호사들. 미국 국회도서관 소장.

메이플라워 호텔 직원에게 스페인어를 가르치는 모습. 미국 국회도서관 소장.

유엔과 유네스코의 지원으로 이루어지는 마다가스카르 영어 수업 장면. 뒤로는 어학실습 장치가 보인다. 유네스코기록보관소 소장.

1920년대 성인들을 대상으로 한 영어 수업 안내 포스터. 뉴욕공립도서관기록보관소 소장.

결혼 이민자를 위한 한국어 수업 관련 기사.

를 위한 한국어 수업'은 정부 지원을 받은 지자체에서 제공하고 있는데 이 역시 성인 학습자를 대상으로 하고 있다는 점에서 주목할 만하다.

물론 이민자와 일반 성인 학습자의 언어적 상황은 매우 다르다. 하지만 분주한 일상생활 속에서 새로운 언어를 배워 나가야 한다는 공통점은 부인할 수 없다. 말하자면 성인 학습자를 대상으로 펼쳐지는 수많은 언어 교육의 전제는 '지금이라도 학습을 하면 일상생활을 영위할 정도의 언어 생활이 가능하다'는 것이다. 이런 맥락으로 보자면 외국어를 학습하는 나이의 경계가 반드시 사춘기만이라고 볼 수는 없다.

그렇다고 해서 어떤 연령대나 외국어 학습을 시작하는 데 문제 없다는 식의 무조건적인 낙관론을 펼치려는 것은 아니다. 2000년대 들어 뇌 능력의 발달이 20대 중반까지 지속된다는 이론이 주목을 받았다. 사춘기를 지나 20대 중반까지로 그나마 희망이 연장된 셈이다. 해외 유학을 다녀온 한국인들에게 확인해 보면 금방 알 수 있다. 어린 시절이 아니더라도 학부 시절, 즉 20대 초반에 유학을 다녀온 사람과 대학원 시절, 즉 20대 후반에 유학을 다녀온 사람의 외국어 실력 차는 놀라울 정도다. 20대 초 중반에 시작한다면 20대 중후반의 나이보다는 훨씬 더 쉽게 외국어를 배울 수 있다. 뇌 능력의 발달이 20대 중반까지 지속된다는 이론은 달리 말하면 20대 중반 이후부터는 뇌의 작동이 둔화되어 새로운 것을 배울 때 노력이 더 필요하다는 의미이기도 하다. 즉, 나이에 따라 한계는 분명히 존재한다는 의미다. 어떻게 해도 이를 부인할 수는 없다.

많은 나이가 외국어 학습의 걸림돌이라는 건 일단 전제로 받아들여야 한다. 비단 뇌의 작동 기능만의 문제는 아니다. 일반적으로 20대 후반부터 30~40대에 접어들면 사회에서나 가정에서 신경써야 할 일이 많아진다. 학창 시절처럼 공부에만 집중하기 어려운 조건인 데다 스스로 기억력이 떨어졌다고 느끼면서 자신감도 급격히 줄어든다.

50대에 접어들면 상황은 더 복잡하다. 새로운 정보를 받아들이면 우리의 뇌는 그것을 이해하기 위해 이미 알고 있던 지식 기반을 작동시킨다. 다시 말해 지식 기반과 관련이 있는 정보라면 신속하게 받아들이지만 지식 기반과 관련이 없으면 새로 들어오는 정보를 처리하는 데 어려움이 커진다. 나이를 먹을수록 지식 기반은 커지지만 뇌의 용량에는 한계가 있으니 새로 들어온 정보와 관계가 없는 지식 기반의 정보를 스스로 삭제한다. 사람이 나이가 들수록 뭔가를 자꾸 잊어버리는 것은 불필요한 지식 기반 정보를 삭제했기 때문이다.

새로운 외국어를 배우는 것 역시 지식 기반과 관련이 있다. 이미 아는 언어를 다시 배우면 우리의 뇌는 자신의 지식 기반을 활용해서 새로운 정보를 쉽게 처리할 수 있다. 전혀 새로운 외국어를 배우면 지식 기반의 정보가 없으니 새로운 정보를 처리하기 어렵다. 중년 이후로 접어든 많은 한국인은 학창 시절 영어를 배운 기억이 있다. 학교를 졸업한 뒤 영어를 쓰지 않았다면 지식 기반에 이미 영어의 존재는 거의 사라지고 없다. 따라서 영어는 물론 영어와 비슷한 스페인어나 독일어 등을 배우는 데 애를 먹곤 한다. 한국인만 그런 건 아니다. 예를 든 것일 뿐 전 세계 수많은 중년 학습자들이 비슷한 고민을 하고 있다.

노령화와 세계화가 건넨 뜻밖의 선물

자, 그렇다면 나이 많은 성인 학습자는 어떻게 해야 할까. 나이라는 걸림돌에 걸려 외국어 학습을 포기해야 할까. 그렇다면 내가 이 책을 쓰고 있을 이유가 없다. 우리에게는 희망이 있다. 어떤 희망? 세상이 점점 달라지고 있다는 희망이다. 어떤 면에서? 세계는 이미 우리의 미래를 고령화 사회로 전제하고 있다. 100세 시대라는 말은 곧 노인들의 시대라는 의미이기도 하다. 한국 사회는 진작 진입했다. 예전 같으면 50대에 접어들어서 뭔가 새로운 것을 배우는 일 자체가 매우 낯설었다. 하지만 이제 50대를 노인으로 여기는 경우는 거의 없다. 외국어라고 여기에서 빼놓을 이유가 대체 무어란 말인가.

물론 외국어를 둘러싼 대부분의 연구는 학교에서 이루어지는 외국어 교육에 집중되어 있다. 전 세계적으로 몇몇 나라를 제외한 거의 모든 나라의 학생들은 적어도 하나 이상의 외국어를 배우고 있다. 개인의 지적 능력 향상은 물론 사회에서 원하는 일반 시민의 자질을 갖추기 위해 국가에서 최선을 다해 가르치고 있는 것이다. 이들의 미래가 곧 국가의 미래이니 이들에게 어떻게 하면 효율적으로 외국어를 가르칠 것인가를 두고 수많은 연구가 진행되고 있다. 우리의 학창 시절 역시 그렇게 지나왔다. 그렇게 학교를 졸업한 뒤 외국어는 점점 우리 일상 바깥으로 사라져 갔다. 더이상 배울 필요도 동기도 가질 이유가 없을 것으로 여겼다. 하지만 세상은 또 다르게 변화했다.

20세기 후반에 접어들면서 세계화가 급속하게 진행되었다. 선진국의 젊은이들이 대학을 졸업한 뒤 세계 곳곳으로 삶의 터전을 확장해 나가기 시작했다. 21세기에 들어오면서부터는 중국을 비롯한 개발도상국들의 생활 수준과 젊은이들의 교육 수준이 동반 상승했다. 대학을 졸업하고 취직을 해서 태어난 나라 안에서 먹고 사는 것에만 충실했던 이전 세대와 달리 새로운 세대는 전 세계를 누비기 시작했고, 이로 인해 다양한 지적 요구가 사회 전반으로 확장되었다. 그렇게 성장한 성인들 사이에 새로운 유행처럼 등장한 것이 바로 외국어 학습에 관한 관심이다. 성적과 취직, 승진, 업무를 위해 억지로 공부해야 했던 외국어가 아니다. 실용성과는 거리가 먼 취미로, 놀이로, 여행을 즐겁게 하기 위한 수단으로, 보고 싶은 책을 읽기 위한 지적 자극의 매개로 외국어를 둘러싼 다양한 요구가 이미 등장했다. 대부분 글로벌 언어가 되어버린 영어에 눈길을 주지만 다른 언어에 대한 관심 역시 갈수록 높아지고만 있다. 즉, 성인 외국어 시대에 이미 접어든 것이다. 이미 우리는 성인 외국어의 시대에 살고 있고, 외국어를 배우려는 성인들의 의지는 이미 높아질 대로 높아져 있다.

성인의 기준은 나이가 아니다, 자율성이다!

그렇다면 성인의 정의는 어떻게 내려야 할까. 앞에서 논의했던 뇌의 발달과 대학 교육 이후의 시기를 생각하면 외국어 학습에서의 성인은 20대 후반 이후부터. 그렇게 보면 성인 학습자의 범위는 매우 넓고도 깊다. 사회생활을 시작한 지 얼마 안 되는 젊은 사람으로부터 은퇴하고 노년을 보내는 사람까지 다 성인이다. 여기에서 어떤 공통점을 찾을 수 있을까. 과연 공통점이 있을까? 있다. 그것도 아주 근본적이고 중요한 공통점이 있다.

"성인들은 학교 교육을 모두 마친 사람이다."

물론 여전히 여러 형태로 교육을 받는 이들도 많다. 하지만 일부를 제외하고 성인의 범위에 속해 있는 사람들은 대개 정규 교육 과정을 모두 마쳤다. 직장인, 가정주부, 프리랜서, 사업가, 은퇴자 등 각자의 상황은 모두 다르겠지만 학교 교실에서 외국어를 배울 일이 거의 없다는 것은 매우 중요한 공통점이다. 이 공통점을 이렇게 강조하는 이유는 무엇일까.

자율성 때문이다. 성인 학습자의 외국어 학습 특징은 바로 자율성이다. 학교에서 외국어를 배울 때와는 완전히 다르다. 많은 한국인에게 처음 경험한 외국어는 대부분 영어다. 바로 그 인생 최초의 외국어인 영어는 오랫동안 전 세계 많은 사람이 사용하고 있는 언어라기보다 당장 발등에 떨어진 불이었다. 학교에서 좋은 성적을 얻기 위해 머리를 싸매고 공부해야 하는 과목이며, 좋은 직장을 구하기 위한 일종의 자격 요건이며,

취직 후에는 승진을 위해 통과해야 하는 관문이었다.

개인의 관심이나 의지로 '선택'하는 대상이 아니라 꼭 해야만 하는 '의무'의 대상인 경우가 훨씬 많다. 한국의 성인들 누구에게나 물어보면 답은 간단하다.

"처음 영어를 배울 때 원해서 배우셨나요?"

여기에 '그렇다'고 답할 사람이 과연 누구랴. 대부분 학교 교과서를 통해 알파벳을 처음 만났을 것이다. 물론 한국 사정만 이런 건 아니다. 영어를 모어로 쓰지 않는 수많은 나라 사정은 거의 다 비슷하다. 좀 더 확장하면 꼭 영어에만 국한한 사정도 아니다. 대부분 수많은 외국어 앞에서 수많은 사람들은 즐거운 선택이라기보다 괴로운 의무를 다해야 하는 군은 표정으로 서 있곤 한다. 이런 현실 속에서 외국어 학습을 온전히 개인의 의지로, 어떤 의미를 스스로 찾아서, 즉 자율성에 기반하여 시작할 가능성은 희박하다. 출발선에서부터 매우 부담스러운 짐에 눌린 듯한 표정으로 서 있어야 한다.

자, 그렇다면 그렇게 시작한 외국어 공부는 즐거울까? 어쩌면 우리는 공부가 즐겁다, 공부도 즐거울 수 있다는 생각을 거의 못해보고 이렇게 나이가 들었는지도 모른다. 게다가 스스로 선택한 것도 아니고, 의무적으로 해야 하는 외국어 공부라니!

"그런 공부가 즐거울 리 없잖아!"

이렇게 이의를 제기하는 이들의 목소리가 들리는 것 같다. 외국어를 배우는 것은 누구에게나 만만치 않다. 하지만 여기에 자율성이라는 필터를 끼우면 어떨까. 지금까지와는 느낌이 조금은 달라진다.

자율적으로 공부한다는 것은 스스로 목적을 정하고 그 목적을 달성하기 위해 단계적 목표를 세우고 그에 맞게 학습해 나가는 것이다. 학창 시절의 우리에게 스스로 정한 목적과 목표가 따로 있었을 리 없다. 이미 교육 과정이 설정한 목표가 정해져 있고, 무조건 그것을 따라야만 한다. 하지만 성인이라면 이제 이야기는 다르다. 이제 우리는 스스로 목적을 정하고, 단계적 목표를 마음대로 정할 수 있다. 무슨 의미일까. 지금까지의 기억은 잊을 때가 되었다는 말이다. 즉, 지금까지와는 다르게 외국어 학습 성공 가능성이 훨씬 높아질 거라는 의미다.

11

성인들에게는
성인들만을 위한
외국어 학습의
목적이 필요하다

너무 잘하겠다는 다짐보다 자신 있게 마음 편하게 하겠다는 마음이 외국어 학습을 오래 지속시키는 방법이다. 성인 학습자가 외국어를 대하는 태도야말로 이래야 한다. 자신이 필요한 만큼, 즐겁고 편안하게 사용할 것. 그럴 수 있을 때까지 취미처럼 놀이처럼 꾸준히 배워나갈 것.

▶▶▶▶▶▶▶▶▶▶▶▶▶▶▶

따져볼 것은 효율성이 아니다, 각자의 마음이다

자, 이제 우리 앞에는 자율성이라는 생소한, 그러나 매력적인 가능성이 열려 있다는 것을 앞에서 확인했다. 그렇다면 우리 각자는 외국어 학습의 목적을 어떻게 정해야 할까. 매우 쉬운 질문인 것 같지만 결코 쉽지 않다. 외국어 학습의 목적을 정하기 위해서는 마음과 머리에서 흘러나오는 것을 잘 살펴야 한다. 다소 감상적으로 말했지만 쉽게 말하면 이런 뜻이다.

"마음으로는 느낌과 감정을 살펴야 한다. 머리로는 논리적으로 계산을 해야 한다."

머리와 마음은 때로 충돌하지만 음양처럼 늘 하나로 섞여 있기 마련이다. 무엇이 더 중요하다고 말할 수 없다. 대부분 성인 학습자들은 논리적으로 외국어를 공부해야 하는 이유를 나열한다. 들여야 하는 돈과 시간, 즉 비용을 계산해서 어떻게든 효율성을 높이려고 한다. 하지만 대부분 실패한다. 자신의 마음을 살피지 않은 탓이다.

예를 들면 이렇다. 승진을 위해서 영어 시험을 준비해야 한다. 높은 점수를 받을수록 좋다. 하루에 몇 시간씩 얼마 동안 어떤 학원을 다니며 열심히 준비하겠다고 두 주먹을 꼭 쥔다. 머리로는 물샐틈없는 계획을 세운다. 하지만 마음은 미처 살피지 못했다. 영어 공부를 얼마나 싫어하는 지, 그동안 실패의 과정이 얼마나 힘들었는지는 애써 외면한다. 그러다 보니 정해진 시간에 학원에 앉아 있긴 하지만 집중하지 못한다. 기대만큼 열심히 하지 못하지만 남들 눈에는 열심히 하는 것처럼 보이니 스스로도 열심히 하고 있다고 착각하게 된다. 어찌어찌 시험을 보고 원하는 결과를 받았다면 이제 영어 공부는 당분간 멈춤이다. 더 해나갈 관심도, 의지도, 생각도 없다. 원하는 결과를 얻지 못했다면 이 '지겨운' 공부를 다시 해야 한다.

성인의 외국어 학습은 이런 방식으로 오래 지속할 수 없다. 우리에 게 외국어는 이제 취미이고 놀이이며 친구 같은 존재여야 한다. 그러자면 목적을 세우는 방식이 예전과는 달라야 한다. 마음과 머리의 균형이 중요 하다. 다른 사람의 평가와 시선이 아닌 스스로를 중심에 두는 것이 우선 필요하다. 그렇게 좀 더 길게 내다보면 외국어 공부는 당장의 어떤 수단 이라기보다 평생의 재산이 될 수 있다. 보람과 성취라는 재산 말이다.

보람은 그 자체로 목적이자 강력한 동기가 될 수 있다. 보람을 느끼 려면 피해야 하는 것이 있다. 다른 사람과 비교하는 것이다. 누구에 비해 잘한다는 느낌보다 어제의 나보다 오늘의 내가 조금 나아진 걸로 즐거움 을 느낄 수 있어야 한다.

너무 잘하겠다는 다짐보다 '마음 편하게 하겠다'는 태도가 훨씬 외국 어 학습을 오래 지속시키는 방법일 수 있다. 나부터 스스로 외국어로 읽고 쓰는 자신을, 외국어로 말하고 듣는 자신을 편안하게 대하면 그것만으로 도 충분하다. 발음이 좋지 않아도, 문법에서 실수를 해도 전혀 문제 없다.

외국어를 대하는 바람직한 태도, 놀이처럼 친구처럼 취미처럼

미국에서도 BTS의 인기는 대단하다. 방송 매체 등에서 그들의 활동 모습을 자주 본다. 해외 매체와 인터뷰하거나 홍보 영상 등에서 주로 말을 하는 사람은 리더인 RM이고, 다른 멤버들은 간단한 인사와 농담에 그칠 때가 종종 있다. 이들의 영어는 하나같이 모두 개성이 강하다. 원어민을 모방하는 것도 아니면서 한국식 발음도 아니다. 짧은 문장, 몇 개의 단어를 쓰기도 하고, 한국어로 말하기도 한다. 웃음과 몸짓도 매우 화려하다. 그 이전에 이미 케이팝의 물꼬를 텄던 싸이는 인터뷰할 때마다 매우 유창한 영어를 사용했다. 하지만 BTS의 영어를 듣고 있으면 마치 '케이팝의 언어'로 유쾌한 쇼를 보는 것 같다.

싸이는 미국에서 유학을 했으니 영어를 잘하는 건 당연해 보인다. 유창하게 영어를 하고 있는 그의 표정에서는 때로 자신감도 비친다. BTS는 멤버 중 누구도 해외 유학 경험이 없다고 한다. RM 역시 한국에서 영어를 배웠다고 들었다. 하지만 그의 태도 어디에서도 자신의 영어를 민망해 하거나 더 잘하려고 애쓰는 모습은 보이지 않는다. 자신들의 활동의 핵심이 음악과 춤이기 때문에 유창한 영어로 말하는 것을 그다지 중요하게 여기지 않는 것처럼 보인다.

나는 성인 학습자가 외국어를 대하는 태도야말로 이래야 하는 게 아닐까 생각한다. 자신이 필요한 만큼, 즐겁고 편안하게 사용할 것. 그럴 수 있을 때까지 취미처럼 놀이처럼 꾸준히 배워 나갈 것.

이런 사례는 최근 들어 너무나 쉽게 발견할 수 있다. 코로나19가 세계를 뒤덮기 직전, 2020년 1월 뉴욕 메트로폴리탄 미술관을 찾았다. 교토에 관한 전시를 보기 위해서였다. 마침 일본인 학예사가 관람객 앞에서 작품에 관해 설명하고 있었다. 그의 영어는 물론 유창했지만 일본식 발음과 표현이 강하게 배어 있었다. 하지만 어느 누구도 원어민의 영어와 다른 그의 영어를 듣고 웃거나 지적하지 않았다. 자신이 기획한 전시에 관해 열심히 설명해 준 덕분에 작품을 이해하는 데 큰 도움을 받았다. 물론 그의 영어 실력은 매우 뛰어났고 그 정도 실력을 쌓기까지 매우 열심히 노력을 했을 것이다. 하지만 나는 그의 영어 실력보다 영어를 사용하는 그의 태도가 더 눈에 들어왔다. 더 잘하려고 애쓰기보다 자신에게 맞는 수준으로, 편하게 영어를 사용하는 자신감 넘치는 표정에서 오래전 이태원에서 만난 한국인 상인의 얼굴이 떠올랐다.

1983년부터 약 1년 동안 서울대학교에서 한국어를 공부할 때였다. 처음에는 한국어를 거의 몰랐기 때문에 영어를 쓸 일이 많았다. 당시만 해도 한국인들이 학교에서 배운 영어는 문법과 독해 위주였다. 게다가 해외여행도 자유롭지 않아 보통의 한국인들은 영어를 쓰는 외국인을 만날 기회가 거의 없었다. 따라서 영어로 대화를 할 수 있는 사람이 거의 없었다. 대학에서 만난 학생들과도 영어로 소통하는 일은 꽤 불편했다. 그들 중 많은 이들이 나와 대화를 나눌 때 자신들의 어색한 표현을 민망해 하거나 자신 없어 했다. 내가 하는 말을 못 알아들은 것 같은데 알아들은 것처럼 이야기해서 오히려 내가 민망할 때도 있었다. 그렇다고 못 알아들은 거 아니냐고 되묻기도 난처했다.

한국어를 배우러 서울에 왔으니 가능하면 한국어로 대화하려 했지만 가끔 영어로 대화를 하고 싶을 때면 이태원에 놀러가곤 했다. 그곳의 상인들은 대부분 영어를 매우 '유창하게' 사용했다. 그들이 쓰는 영어는

'이태원 영어'였다. 발음은 한국어 영향을 많이 받고, 문법에도 맞지 않는 어색한 표현이 많았다. 대부분 쉽고 간단한 단어와 표현을 쓰지만 물건을 사고 파는 일에 관해서는 어려운 단어나 고급스러운 표현도 자연스럽게 사용했다.

내가 신기하게 기억하는 건 그들의 '유창한 영어 실력'보다 그들의 표정이나 태도였다. 그들은 어떤 말을 해도 거침없이 밝고 유쾌했다. 내가 하는 말을 못 알아들을 때도 전혀 거리낌이 없었다.

"Say it again slowly."
천천히 다시 한 번 말해봐.

그들은 나에게 이렇게 당당하게 요구했다. 학교에서 만난 많은 대학생과는 무척 대조적이었다. 이태원에서 물건을 사면서 잠깐이지만 한국인들과 유쾌하게 소통하고 있다는 느낌을 받기도 했다. 그들이 영어에 대해 어떤 관심을 가지고 있고, 어떻게 생각하는지는 잘 모르지만 그들의 표정에서는 자신들의 영어 실력에 대한 일종의 자신감이 느껴졌다. 남들의 기준이 아니라 자신만의 기준으로, 꼭 필요한 수준의 영어를 구사할 수 있다는 그런 자신감 말이다.

목표는 낮을수록 좋다

우리가 외국어를 배우는 목적이 지금까지와 다르다면 지금보다 조금만 더 '자신 있게 마음 편하게 하는 정도'로 설정한다면 학습 부담은 한결 줄어든다. 목표는 아주 낮게 정할수록 좋다.

여기에서 말하는 낮은 목표란 어느 정도일까. 새롭게 공부하려는 외국어를 영어로 정했다고 가정해 보자. 한국에서 중고교를 다닌 이들이라면 학창 시절 이미 영어를 배운 경험이 있기 때문에 얼마나 어떻게 낮은 단계를 목표로 삼을지 오히려 모호할 수 있다. 이에 비해 처음 배우는 외국어는 '낮은 목표'를 한결 쉽게 정할 수 있다.

"알파벳을 익히고 발음하는 법을 배우고 기초 문법부터 시작해서
기초 단어를 외워나간다."

여기까지만 해도 성취감을 충분히 누릴 수 있다. 하지만 영어라면 절대 이 정도로 만족할 수 없다. 그럴 때는 스스로의 영어 실력을 정확하게 파악하는 것이 우선이다. 현황을 파악하면 이루려는 바와 현실의 차이를 깨닫게 되고 어느 부분이 부족한지를 알 수 있다. 우리는 앞에서 이미 '외국어 성찰'에 대해 이야기했다. 그 점검을 거쳤다면 이미 한 번 배웠던 언어의 현황을 파악하는 데 도움이 될 것이다.

젊은 건축가 A는 대학을 졸업하고 설계사무실에서 일하고 있었다. 언젠가 독립해서 설계사무실을 여는 게 꿈이다. 훗날의 꿈을 위해 젊을 때 유학을 다녀오는 게 좋겠다고 생각한 그는 영국의 명문 대학교 건축학과 석사 과정을 준비하기 시작했다. 무엇보다 영어가 관건이었다. 대학을 졸업한 뒤 약 3개월 동안 영국에서 어학 연수를 다녀온 경험이 있었다. 어학 연수는 말하기 중심이었고, 영국에 머무는 동안 주로 여행을 다니거나

외부 활동을 많이 했다. 그때 만난 외국인 친구들과 지금껏 잘 지내고 있다. 그들과 대화하는 것은 문제가 없기도 해서 말하거나 듣는 것에 대한 두려움은 크지 않았다. 자신감에 취한 것도 잠시였다. 그는 곧 쓰는 것과 읽는 것에 취약한 스스로의 상황을 깨달았다. 대학 때도 영어 원서를 많이 읽지 않았다. 영어 인증 시험을 치르기 위해서도, 유학을 가서도 쓰기와 읽기 준비는 꼭 필요했다. 그에게는 아주 높은 수준의 목표 설정이 필요했다. 그는 영문법 책을 다시 들여다보기 시작했고, 부족한 부분을 채우기 위해 꾸준히 노력을 했다. 영어에 대한 막연한 자신감만 가졌다면 그는 원하는 바를 얻지 못했을 것이다.

하지만 성인 학습자 모두가 그렇게 높은 수준의 목표를 설정해야 할까? 내가 서울의 북촌에 살던 때였으니 지금으로부터 약 10여 년 전 일이다. 젊은 부부가 동네에 새로 카페를 열었다. 대학을 졸업하고 직장 생활을 하다 결혼을 한 뒤 의기투합해 카페를 연 것이다. 나는 곧 단골이 되었다. 북촌이 점점 유명해지면서 외국인 손님들이 부쩍 늘었다. 부부 모두 영어를 썩 잘하는 편은 아니었다. 해외여행을 몇 차례 다녀오긴 했지만 그때를 제외하고는 영어를 쓸 일이 거의 없었다. 카페를 열 때만 해도 외국인 손님들이 이렇게 늘어날 거라는 생각을 하지 못했다. 처음에는 서툴게 응대하는 스스로가 민망했다. 하지만 언제까지 이럴 수는 없었다. 두 사람 모두 카페에 묶여 있어야 하니 따로 학원을 다닐 형편은 아니었다. 두 사람은 외국인들이 와서 많이 하는 질문에 정확하게 대답하기 위해 필요한 단어와 표현을 익혔다. 영어 메뉴판도 준비했다. 오래전 배운 인사말을 열심히 연습했다. 그렇게 조금씩 준비를 해서 손님을 대하니 한결 마음이 편해지고 느긋해졌다. 자신들의 영어 실력에 주눅들지 않고 편안하게 할 수 있는 만큼만, 손님들이 와서 편하게 머물다 갈 수 있을 만큼만 목표를 정하고 그에 맞춰 준비를 했다.

북촌을 떠나 서촌으로 이사한 뒤에도, 미국에서 지내다 서울에서 머물 때도 나는 종종 그 카페를 찾는다. 그때마다 이 부부의 영어 실력은 점점 좋아지고 있었다. 자신 있고 성실하게 손님을 대하는 모습이 좋아 보였다. 이 부부는 자신들의 목표를 향해 노력했고, 그만큼의 성취를 누리며 지내고 있으니 그걸로 충분해 보였다. 이들에게 더 유창한 영어 실력이 무슨 의미가 있을까.

외국어 능력자들, 재미있으니 잘하게 되고 잘하게 되니 더 열심히 하게 되고

외국어를 배우기 위해서는 마음과 머리의 균형이 중요하다고 말했다. 머리에는 논리적으로 외국어를 배우고 싶은 이유가 서 있어야 한다. 마음으로는 배우고 싶다는 의지가 있어야 한다.

역사적으로 외국어 학습에 뛰어난 인물들이 많다. 이탈리아의 유명한 주세페 카스파르 메초판티Giuseppe Caspar Mezzofanti, 1774~1849 추기경은 학창 시절 외국인 신부를 만나면서 유럽의 여러 언어를 배웠다. 신학교를 다니면서 아랍어를 공부했고 나중에는 볼로냐 대학에서 아랍어와 히브리어를 가르쳤다. 가르치기만 한 건 아니었다. 그는 이 대학에서 터키어, 페르시아어, 중국어를 공부했다. 그는 약 서른 개의 언어를 구사했다고 알려져 있다.

대항해시대 해외에서 활동하는 선교사들은 현지인의 언어는 물론 여러 언어를 익히는 게 일반적이었다. 많은 선교사는 활동하는 지역의 언어에 집중해서 공부했다. 물론 그 지역 사람들에게 자신들의 언어를 가르치는 데도 열심이었다.

예술가들 역시 외국어 능력자 중에 빠질 수 없다. 아일랜드의 유명한 소설가 제임스 조이스James Joyce, 1882~1941는 영어 이외에 프랑스어, 독일어, 이탈리아어, 그리스어에 능숙했고, 라틴어와 노르웨이어의 고어를 대학에서 공부했다. 글을 쓰면서 언어적 자극을 위해 여러 외국어를 꾸준히 공부했다.

정치가 중에 카를 마르크스와 함께 공산주의 이론을 정립한 프리드리히 엥겔스Friedrich Engels, 1820~1895의 모어는 독일어였지만 그는 영어, 프랑스어, 러시아어, 이탈리아어, 스페인어, 포르투갈어, 폴란드어, 그리고 아일랜드어를 할 줄 알았다. 외국어 공부가 취미였던 그는 외국의 누군가에게 편지를 쓸 때면 상대방의 언어로 쓰기 위해 노력했다.

미국 독립선언문의 기초위원이자 미합중국 제3대 대통령이었던 토머스 제퍼슨Thomas Jefferson, 1743~1826도 외국어를 섭렵했다. 그는 라틴어와 고전 그리스어를 초등학교에서 배웠고 9살부터는 프랑스어를 배우기 시작했다. 이때만 해도 외국어 학습은 일반적으로 문법번역식 교수법이 주류였기 때문에 제퍼슨도 그렇게 외국어를 배웠다.

성인이 된 뒤 그는 프랑스어로 된 문헌을 많이 읽었다. 서재에 갖춰진 몇 권의 프랑스어 사전을 통해 단어를 찾아 읽곤 했을 것이다. 그의 정치적 성향은 프랑스의 영향을 많이 받은 것으로 알려져 있는데 그런 그가 프랑스어 문헌을 주로 읽은 것은 학습이 목적이라기보다 프랑스에 관해

주세페 카스파르 메초판티.

중국어를 유창하게 사용한 것으로 알려진 선교사 마테오 리치.

제임스 조이스.

프리드리히 엥겔스.

캐나다 선주민에게 본인이 개발한 문자를 가르치는 선교사 제임스 애반스.

더 많은 걸 알고 싶어서였을 것이다.

제퍼슨은 미국의 독립전쟁이 끝난 뒤 1784년부터 1789년까지 주프랑스 미국대사를 역임했다. 프랑스어를 읽는 데는 문제가 없었지만 문제는 말이었다.

"상대방과 어떤 이야기를 나누는 것인지도 잘 모를 만큼 나는 프랑스어를 거의 이해하지 못한다."

1784년 제퍼슨이 쓴 편지의 일부다. 그는 말을 배우기 위해 자신만의 학습법을 찾았다.

"프랑스어를 배우기 위해 가장 좋은 방법은 파리 인근 작은 마을의 프랑스인 가족과 함께 사는 것이다. 가족 중에 여자와 아이들이 있어야 한다. 독해를 위해 책상에 앉아 있는 시간과 프랑스인 가족들과 소통하는 시간을 균형 있게 나눠야 한다. 약 석 달 동안 여자와 아이들을 통해 습득한 프랑스어는 남자에게 약 1년 동안 배우는 것과 비슷하다."

이것으로 보아 제퍼슨은 독해를 병행하면서 원어민과의 접촉을 통해 말하기를 익힌 것으로 보인다. 이는 내가 1982년 여름 일본에 머물면서 일본어를 익힌 것과 거의 비슷하다. 즉, 독해를 통해 지식을 쌓으면서 어휘력을 확장하고 여러 원어민과 자연스럽게 대화할 수 있는 기회를 적극적으로 활용하는 것이다. 제퍼슨은 읽고 말하는 것 못지않게 프랑스어

토마스 제퍼슨.

토마스 제퍼슨의 여권. 프랑스의 왕
루이 16세가 1789년 9월 18일 베르
사유에서 서명한 것으로, 약 4년 동안
주프랑스 미국대사로 재직한 제퍼슨
은 이 여권으로 고국에 돌아갈 수 있
었다. 공교롭게도 불과 2주 뒤 루이
16세는 성난 프랑스 민중들에 의해
파리로 돌아가야 했다.

토마스 제퍼슨의 파리 저택. 그는 주
로 이 집에서 공식 업무를 보았고, 정
원에 옥수수를 재배하기도 했다. 토마
스 제퍼슨 몬티첼로 소장.

로 외교 문서를 써야 하는 경우도 많았다. 이 부분에 대해서도 각별히 노력했을 것임은 어렵지 않게 추측할 수 있다. 그는 프랑스어 외에 다양한 외국어 학습을 했다. 이 역시 그가 1817년에 쓴 편지를 통해 알 수 있다.

"나는 고전 그리스어, 라틴어, 프랑스어, 이탈리아어, 스페인어를 읽을 수 있다."

그의 서재에는 독일어, 아랍어, 그리고 게일어 사전과 문법 참고서가 있었던 것으로 알려져 있는데 이 또한 그가 다양한 외국어를 학습했음을 간접적으로 말해준다.

메초판티, 조이스, 엥겔스, 그리고 제퍼슨의 공통점을 찾아보자. 어떤 점이 있을까. 내 눈에는 무엇보다 이들이 당대의 상류층, 또는 엘리트 계층이었다는 사실이 먼저 눈에 띈다. 외국어를 하나도 아니고 몇 개씩 배울 수 있는 여유와 능력이 있는 이들이 많을 리 없다. 그럴 수 있는 이들은 대부분 부유한 엘리트들이었다. 그러나 그게 다일까. 부유한 상류층, 엘리트라고 해서 모두 다 외국어 능력자들은 아니었다. 그럼 이들의 또다른 공통점은 무엇일까. 물론 그들 중에는 타고나기를 언어의 천재로 태어난 이들도 있었을 것이다. 하지만 그들이 천재 소리를 들을 정도로 유창하게 외국어를 구사한 것은 타고난 천재성만의 결과는 아니라고 생각한다. 오히려 그것보다는 외국어를 배울 필요와 그 과정에서 맛보는 즐거움의 조화가 균형을 이룬 결과라고 생각한다.

매우 단순하고 뻔해 보이는 답이지만 정답은 원래 멀리 있지 않다. 이들은 모두 외국어에 대한 호기심이 강했다. 구체적인 목적 때문이라기보다 상류층에 속해 있으니 자연스럽게 외국어를 접했고, 외국어를 배우는 게 재미있었고, 그렇게 배우고 나니 쓸 데가 많아지고, 그러다 보니 더 잘해야 할 필요가 생기면서 외국어 실력은 더 좋아지고, 쓸 데는 더 많아지고, 더 좋아지고……의 무한 반복의 과정이 이어졌다. 즉 좋아서, 궁금해서, 신기해서 배웠을 뿐인데 더 많은 활용 기회가 주어진 셈이다.

외국어 학습의 성공 요인, 배우는 과정 자체를 즐길 것

이건 무슨 의미일까. 오늘날 외국어 교육의 패러다임과는 완전히 정반대다. 우리는 대부분 거꾸로 시작한다. 구체적인 목적과 필요에 의해서 외국어를 배우기 시작한다. 반드시 해야 하는, 넘어야 하는, 못하면 낙오되는 무한질주 게임에 어쩔 수 없이 참여하고 지칠 때까지 지속해야 한다. 그렇게 게임을 시작하면 참여하는 이들이 얼마나 이 외국어에 관심이 있는지, 어떤 마음을 가지고 있는지 누구도 묻지 않는다. 어떻게 하면 더 잘할 수 있는가, 높은 점수를 받을 수 있는가에 목표는 고정된다.

이것이 한국을 비롯한 수많은 비영어권 국가에서 영어 교육을 시작한 이래 최근까지 이어진 영어 교육의 전제 조건이었다. 어쩌면 이런 교육은 외국어를 얼마나 잘하느냐에는 관심이 없는지도 모른다. 그저 어떻게 하면 높은 점수를 얻느냐에 관심을 총동원했다. 높은 점수가 곧 외국어를 잘하는 척도로 군림했다. 점수로 환산 가능한 범위 안에서 외국어 공부를 해야 하고, 그렇게 평가 받은 점수가 곧 실력으로 인정받았다. 모든 과목에서 높은 점수를 받는 머리 좋은 이들이 외국어 점수에서도 상위

권을 차지하는 사례는 우리에게 매우 익숙하다. 그러니 외국어 공부는 건조하고 재미없을 수밖에.

20세기 후반에 들어서면서는 상황이 조금 달라졌다. 외국어에 관한 관심이 다양해지면서 우수한 학습자들이 대거 등장했다. 그러면서 우수한 학습자에 관한 연구도 함께 이루어졌다. 언어 천재에 관한 관심보다 우수한 학습자에 관심을 두기 시작한 것이다. 그들은 어떻게 외국어를 공부할까. 우수한 학습자 연구가 의미 있는 것은 그들을 연구하면 외국어 공부에 성공한 사람들의 특징을 알 수 있고, 그것을 적용하여 많은 학습자에게 효과적인 외국어 교육 환경을 마련해 줄 수 있다는 기대가 가능하기 때문이다.

여기에서 눈여겨볼 부분은 우수한 학습자의 정의다. '우수하다'는 기준은 어디에 두어야 할까. 여기에서 말하는 우수한 학습자는 흔히 생각하는 것처럼 해당 언어를 원어민처럼 유창하게 사용하는 이들이 아니다. 각자가 설정한 목표만큼만 구사할 수 있으면 우수한 학습자다. 이들은 주로 관심을 갖는 언어를 개인적으로 따로 배울 기회를 마련하고, 각자 필요한 만큼의 유창성을 확보하면 그걸로 만족한다. 하나의 목표를 이룬 다음 그 다음으로 전진하느냐 마느냐는 그때 가서 결정한다.

또 한 가지 눈여겨볼 지점이 있다. 우수한 학습자가 되느냐 마느냐, 즉 뜻한 바를 이루느냐 못 이루느냐를 가르는 가장 중요한 포인트는 무엇일까. 바로 '관심'의 여부다. 어떤 관심일까. 흔히들 외국 문화 또는 그 언어권의 나라에 대한 관심을 먼저 떠올리기 마련이다. 일본 만화를 좋아해서 일본어를 익혔다는 사람들의 경험담이 떠오른다. 2000년대 중반 한국 드라마 〈겨울연가〉를 보고 배우 배용준의 팬이 된 뒤 한국어를 배우려는 일본인들이 급증한 일도 생각난다. 욘사마의 팬들은 끼리끼리 모여 한글을 비롯해 간단한 표현을 공부하기 시작했다. 최근 케이팝이 등장하면서 전 세계적으로 한국어에 대한 관심을 보이는 이들이 부쩍 늘었고, 지금도 증가 추세라는 건 앞에서 이미 살폈다. 인터넷 환경의 발달로 학습 진입은 더욱더 쉬워졌다.

여기에서 한 번 살펴볼 부분이 있다. 한류나 케이팝을 비롯해 다른 언어권의 문화에 대한 관심이 외국어 학습을 시작하는 동기로는 충분하다. 하지만 결과적으로 이런 경우 학습 진도는 대체로 아주 기초적인 단계에서 멈춤이다. 시작하는 사람은 많지만 지속하는 사람은 생각보다 많지 않다. 한국어를 배우려는 이들이 급증하고 있지만 초급 이상의 교육과정 개설이 더딘 것도 그런 이유다.

물론 그것으로도 이미 만족스럽다면 그의 학습은 성공이다. 그러나 외국어를 통해 누릴 수 있는 진정한 재미를 발견하기 전에 도입부에서 멈춘 느낌이다. 멈춤의 이유는 간단하다. 다른 언어권의 문화에 대한 관심만으로는 외국어 학습을 꾸준히 이어나가게 할 동력으로 삼기에 약하기 때문이다. 물론 일본 만화나 영화에 대한 관심으로 시작해 유창하게 일본어를 읽고 말하는 이들이 많다거나, 한류나 케이팝을 통해 한국어를 잘하는 외국인들이 급증했다는 수많은 사례로 이견을 제시할 수 있다. 하지만 그들이 그 외국어를 그만큼 할 수 있게 만든 것은 단지 문화에 대한 관심이 전부는 아니었을 것이다. 시작은 그렇게 했겠지만, 또다른 재미와 관심이 그들을 지속적인 외국어 학습의 세계로 이끌었을 것이다.

어떤 관심일까? 답은 매우 단순하다. 외국어를 배우는 행위 그 자체에 관심을 두는 것이야말로 외국어 학습의 성공 요인이다. 새로운 언어를 배운다고 생각해 보자. 새로운 발음과 문법의 체계를 익히는 것은 누구에게나 낯설다. 하지만 그 과정을 괴로워하기보다 그 자체에 관심을 갖고 배워 나가는 과정에서 지적 자극을 받는다면 어떨까. 지적 자극은 호기심 충족으로 이어지고, 매일매일 새로운 미션이 주어진다. 그 미션을 통과하는 과정 자체에 흥미를 느끼기 시작하면 어느덧 반복적인 연습, 암기가 필수인 외국어 학습 과정에 익숙해지는 스스로를 만나게 된다. 그렇게 변화하는 자신을 보는 것이 즐겁다. 즐거우면 지속하기가 훨씬 수월하고, 지속적으로 해나가기만 하면 어느덧 우수한 학습자가 되어 있다. 하긴 이런 일이 어디 외국어에만 한정한 이야기일까. 세상 모든 일이 근본적으로 관심이 없으면 배우기가 어렵다. 시간이 걸리는 외국어는 특히 그렇다.

그렇다면 그 관심은 어떻게 가질 수 있을까. 그 답을 알면 외국어를 배우는 데 도움이 된다. 관심 대상을 조금 달리 생각해 보면 한결 쉽다. 즉 외국어 그 자체보다 배우는 행위에 집중해 보는 것이다. 행위의 성격에 주목해야 한다는 의미다. 외국어는 어쩌면 공부라기보다 훈련에 가까울 수 있다. 체육이나 음악과 비슷하다. 끊임없이 연습을 하지 않으면 익힐 수 없다. 학문적인 측면보다 실용적인 측면이 더 강하다. 발음을 연습하지 않으면 잘할 수 없다. 한 번 배운 단어와 문장, 표현을 연습하지 않으면 자연스럽게 사용할 수 없다. 읽기와 쓰기 역시 연습이 없으면 제대로 익힐 수 없다. 간단히 말해 외국어 학습은 근본적으로 새로 배운 것을 연습하면서 그로 인해 습득한 것을 자신 안에 조금씩 쌓아가는 행위다. 즉, '행위를 통한 학습'이다. 이러한 행위 그 자체에 흥미를 느끼는 것이야말로 관심의 첫 걸음이다.

외국어 교육 현장에서 나는 '우수한' 학습자를 수없이 만났다. 그 가운데 지금도 기억하는 이가 있다. 서울대학교 국어교육과에 재직할 때였다. 그는 외국인을 위한 한국어 교육 교재 개발 담당자였는데 대학에서 프랑스어를 전공했지만 프랑스어보다 영어 공부를 더 열심히 했다고 했다. 그가 개발한 비디오 교재는 매우 독특했다. 유창한 영어는 물론이고 필요에 따라 일본어, 프랑스어, 스페인어로 설명하는 영상을 교재 곳곳에 포함시켰다. 그 영상 속에서 그는 모든 언어를 매우 즐겁게 구사한다. 가장 자신 있는 영어는 물론이고 다소 서툰 다른 외국어를 쓸 때도 자신감에 넘친다. 도중에 막힐 때도 있는데 그때도 그냥 웃으면서 넘어간다. 외국어로 말하는 스스로의 모습을 좋아하고 즐기는 태도가 역력했다. 처음에는 여러 개의 언어를 공부하게 될 거라고 생각하지 못했을 것이다. 하지만 새로운 언어를 접할 때의 호기심, 알아 나가는 과정이 주는 즐거움, 어느덧 조금씩 새로운 언어를 사용하는 데 익숙한 스스로를 만나는 기쁨이야말로 그로 하여금 다중언어자의 길로 이끈 동력이라 할 수 있다.

외국어는 어렵다, 우리만 그런 게 아니다

외국어는 어렵다. 누구도 부인하지 않는다. 부인해서도 안 된다. 따라서 누구라도 시간이 걸리고 노력이 필요하다. 우리만 그런 게 아니다.

이 말은 곧 나이가 든 사람만 어려운 건 아니라는 의미이기도 하다. 나이가 들었다고 외국어를 배우지 말라는 법은 없다. 지금부터 시작해서 1년 안에 국제회의에서 유창하게 발표하고 싶은 꿈을 꾸지만 않는다면, 길 가다 만나는 외국인이 혹시나 길을 물어올까 미리 피하지 않을 정도만 되어도 좋겠다는 꿈을 꾼다면, 몇 달 안에 새로 나온 외국 장편 소설을 읽겠다는 꿈을 꾸지 않는다면, 학창 시절 읽은 동화책을 원어로 읽고 싶은 정도의 꿈이라면, 몇 달 안에 외국어로 책을 쓰고 싶다는 꿈을 꾸지 않는다면, SNS에 그날의 기분을 간단히 적을 수 있을 정도의 꿈이라면 지금부터 당장 외국어 공부를 시작해도 늦지 않는다. 그리고 그렇게 꾸준히 해나가노라면 새로운 목표가 우리의 발걸음을 더 넓고 깊고 풍요로운 언어의 세계로 이끌 것이다. 할 수 있을 만큼만 가능한 만큼의 목표를 세우고, 그 목표를 향해 전진하는 과정을 즐기며 천천히 조금씩 꾸준히 한다면, 남이 만들어 놓은 외국어 학습의 왕도를 만나지는 못할지라도 우리만의 소박한 길을 스스로 만들어 나갈 수는 있다. 혹시 모를 일이다. 그 길이 우리를 외국어 학습의 왕도로 안내해 줄지도.

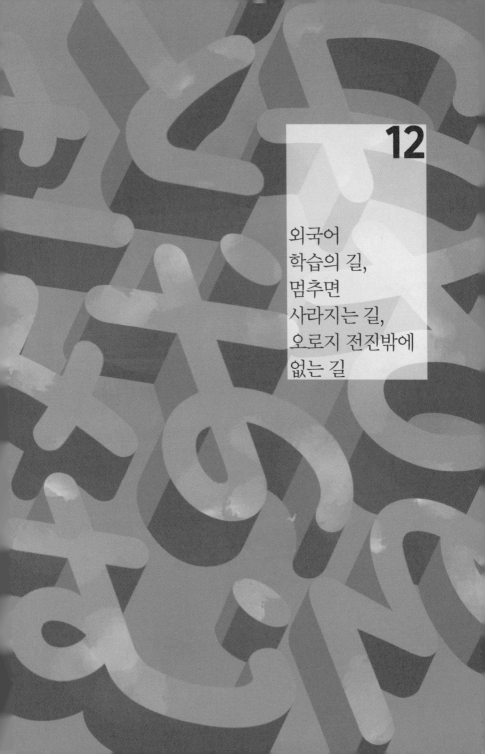

12

외국어
학습의 길,
멈추면
사라지는 길,
오로지 전진밖에
없는 길

꾸준히 노력해서 자신이 설정한 목표에 다다랐다고 해서 그걸로 끝이 아니다. 외국어 학습을 중단하는 순간 외국어 실력은 그 자리에 멈춰 있지 않고 곧장 뒷걸음질을 치기 시작한다. 그것도 무서운 속도로. 망각은 공부를 하면서도 일어난다. 어제 분명히 외웠는데 오늘 생각나지 않는 단어가 한두 개가 아니다.

멈추는 순간, 뒷걸음질

매일 세 가지 이상의 언어로 읽고 말하고 쓰는 시간을 갖는다. 오래전부터 매일 빼놓지 않고 하는 일이다.

미국에 머물고 있는 요즘은 아무래도 모어인 영어를 가장 많이 쓴다. 일상적인 생활을 할 때도 영어를 주로 쓰고, 연구를 하거나 정독해야 할 자료를 볼 때도 주로 영어 텍스트를 읽는다.

한국 주요 언론사나 포털 등을 통해 한국어로 주요 기사를 챙겨 보는 것은 물론 SNS를 통해서 여러 친구들의 근황도 살핀다. 가벼운 마음으로 가급적 많은 텍스트를 읽는다. 한국의 지인들과 이메일로 소통하는 일도 주요 일과 중 하나다. 한국어로 된 책이나 자료 등을 읽을 때는 아무래도 집중해서 정독을 한다.

일본어 역시 거의 매일 접한다. 최근 몇 년 동안 일본보다는 한국과 인연이 깊어진 탓에 아무래도 한국어에 비해 비중이 줄긴 했지만 주요 언론사와 포털 등을 빼놓지 않고 들어간다. 일본어를 듣지 않거나 읽지 않는 날은 거의 없다.

스페인어도 열심히 챙기는 언어 중 하나다. 학창 시절에 배우긴 했지만 2018년부터 다시 공부를 시작한 뒤 예전 실력을 회복하기 위해 매일매일 스페인어 뉴스를 듣거나 보고 가벼운 웹사이트를 둘러보곤 한다. 스페인어 실력을 회복하기 위한 나의 고군분투는 뒤에서 자세히 이야기하겠다.

이밖에도 독일어나 프랑스어, 에스페란토, 그리고 최근 배우기 시작한 이탈리아어까지 생각나는 대로 여기저기 둘러본다. 텍스트를 무리해서 많이 읽거나 정독을 하려고 애쓰기보다 가볍고 편하게 스치듯 읽고 지나간다.

익숙한 정도에 따라 언어별로 접하는 분량과 내용, 난이도는 제각각이지만 이렇게 습관을 들이면 실제 자주 사용하지는 않아도 해당 언어에 대한 감은 유지할 수 있다. 언젠가 필요할 때 예전 실력을 되찾는 속도가 한결 빨라진다.

이렇게 하는 이유는 간단하다. 외국어는 한 번 배우는 것으로 끝나지 않는다. 한때 아무리 열심히 공부하고 꽤 잘했다 하더라도 한동안 눈에서 멀어지면 노력을 쏟아부은 보람도 없이 순식간에 기억 저편으로 사라져 버린다. 수십 년 동안 외국어와 담을 쌓고 지낸 누군가가 학창 시절 받았던 성적표를 떠올리며 자신감을 가지고 있다면 그건 그저 한때의 지나간 추억으로 여기는 편이 나을 거라고 말해주고 싶다. 직설적으로 '꿈에서 깨어나라'고 말해주고도 싶다. 안타깝게도 그 성적표는 이제 더이상 '나의 것'이 아니다. 앞으로 1년 동안 열심히 하겠다고 결심하면서 마음 한쪽에 1년이면 충분하다고 생각한다면 그 역시 불가능한 꿈이라고 말해주고 싶다. 그런 일은 일어나지 않는다. 간단하게 말하면 이렇다.

"외국어 학습은 끝이 없다."

꾸준히 노력해서 자신이 설정한 목표에 다다랐다고 해서 그걸로 끝이 아니다. 외국어 학습을 중단하는 순간 외국어 실력은 그 자리에 멈춰

01

02

03

04

05　　　　06

01. 고교 시절 스페인어를 배우기 위해 홈스테이를 했던 멕시코시티 동네. 02. 1978년 도쿄 홈스테이 시절 또래 일본인 친구와 떠난 가마쿠라 여행. 03. 1983년 서울에서 한국어를 공부할 당시의 모습. 04. 1984년 서울에서 보낸 한때. 05. 미국에 살고 있지만 이 방에 앉아 그동안 익혀온 여러 외국어를 매일매일 순례하듯 읽고 쓰고 듣는다. 06. 젊은 시절 만난 한국어를 통해 수많은 사람을 만났다. 그리고 한글로 책을 쓰며 더 많은 한국 독자들과의 소통을 꿈꾼다.

있지 않고 곧장 뒷걸음질을 치기 시작한다. 그것도 무서운 속도로.

망각은 공부를 하면서도 일어난다. 어제 분명히 외웠는데 오늘 생각나지 않는 단어가 한두 개가 아니다. 일정 정도 궤도에 올랐다고 해서 안심은 또한 금물이다. 끝도 없이 사라지는 것만큼이나 익혀야 할 새로운 표현과 단어가 끝도 없이 눈앞에 매일매일 등장한다. 언어의 변화에 따라, 본인의 기억 능력에 따라 개인차는 있겠지만 사라지는 것과 새로 익힐 것이 끊임없이 나타나는 건 누구에게나 동일한 조건이다. 그래서 차라리 외국어 학습의 전제를 미리 염두에 두고 시작하는 게 속 편한 일일지도 모른다.

하나는 외국어는 무조건 배울 게 많고 어렵다는 전제다. 나만 어려운 게 아니라는 걸 알면 포기하고 싶을 때 마음을 다잡는 힘이 된다.

또 하나는 외국어는 잊기 위해 공부하는 것이라는 전제다. 오늘 공부한 것을 다 잊어도 그게 외국어의 속성이라면 지칠 때마다 조금 위로가 된다.

학습기, 무릇 외국어 학습은 직선이 아니다

이렇게 보자면 외국어 학습의 시기와 성격은 크게 두 가지로 나뉜다. '학습'과 '유지'가 그것이다. 학습기와 유지기라고도 한다.

많은 이들은 외국어를 공부할 때 학습기만 염두에 둔다. 이제부터 몇 개월 동안 열심히 공부하면 어느 정도는 할 수 있지 않을까 기대하기 마련이다. 하지만 몇 개월 동안 공부해서 성취한 그 실력을 유지하려면

학습기　　　　유지기

유지하고 싶을 때까지 그 이후로도 오랫동안 외국어 공부를 계속해야 한
다. 학습기만큼이나 유지기도 중요하다. 평생 외국어를 잘하고 싶다면?
평생 외국어를 공부해야 한다.

　학습기의 외국어 학습은 언어의 발음과 글자를 익히는 것부터 시작
하기 마련이다. 발음과 글자로부터 단어를 익히고 문장을 읽고 말할 수
있을 때까지는 시간이 많이 걸릴 수밖에 없다. 하지만 모든 학습자에게
동일한 시간과 노력이 요구된다고는 말할 수 없다.

　1992년 봄, 서울에서 일본어능력시험 1급에 응시했다. 대학에서 전
공을 한 것은 물론이고 이후로도 몇 년 동안 정말 피나는 노력을 한 뒤에
그 시험장에 앉을 수 있었다. 그런데 쉬는 시간에 다른 한국 학생들의 이
야기를 들으니 누구는 독학으로 9개월 동안 공부했다고 하고, 또 누구는
6개월 동안 학원을 다니며 열심히 공부했다고 했다. 살짝 약이 오른 나는
나와 같은 서양인 친구에게 슬쩍 물어봤다. 그도 나처럼 몇 년 동안 열심
히 공부해서 시험을 보러 왔노라 했다. 나 같은 서양인이 몇 년 동안 해야
할 공부를 한국인들은 몇 달 만에 해내는 것이다. 한국어와 일본어가 가
깝기 때문에 그렇다. 배가 아파도 할 수 없는 일이다.

　반면 독일어나 스페인어 등을 배울 때는 사정이 정반대다. 영어권에
사는 사람이 훨씬 유리하다. 내가 이들 언어를 배우는 속도는 한국인이나

1993년에 취득한 일본어능력시험 1급 합격증.

일본인 친구들과는 비교할 수 없이 빠르다. 물론 영어를 먼저 공부했다면 이들 언어를 배울 때 도움을 받을 수 있다.

말하자면 각자의 모어가 무엇이고, 배우려는 외국어가 무엇이냐에 따라 학습 시기의 기간, 난이도, 속도 등은 차이가 있을 수 있다. 그러나 새로운 외국어에 진입하고 그것에 익숙해지는 일은 누구나 거쳐야 할 과정이다.

여기에서 우리가 기억할 점이 있다. 교육 과정이 발전하고 교재 역시 다양해지면서 외국어 학습 과정을 직선이라고, 즉 효율적이고 효과적으로 배울 수 있을 거라고 여기는 이들이 많다. 하지만 오랫동안 외국어 공부를 해온 내 경험에 의하면 외국어 학습은 직선일 수 없다. 한 번 배운 걸 다 기억하고 앞으로 앞으로 쭉 뻗은 직선처럼 직진만 할 수 있는 이들은 거의 없다. 열심히 공부한 것 가운데 일부는 잊어버리고, 새로운 정보를 받아들이고, 또 그 가운데 일부를 잊어버리고 다시 반복해서 기억하는 과정을 끝없이 반복한다. 앞으로 나아간 것 같은데 어느새 뒤로 물러나 있고 열심히 해도 늘 제자리를 맴돈다. 좌절이 늘 등뒤에 따라다니는 느낌이다. 수많은 학습자들은 수없이 반복되는 과정을 견디지 못하거나 학습법의 부족 또는 머리가 나쁜 탓이라며 스스로를 괴롭히곤 한다.

그러나 희망을 잃을 필요는 없다. 언제까지 그렇지는 않기 때문이다. 포기하지 않고 계속 붙잡고 있으면 어느 순간 한 계단 성큼 뛰어오른 것 같은 희열이 우리를 기다린다. 이 희열을 경험하면, 그 경험을 두고두고 기억하면 어제 외운 것이 당장 오늘 떠오르지 않아도 덜 좌절할 수 있다.

따라서 학습기에는 자신에게 조금 관대할 필요가 있다. 외국어 학습이 직선으로 나아가지 않는다는 것, 공부한 걸 잊고 다시 공부하고 다시 외우는 것이 외국어 학습의 기본 속성이라는 것을 인정하고 받아들이는 자세를 갖춰야 한다. 본인에게 맞는 학습법으로, 낮은 목표를 설정해서 마음 편하게 공부해 나가야 한다.

그럼 잊어버리는 건 어떻게 해야 하느냐. 무조건 연습, 연습, 연습이다. 잊어버린 것을 다시 또 떠올려 외우고 반복하면서 앞으로 나아가야 한다. 이렇게까지 힘들게 외국어를 공부해야 하느냐고 묻는 사람이 있을 것이다. 바로 거기에 답이 있다 어떻게든 재미를 찾아야 한다. 힘들다고 여기면 지속하기 어렵다. 조급하게 목표점에 가닿을 생각만 하지 말고 배우는 과정에서 즐거움을 찾아야 한다. 등산을 떠올리면 이해하기 쉽다. 몸은 힘들고 다리는 후들거리지만 오르고 또 오르는 이들에게는 이유가 있다. 힘든 걸 이겨내고 오르다 보면 어느새 정상이다. 물론 거기에서 맛보는 희열도 좋지만 오르는 과정에서 누리는 즐거움도 만만치 않아서다.

여기에 팁 하나를 더하면 한결 힘이 난다. 외국어 공부에는 외국어를 배우는 것 이외에 또다른 장점이 있다. 나이를 먹을수록 지식 기반에서 사용하지 않는 정보는 점점 삭제된다는 이야기를 앞에서 했다. 하지만 새로운 정보가 자꾸 들어오면 이를 처리하기 위해서 우리의 뇌는 활발하게 작동한다. 활발해질수록 뇌는 확실히 건강해진다. 난이도 높은 정보가 들어오면 뇌는 더 활발하게 작동한다. 새로운 정보를 우리 뇌에 주입하는 데 외국어 학습만큼 효과적인 것도 드물다. 그렇게 생각하면 외국어를 배우는 일이 어려울수록 뇌 건강을 위해서는 좋은 일이니 매력적으로까지 여겨진다. 이렇게 지난한 시간을 견뎌낸 뒤 마주하는 한 단계 상승의 희열은 더 크고 강력하다.

유지기, '외국어 손실'이라는 반갑지 않은 손님

스스로 설정한 목표를 달성했다면, 즉 학습기를 어느 정도 지나왔다면 이제 두 가지 길이 우리 앞에 놓인다. 하나는 다음 목표를 설정하고 계속 학습기를 이어가는 것이다. 또 하나는 그동안 배운 걸 유지하는 것이다. 이른바 유지기다.

유지기에도 외국어를 계속 공부하는 것은 마찬가지라 학습기와 별 차이가 없어 보인다. 또는 배운 걸 유지하기만 하면 된다고 생각하기 때문에 소홀히 여기기도 한다. 때문에 외국어 학습 연구에서도 유지기의 중요성에 대해 언급하는 경우는 극히 드물다.

하지만 유지기에 반드시 등장하는 것이 바로 '외국어 손실'이다. 아차 하는 순간 기껏 공부한 것들이 머리에서 빛의 속도로 사라진다. 이 손실을 최소화하고 획득한 실력을 유지하는 데 중점을 두어야 한다는 점에서 학습기 못지않은 각별한 노력이 필요하다. 그러나 외국어 습득, 외국어 학습법에 대한 연구는 매우 활발하게 이루어지는 데 비해 유지기의 '외국어 손실'에 대한 관심은 상대적으로 크지 않고, 관련 연구 역시 부족하다.

19세기 말 등장한 외국어 교육 혁신 운동은 학교 교육의 혁신으로 이어졌고, 그후 100년 동안 유행한 거의 모든 교수법 역시 학교에서 이루어지는 외국어 교육에 집중했다. 개인보다는 집단에 주의를 기울인 셈이다. 하지만 20세기 말에 접어들면서 점차 학교 교육만이 아니라 다양한 교육 환경에서 외국어를 배우고 싶은 수많은 개인들에게도 관심을 갖는 교수법이 등장했다. 이전에 비해 한 발 더 나아간 셈이다. 그러면서 그 이전까지 거의 찾아보기 어려웠던 성인 학습자에 대한 연구가 비로소 이루어지기 시작했다. 나아가 성인 학습자에 대한 외국어 교육계의 관심이 높아지면서 '평생 언어 학습'lifelong language learning 개념이 등장했고, 이는 국가 정책에도 점차 폭넓게 반영이 되기 시작했다.

　　앞서 소개한 유럽 언어 포트폴리오 역시 이러한 일환이며 더욱 작은 도시와 지역 단위에까지 다양한 시도가 이어졌다. 한국 역시 이러한 영향을 받아 평생 외국어 학습의 개념이 꽤 오래전부터 일반인들에게까지 알려졌고, 오늘날에는 한국방송통신대학교나 또는 지방자치단체들이 운영하는 도서관이나 평생교육원 등에서 외국어 학습 기회를 성인들에게 제공하고 있는 모습을 쉽게 볼 수 있다.

　　하지만 이러한 평생 학습 활동, 즉 성인들의 학습 관련 연구 활동은 여전히 학교에서 이루어지는, 학생들 중심의 외국어 교육에 관한 연구 활동에 비해 그 비중이 압도적으로 낮은 것이 현실이다. 따라서 학습기는 물론 이후 이어지는 유지기의 중요성이나 외국어 손실에 대한 사회적 인식, 이에 대한 적극적인 대처는 여전히 부족하다.

　　한편으로 외국어 손실에 대한 사회적 인식 또는 이를 해결하기 위한 연구 부족에는 또다른 배경이 작동한다. 바로 영어다. 외국어 학습의 장에서 가장 강력한 헤게모니를 장악하는 언어는 역시 영어다. 20세기 후반 영어의 영향력이 전 세계적으로 더욱 강력해지면서 이제는 누구나 영어 학습의 필요성에 대해 의문을 갖지 않는 시대가 되어버렸다. 비영어권에 사는 사람일지라도 학창 시절에 잠깐 배운 것에서 그치지 않고 평생 영어와 더불어 살아가는 것을 당연하게 받아들인다. 이처럼 영어 학습자들이 중간에 멈추는 일 없이 평생 영어와 더불어 살아간다는 인식은 학습자의 영어 실력 손실 가능성을 아예 연구자들의 관심 밖으로 밀어내 버렸다. 즉 누구나 유지기가 아닌 오로지 학습기에 서 있어야 한다는 것이 당연시 되면서 수많은 외국어 학습 연구 과제는 효과적인 영어 학습법에만 집중 되었다.

실력과 반비례하는 외국어 손실, 손실을 늦추고 싶다면 실력을 높일 것!

그렇다고 외국어 손실에 관한 연구가 아예 사라진 건 아니다. 1970년 대부터 연구 성과가 조금씩 발표되었는데, 성과의 핵심은 무엇보다 실력에 따라 손실 속도와 범위가 다르다는 점을 밝힌 것이다. 즉 외국어 실력이 낮으면 낮을수록 손실이 더 빠르고 실력이 좋을수록 손실 속도도 더디다는 점이 연구에 의해 확인되었다. 이러한 외국어 손실 연구의 대상이 영어가 아닌 다른 언어에 국한되어 있다는 점은 눈여겨볼 지점이다. 영어가 제외된 이유는 간단하다. 앞에서 말했듯 영어는 이제 누구라도 한 번배운 뒤에는 중단 없이 학습하고 사용하는 언어라는 전제가 깔려 있기 때문이다. 즉 영어를 한 번 배운 뒤에는 일상적으로 사용하기 때문에 유지기를 따로 고려할 필요가 없다는 인식의 결과이기도 하다. 비영어권에서 조차 영어는 이제 선택이 아닌 필수라는 강력한 전제가 형성된 것이다. 그럼에도 불구하고 외국어 손실에 관한 연구가 드문 상황에서 이러한 연구 성과는 보편적인 언어 학습 전반에 걸쳐 참고할 부분이 많다는 점 또한 부인할 수 없겠다.

그렇다면 보편적으로 외국어 손실은 언제부터 이루어지는가. 놀라지 마시라. 학습이 끝난 뒤 이틀 뒤부터 손실은 진행된다. 방학 동안 공부를 전혀 하지 않고 신나게 놀았던 학생들은 개학 후 학교에 가면 방학 전에 배운 걸 거의 대부분 잊어버린 걸로 봐야 한다.

흔히 고등학교에서 배운 제2외국어는 학교 졸업 후 거의 사용하지 않는다. 그 뒤로 벌써 십수 년부터 수십 년이 지났다. 얼마나 기억하고 있는지 떠올려 보자. 학교 다닐 때 공부해서 시험을 보고 교과서도 읽었던 기억은 생생하지만 정작 떠올려 보면 대부분 인사말 몇 마디 기억하는 정도일 것이다. 손실의 마지막 단계를 지금 경험하고 있는 셈이다.

앞에서 실력이 좋을수록 손실 속도가 더디다고 했다. 안도하기에는 이르다. 즉 더딘 것일 뿐 손실을 피할 수는 없다는 의미이기 때문이다. 한때 아무리 유창하게 외국어를 사용했다고 해도 누구에게나 영원한 것은 없다. 젊은 시절 해외에서 공부하고 왔지만 한국에서 몇 년 지내는 동안 다 잊어버렸다는 이들이 한둘이 아니다. 출장이나 여행으로 그 언어권에 가 있으면 다시 생각이 나는 부분이 있긴 하지만 한국으로 돌아오면 손실은 다시 즉각적으로 일어난다.

나 역시 다르지 않다. 대학에서 일본어를 전공하고 약 13여 년 동안 일본에서 교수 생활을 했지만 오랜만에 일본에 가면 2~3일 정도는 일본어가 잘 나오지 않는다. 예전에 비해 일본어가 둔해졌다는 느낌을 피할 수 없다. 평균적으로 1년에 열흘에서 2주 정도 보내곤 하는데 일본을 떠날 때가 되어서야 예전의 일본어 실력을 회복하여 아무런 불편 없이 지낼 수 있게 된다. 한국어라고 다를까. 일본어보다 훨씬 더 집중적으로 사용하고 있고, 코로나19 전까지만 해도 매년 봄과 가을에 약 2개월 정도씩 한국에 머물곤 했지만 막 도착해서 2~3일은 역시 낯설고 어딘지 모르게 말이 잘 안 나온다. 일본어보다는 빨리 회복하는 편이지만 며칠 지난 뒤에야 예전의 한국어 실력으로 돌아오는 느낌이다. 오랫동안 한국과 일본에 살았고, 지금도 매해 일정 기간 머물면서 하루에 몇 시간씩 접하고 있는 나의 경우에도 예외없이 손실이 일어나고 있는 셈이다. 어쩌면 지금 이 순간에도 내 머릿속 어딘가에서는 무언가 사라지고 있을지도 모른다. 그것도 아주 빠른 빛의 속도로!

13

한 번 배운
외국어와
평생 가는 법,
매일 조금씩
읽고 쓰고
듣고 보고!

▶▶▶▶▶▶▶▶▶▶▶▶▶▶▶▶▶▶

외국어는 기능일까, 교양일까. 외국어가 기능이라면 운동을 생각하면 쉽다. 한 번 쌓은 운동 실력을 유지하려면 쉬지 않고 연습해야 한다. 조금씩이라도 꾸준히 지속해야 실력을 유지할 수 있다. 실력을 유지하고 싶은 외국어라면 그렇게 해야 한다. 꾸준히 하기 위해서 가급적 일상 속으로 끌어들이면 언어와의 심리적 거리가 한결 가까워지고, 유지에도 큰 도움이 된다.

▶▶▶▶▶▶▶▶▶▶▶▶▶▶▶▶▶▶

외국어와 오래 가고 싶다면? 외국어를 일상 속으로

이러한 손실을 최소화하기 위해서는 어떻게 해야 할까. 학습기가 직선이 아니고 단계별로 이루어지는 것처럼 유지기 역시 알았던 걸 잊어버리고 다시 떠올리고, 다시 회복하고, 잊는 과정의 반복을 거듭하다 어느 순간 예전 실력을 회복하곤 한다. 그러니 필요한 건 역시 꾸준한 노력이다. 그렇다고 대상 언어를 쓰는 나라를 주기적으로 방문할 필요는 없다. 그보다 매일매일 조금씩 그 언어를 잊지 않고 사용하는 것이 훨씬 효과적이다.

나의 경우 미국에 주로 머물면서 1년 중 약 4개월을 한국에서 보내는 것은 한국어 실력을 유지하는 데 큰 도움이 된다. 하지만 미국에 있으면서 매일 한국어를 사용하는 것도 정말 큰 도움이 된다. 앞에서 이야기했듯이 나는 거의 매일 한국어를 듣거나, 한글로 된 텍스트를 읽고, 한글로 글을 쓴다. 주변에 한국인이 거의 없어서 말할 기회가 적긴 하지만 듣고 읽고 쓰는 과정을 반복하면서 어휘력을 유지하는 것은 물론이고 새로운 단어도 끊임없이 업데이트한다. 한국에서 새로 쓰기 시작한 단어를 그때그때 익혀두면 한국 친구들을 만날 때 곧바로 사용할 수 있다. 오랫동안 떨어져 있던 거리감을 단숨에 좁히는 데 매우 효과적이다.

한글로 글을 쓰는 것도 한국어 실력을 유지하는 데 큰 도움이 된다. 미국에 머물면서도 나는 한국의 매체에 칼럼도 연재하고, 새 책의 원고를 쓰는 일도 계속한다. 집필을 하는 동안 굉장히 많은 일이 동시다발적으로 일어난다. 우선 글을 쓰기 위해서는 읽어야 할 자료가 무척 많다. 그렇게 읽은 자료들을 참고해서 전달하고 싶은 내용을 정리한다. 뜻을 전달하기에 가장 적절한 단어와 표현을 선택한다. 이미 아는 단어를 복습하기도 하지만 관련 단어들을 자연스럽게 새로 배우기도 한다. 문장을 구성하는 방식도 다양하게 시도해 볼 수 있다. 또한 하나의 문장을 완성하기 위해 뇌가 활발하게 작동하고 알고 있던 한국어 지식이 총동원된다. 글을 쓰는 도중에도 확인해야 할 자료가 많다. 그러면서 다시 또 다양한 글을 읽게 된다. 때로 일본어는 물론 알고 있는 여러 언어권의 자료들도 함께 살피기도 한다.

하지만 모든 학습자들이 다 나와 같을 수는 없다. 나는 글을 쓰고 책을 읽는 것이 직업이지만 다른 학습자들에게 나와 같은 방법은 무척 부담스럽다. 이때 효과적인 것이 바로 읽기, 역시 다독이다. 가벼운 텍스트를 눈에 띄는 대로 읽는 것은 외국어 학습에도 도움이 되지만 유지를 위해서도 좋은 방법이다. 많은 사람에게 노출되는 것이 부담스럽지 않다면 SNS에 짧은 글을 수시로 올리는 것 역시 외국어 손실을 막는 효과적인 방법이다. 같은 언어권 사용자들의 피드백을 받을 수도 있어 훨씬 도움이 된다.

자막 없이 영상을 보는 것 또한 권할 만하다. 유튜브는 외국어 학습과 손실을 막는 데 유용한 영상을 쉽게 찾아볼 수 있어 도움이 된다. 자막의 유무를 선택할 수 있는 점도 편리하다. 다독할 텍스트를 찾을 때처럼 관심 있는 분야의 짧은 영상을 다양하게 볼 것을 권한다. 도전의식을 불러일으키는 수준 높은 영상을 보는 경우도 있지만 권하지 않는다.

인터넷 검색 포털을 선택적으로 사용하는 것도 도움이 된다. 미국

자주 들어가 살피는 한국어, 일본어, 스페인어 관련 웹사이트들.

에서는 주로 구글을 쓰긴 하지만 한국에 머물 때는 주로 네이버나 다음을 사용한다. 지도 역시 한국에 있을 때는 네이버나 다음 지도로 길을 찾는다. 사전도 그렇다. 미국에서 한국 포털에 접속해 있으면 여전히 한국에 있는 것 같다. 한국어가 훨씬 더 생생하게 느껴진다. 일본에 머물 때는 역시 일본 포털을 이용한다. 실력을 유지하고 싶은 외국어를 가급적 일상속으로 끌어들이면 언어와의 심리적 거리가 한결 가까워지고, 유지에 큰 도움이 된다.

외국어는 교양일까, 기능일까?

앞에서 잠깐 외국어 학습 행위의 특성에 대해 이야기한 적이 있다. 공부라기보다 훈련에 가까울 수 있다는 것인데, 외국어 학습의 성격에 대한 논란은 이미 역사적으로 꽤 오래되었다. 르네상스부터 19세기 말까지 외국어 학습은 위대한 텍스트를 원어로 이해하는 것에 초점을 맞추었다. 외국어는 사람과 소통하기 위한 기능이라기보다 상류층이 가져야 할 교양이었다. 19세기 말에 일어났던 외국어 혁신 운동 이후 '외국어는 곧 교양'이라고 주장하던 세력의 힘이 줄어들면서 외국어는 '기능'技能이라는 목소리가 커졌다. 이후 20세기 중반 무렵부터는 외국어가 기술이며 기능이라는 주장이 어느덧 주류가 되었고 교양이라는 주장은 힘을 잃은 지 오래다. 게다가 20세기 말부터 영어는 개인의 경쟁력을 위한 필수적 기능이 되었고 이러한 추세는 갈수록 막강해지고 있다.

외국어를 기능으로 볼 것이냐 교양의 수단으로 볼 것이냐는 별도의 토론이 필요하다. 다만 외국어를 기능으로 이해하면 학습기와 유지기의 특징에 대해 쉽게 이해할 수 있다. 생각해 보자. 외국어가 기능이라면 훈련으로 수준을 끌어올리는 운동이나 음악과 별 차이가 없다. 운동과 음악 역시 학습기를 거치고 나면 유지기가 이어진다. 그동안 쌓은 실력을 유지하려면 쉬지 않고 연습을 해야 한다. 운동과 음악에 상당한 인내심과 끈기가 필요하듯 외국어 역시 비슷한 부분이 있다. 쉬지 않고 조금씩이라도 꾸준히 지속해야 실력을 유지할 수 있다.

물론 대상 외국어를 많이 쓸 수 있다면 손실 속도도 느려지고, 비교적 짧은 기간에 손실 부분을 회복할 수 있지만, 그 정도의 시간적·경제적 여유를 갖춘 성인들은 그리 많지 않다. 때문에 일상생활에 지장을 받지 않는 범위에서 거의 매일 꾸준히 할 수 있는 가벼운 방법을 찾는 것이 중요하다.

'나는 이 언어 사용자', 스스로 부여한 새로운 정체성

외국어 실력을 유지하는 일은 단순히 그 언어를 잊지 않고 쓸 줄 아는 것과는 다른 의미가 있다. 학창 시절 외국어를 배울 때는 외국어와 자신의 정체성을 일치시킬 기회가 많지 않다. 외국어를 배우긴 했지만, 그 언어는 어디까지나 타자의 언어다. 하지만 성인이 된 뒤, 일정하게 외국어를 공부하고 외국어 실력을 어느 정도 유지하고 있다면 이제는 그 언어가 타자의 것이라는 의식은 버리는 편이 좋다. 즉 국적과 관계없이 스스로 그 언어 사용자라는 새로운 정체성을 자신에게 부여하는 것이다. 비록 그 언어의 원어민 정도는 어렵겠지만 같은 언어로 어느 정도 소통 가능한 관계가 된다는 것은 그 의미가 작지 않다. 즉, 그 언어를 사용하고 실력을 유지하는 동안 '나'는 그 언어의 사용자다. 그렇게 되면 그 언어와 나의 관계는 이전과 다른 단계로 접어든다.

대학을 졸업한 뒤 한국어를 배우기 시작했고, 그후로 지금까지 열심히 노력하고 있지만 어떻게 해도 나는 절대 한국어 원어민이 될 수는 없다. 그렇게 본다면 한국어는 영원히 '남의 언어'다. 하지만 한국어로 의사소통을 하고 있으니 내가 한국어 사용자임은 부인할 수 없다. 나는 언젠가부터 스스로에게 '한국어 사용자'라는 정체성을 부여하고, 언어 손실을 최소화하기 위해 노력하고 있는데, 그 결과 로버트 파우저라는 개인에게 한국어는 '나의 언어'가 되었다. 이렇게 정체성을 부여한 뒤로 한국어를 내 삶에서 포기할 수는 없게 되었다. 내 정체성의 하나가 된 한국어 실력을 유지하기 위해 끈기와 인내심을 줄곧 발휘하게 되는 건 자연스러운 일이다.

실전 공개, 40여 년 만에 다시 스페인어 공부를 시작한 50대 로버트 파우저

나에게 '나의 언어'는 한국어만이 아니다. 한국어나 일본어를 일상적으로 쓰고 있지만 오랜만에 한국이나 일본에 가면 며칠 동안 다소 어색하고 낯설다는 이야기를 앞에서 했다. 하지만 아주 친한 친구를 오랜만에 만난 느낌 정도다. 이보다 훨씬 더 어색하고 낯선 '나의 언어'가 있다. 독일어나 스페인어가 그렇다.

1990년 서울에 살 때 약 1년 동안 독일어를 공부한 뒤 한동안 독일에 머물며 열심히 공부했다. 고교 시절부터 대학 입학해서 얼마 뒤까지 약 3~4년 스페인어를 배웠다. 고3 시절에는 장학금을 받고 멕시코에서 홈스테이를 하며 스페인어를 집중적으로 공부했다. 1980년대 서울에 살면서 잠시 공부를 하기도 했다. 하지만 그뒤 손을 놓는 바람에 독일어와 스페인어는 어느덧 나에게 낯선 언어가 되어버렸다. 한때 열심히 공부한 두 개의 언어를 그렇게 흘러보내고 만 것이 아쉬웠던 나는 이미 상당 부분 손실된 스페인어 실력을 다시 회복시켜 보기로 결심했다.

2017년 1월 미국 텍사스 주의 주도인 오스틴에서 열리는 언어학회에 참석한 것이 계기였다. 오스틴은 멕시코나 남미에서 온 이민자가 많은 도시다. 숙소에서 학회 장소까지 오가는 버스에서 오랜만에 스페인어를 실컷 들었다. 학회를 마친 뒤 며칠 머물면서 주변을 여행했다. 어디 가든 스페인어가 들렸다. 고교 시절 머물렀던 멕시코식 스페인어여서 친숙한 느낌이었지만 알아들을 수 없는 말이 많아서 무척 놀랐다. 나의 스페인어 실력이 얼마나 손실되었는지 깨달았다. 오스틴을 떠나면서 아무래도 스페인어 실력을 회복시키는 것이 좋겠다는 생각을 하게 되었다.

시작 전에 거쳐야 하는 시간, 외국어 성찰

본격적으로 시작하기 전 나 역시 '외국어 성찰'의 시간을 가졌다. 스페인어를 처음 배울 때부터 지금까지 나와 스페인어의 관계를 꼼꼼히 짚

외국어 성찰	
학습 대상 외국어	스페인어
학습 동기 또는 이유	예전 스페인어 실력 회복.
학습 목적	남미 여행, 미국의 스페인어 사용자들과 스페인어로 소통, 미국보다 따뜻한 멕시코 또는 스페인에서 겨울 나기.
학습 목표	스페인어로 일상적인 대화가 가능하고, 스페인어 텍스트를 자유롭게 읽을 수 있을 것.

대상 외국어 학습 경험 있다면

사용 가능 수준	• 읽기 : 중급 • 쓰기 : 초급에서 중급 사이 • 말하기 : 초급에서 중급 사이 • 듣기 : 초급에서 중급 사이
학습 경험 1	• 언제 : 고교 2, 3학년, 대학교 1학년, 50대 중반. • 어디에서 : 학교, 멕시코 홈스테이, 스페인 여행. • 얼마나 : 홈스테이는 2개월, 스페인 여행은 3주 남짓.
학습 경험 2	• 전반적인 느낌 : 고교 시절 첫 수업부터 흥미 있었음. 문법과 발음 체계가 논리적이고, 영어와 유사한 부분이 있어 배우기 쉽다는 느낌. • 학습을 통해 얻은 것 : 스페인어를 배우면서 다른 외국어를 배우는 데 자신감을 갖게 됨. • 학습법 : 고등학교 때는 수업 진도를 따름. 문법과 발음 연습에 집중하고, 대학에서는 문학 작품 읽기와 토론 중심으로 학습.
학습 경험 3	• 즐거웠던 기억 : 멕시코에서 홈스테이 시작한 뒤 스페인어로 꿈을 꾸기 시작했을 때. • 좌절했던 기억 : 중년에 접어들어 학창 시절 이후 소홀히 한 탓에 남아 있는 실력이 없다는 걸 깨달았을 때.
학습 경험 4	• 만족스러운 기억 : 홈스테이할 때 닥치는 대로 연습할 때. 실력이 늘어나는 것을 체감함. • 후회스러운 기억 : 학창 시절 배운 뒤 실력을 유지하지 못한 것.
학습 경험 5	• 가장 보완하고 싶은 부분 : 실력을 회복한 뒤 꾸준히 실력을 유지하도록 노력하기.

기타

어 보았다. 그러면서 어떤 부분을 어떻게 보완하고 집중해야 할까에 관한 계획을 세우기 시작했다. 무엇보다 손실된 스페인어 실력만큼이나 자신감도 줄어들었으니 먼저 간단한 회화를 유창하게 할 수 있을 정도로 목표를 잡았다. 자신감 회복이 무엇보다 급선무였다. 빠른 시간 안에 집중적으로 스페인어를 회복하기 위해, 나 자신을 밀어붙이기 위해 2018년 가을, 약 2주 남짓 마드리드에 머물 계획을 세웠다. 떠나기 전 생각했다.

'스페인어를 자주 사용할 수 있는 환경을 만들자, 가보고 싶었던 곳을 꼭 다녀오자.'

즉, 스페인어 실전과 여행이라는 두 개의 떡을 손에 쥐겠다는 생각이었다. 구체적인 계획도 물론 세웠다. 요약하자면 이렇다.

- 아침에 눈을 뜨면 TV를 통해 스페인어 뉴스를 본 뒤 외출.
- 낮에는 주로 시내에서 스페인어 사용하기.
- 저녁에는 숙소에서 책이나 뉴스를 보며 단어와 문장 등 연습.

예를 들면 미술관을 둘러본 뒤 시내를 걸으면서 가게와 카페 등을 이용할 때 스페인어를 자주 사용하는 식이다. 이렇게 하면 하루에 듣고 말하고 읽고 쓰기라는 언어의 4기능을 종합적으로 익힐 수 있을 것 같았다. 숙소는 관광지가 아닌 시내에서 지하철로 20분 거리의 일반 주택가로 정했다.

하지만 과연 2주 동안 스페인어 실력을 어느 정도나 회복할 수 있을

지 예상할 수 없었다. 처음 배우는 언어라면 발음, 인사말, 숫자, 필요한 단어 등 순서를 정해 배워야겠다고 계획을 세울 수 있지만 한때 꽤 유창했던 스페인어에서 어떤 부분이 사라지고, 어떤 부분이 남았는지 짐작할 수 없으니 구체적인 계획을 세울 수가 없었다.

스페인어 회복 2주 프로젝트

결과적으로 2주 동안의 스페인어 회복 프로젝트는 일정 정도 성공했다. 읽기와 듣기는 거의 예전 수준을 회복했다. 그날그날 방송과 신문을 통해 뉴스를 듣거나 텍스트를 읽으면서 주요 단어를 열심히 외웠는데 특히 명사는 빨리 외울 수 있었다. 영어와 비슷하게 라틴어에서 온 단어가 많은 스페인어 특성 덕분이었다. TV에서 나오는 스페인어 발음은 어린 시절 배운 멕시코식 발음과 사뭇 달랐다. 처음에 알아듣기 어려워 당황했지만 유튜브를 통해 발음 차이를 이해하고 나니 한결 듣기가 편해졌다. 숙소 주변에는 관광객이 많지 않고 남미에서 온 이민자가 많이 살고 있었다. 영어를 쓰는 사람은 거의 볼 수 없었다. 그 덕분에 동네 슈퍼, 카페, 식당, 빵집 등에서 원하는 걸 얻으려면 어떻게든 스페인어로 해결을 해야 했다. 내가 한 마디를 물으면 열 마디가 돌아오는 대화를 통해 살아 있는 스페인어를 실컷 들을 수 있어 좋았고, 그 덕분에 알아듣는 것이 한결 편해졌다.

모든 것이 성공적일 수는 없었다. 가장 아쉬운 부분은 말이었다. 알아듣는 것이 편해져서 말도 어느 정도 회복할 수 있을 것이라고 생각했지

손실된 스페인어 실력을 회복하기 위해 방문한 마드리드 거리.

만 기대에 못 미쳤다. 잊고 있던 단어나 표현 등은 거의 다 기억을 했는데 막상 말을 하려니 쉽게 나오지 않았다. 게다가 전혀 예상하지 못한 상황이 무척 당혹스러웠다. 간단히 말하자면 정작 스페인에 갔는데 말할 기회가 생각보다 많지 않았다. 자신감이나 적극적인 태도와는 전혀 상관없는 일이었다. 가장 큰 이유는 바로 내가 더이상 젊은이가 아니라는 사실이었다. 마드리드로 떠나면서 나는 막연히 한국과 일본에 머물며 말을 배울 때를 떠올렸다. 낯선 곳에서 만나는 사람들과 유쾌하게 스페인어로 대화를 나누는 모습을 떠올리며 조금은 설레기까지 했다.

　하지만 '오늘의 나'는 그때의 '젊은 나'가 아니었다. 젊은 시절에는 오며가며 만나는 또래 젊은이들과 그 나라의 언어로 서로 편하게 어울리는 것이 전혀 어렵지 않았다. 자연스럽게 원어민들과 대화를 나눌 기회도 많았다. 그러나 50대 중반 중년 남성이 낯선 도시의 현지인들과 편하게 어울리며 그 나라 말을 사용해 볼 기회를 갖는 것은 결코 쉽지 않았다.

또 다른 변화도 체감했다. 인터넷과 IT의 발전으로 '말 자체가' 별로 필요 없었다. 예전에는 기차역 창구에서 현지인과 이야기를 나누며 끊어야 했던 기차표는 스마트폰 애플리케이션으로 간단하게 해결했다. 숙소도 그렇고 식당도 그랬다. 분명히 외국에 나와 있는데 말 한 마디 하지 않고도 얼마든지 일상을 유지할 수 있었다.

나는 마드리드에 도착하고 얼마 지나지 않아 낯선 숙소에 누워 나 자신과 세상의 변화를 정면으로 바라보았다. 그리고 오기 전 세운 계획을 수정했다. 조금 더 일찍 일어나 나가고 저녁에는 숙소에 일찍 돌아오기로 했다. 말하기 대신 읽고 쓰기에 더 시간을 갖기로 했다. 저녁마다 읽기 연습에 집중했다. 잊고 지낸 단어를 다시 외우고 새로운 단어를 꾸준히 익혔다. 차츰 읽기가 한결 편해지면서 자신감이 차올랐다. 도착한 첫날에 비해 새로운 정보를 받아들이는 속도가 한결 빨라졌음은 물론이다. 거리를 다닐 때마다 눈에 들어오는 단어가 늘어나니 도시가 훨씬 풍성하게 다가왔다. 외국어 학습을 하는 데 독해가 얼마나 중요한지를 다시 한 번 깨달았다.

하루하루 스페인어가 한결 편해졌다. 그러자 떠날 때가 되었다. 더 머물렀다면 말하기도 훨씬 좋아졌을지도 모른다. 마드리드 시내를 돌아다니면서 기회가 있을 때마다 사람들과 대화를 나눴지만 잘 모르는 사람들과 나눌 수 있는 대화의 폭은 한정적일 수밖에 없었다. 기껏해야 물건을 사거나 관공서 등에 들러 직원들과 이야기를 나누는 정도여서 큰 기대를 하기는 어려웠다. 대화를 나눌 만한 스페인 친구가 있었다면 훨씬 효과적이었겠지만 할 수 없는 일이었다.

스페인어는 나의 언어, 새로운 정체성을 획득한 로버트 파우저

그렇게 2주를 보낸 뒤 미국으로 돌아왔다. 짧은 시간이었지만, 나름 성공적이었다고 여겼다. 다만 영어의 바다인 미국에서 가만히 있으면 또 다시 손실이 일어날 것은 불 보듯 뻔한 일이었다. 이만큼이라도 회복한 스페인어 실력을 유지할 방법을 고민했다.

물리적으로 매일 한국어와 일본어에 할애하는 만큼의 시간을 낼 수는 없었다. 마드리드에 머물 때는 1970년대 스페인의 민주화 운동으로 명성을 얻은 신문 『엘 파이스』*El País*를 줄곧 읽었지만 미국에서는 그것보다 가벼운 읽을거리를 찾기로 했다. 예전이라면 내게 맞는 텍스트를 찾기 위해 고생을 해야 했지만 지금은 클릭 몇 번으로 손쉽게 해결할 수 있다.

그렇게 찾은 것이 '유니비전'Univision이었다. 미국의 주요 뉴스를 스페인어로 방송해 주는 서비스 사이트인데 주로 멕시코식 스페인어를 사용하면서 영어 인터뷰도 진행한다. 영어로 방송을 할 때는 스페인어 자막이 나온다. 이미 알고 있는 뉴스를 스페인어로 읽고 듣노라면 한결 이해하기 쉽다. 거의 매일 보고 있다.

또 하나 찾은 것은 미국인 스페인 학습자를 위한 사전 사이트였다. 신청자에게 이메일로 스페인어 문장과 영어 설명을 매일매일 보내준다. 유니비전에 들어가지 못하는 날은 이곳에서 보내준 자료라도 꼭 보는 걸로 규칙을 세웠다. 그렇게 매일매일 조금씩이지만 꾸준히 스페인어를 접하고 있다. 이렇게 꾸준히 하다 보니 어휘력이 눈에 띄게 늘었다. 문장을 읽는 속도도 점차 빨라지고 있어 공부하는 보람을 자주 느끼고 있다. 스페인어를 점점 익숙하고 편안하게 읽고 쓰는 나, 짤막하지만 때때로 기회가 생길 때마다 스페인어로 대화를 나누는 나를 발견할 때마다 나는 나 자신에게 새로운 정체성을 부여한다. 바로 '스페인어는 로버트 파우저의 언어'라는 것이다.

형편없던 과거는 이제 그만! 새로운 즐거움을 맛보는 나와의 만남

외국어 학습은 끝이 없다. 한국인의 눈에 한국어를 비교적 잘하는 것처럼 보이는 나에게도 그렇다. 이 말을 들으면 어쩔 수 없이 마음이 무거워질 것이다. 괜히 시작했나, 싶은 생각이 들 것이다. 학습기에 비해 유지기는 더 지루하고 고단하게 여겨지기도 한다. 하지만 사는 게 모두 그렇듯 힘든 점이 많으면 즐거운 일도 많다.

성인 한국인에게 아무래도 익숙한 영어를 예로 들어보자. 학창 시절 영어를 배운 누군가 영어를 다시 배우려고 결심을 했다. 그는 학습기를 새롭게 시작한 걸까. 유지기에 서 있는 걸까. 내 생각에 그는 유지기에 서 있다. 다만 지난 시절 좋았던 또는 형편없던 영어 성적에 대한 기억은 이제 잊어야 한다. 많든 적든 기억 저편으로 사라져 버린 단어들이 아쉽겠지만 그것을 한탄하기보다 지금 알고 있는 부분이라도 더 잃지 않기 위해 노력을 시작해야 한다. 새로운 것을 배우려고 조바심을 갖기보다 이미 알

미국의 기사를 스페인어로 번역 서비스해주는 웹사이트.

미국의 주요 뉴스를 스페인어로 방송해 주는 서비스 웹사이트 유니비전.

고 있는 것을 착실하게 다지는 유지기의 태도를 갖출 필요가 있다. 알고 있는 것이 아무리 하찮아 보여도 그것을 다시 확인하고 그 자리에서부터 시작하는 것이야말로 의미가 있다.

그렇다고 지루할 거라고 미리 생각하면 오산이다. 유지기는 절대 화석처럼 굳어 있는 시간이 아니다. 꾸준히 하다 보면 어디선가 기다렸다는 듯 새로운 것이 기다린다. 이름하여 우발적 학습이다. 알고 있는 것을 딛고 새로운 것을 내 것으로 삼는 즐거움이야말로 외국어 학습의 맛이다. 지금 실력으로 외국인을 만나서 말 한 마디 못한다고 스스로를 너무 자책하지 않아도 된다. 외국인을 만나서 말 한 마디 나누는 걸 목표로 삼고 지금부터 시작하면 된다. 그러면 다음 목표가 등장하고, 목표를 이룰 때마다 새로운 즐거움을 누릴 수 있다. 그렇게 하노라면 외국어 학습은 당신과 남은 평생 함께 할 좋은 친구이자 취미가 된다. 그리고 어느덧 당신은 스스로에게 새로운 정체성을 부여할 날이 올 것이다.

"이 언어는 나의 것이다."

영어만이
유일한 외국어?
세상은 넓고
배워서 좋은
외국어는 많다!

외국어를 공부해 본 사람은 세상이 얼마나 넓은지 안다. 나만의 새로운 동기로 만나는 외국어는 새로운 세상으로 당신을 안내할 것이다. 자, 그렇다면 어떤 외국어가 좋을까. 영어만이 전부가 아니다. 영어 아닌 외국어를 공부해본 사람은 영어를 벗어난 곳에도 무궁무진하고 광대한 영토가 존재한다는 걸 안다.

▶▶▶▶▶▶▶▶▶▶▶▶▶▶▶▶

우선순위 외국어 변천사

세계의 수많은 국가 중 한국은 '국어' 사용 인구가 압
도적으로 많은 나라다. 거의 모든 시민이 국어, 즉 한국어를 사용한다. 아
주 오랫동안 한국인들은 한국에 살면서 다른 언어를 사용할 필요를 거의
느끼지 않았다. 하지만 외국과의 교류가 많아지고, 한국을 찾는 외국인,
외국으로 나가는 한국인이 늘어나면서 언어 상황은 점점 다양해지고 있
다. 일상적으로 접하는 외국어 종류도 많아졌다.

서울에서 지하철을 타면 안내 방송이 나온다. 한국어로만 나오지 않
는다. 보통 영어, 중국어, 그리고 일본어 순으로 3개 국어 안내가 이어진다.
속초에 가면 러시아어 간판이, 부산에 가면 포르투갈어 간판이 여기저기
보인다. 서울 시내 곳곳에서 필리핀어 간판도 어렵지 않게 볼 수 있다.

그러나 대다수 한국인에게 여전히 외국어는 곧 영어다. 제1외국어
인 셈이다. 중국어와 일본어를 배우는 한국인들도 많지만, 대부분 가장
먼저 배워야 할 언어로는 역시 영어를 꼽는다. 이른바 제2외국어에 대한
관심은 사회적으로나 개인적으로 그리 크지 않다.

이런 분위기는 하루아침에 이루어지지 않았다. 그 뿌리를 찾아보면
개화기까지 가 닿는다. 19세기 중반 서양과 일본 제국주의 국가들이 무력
으로 조선의 빗장을 풀었다. 그 이전까지 조선의 지식인들에게 배워야 할
대상의 최우선순위는 한문, 즉 중국의 문자였다. 그러나 제국주의자들이

조선에서 활개를 치자 한문의 패권은 무너졌고, 그 자리를 영어·프랑스어·독일어·러시아어가 차지했다. 그뒤를 일본어가 이었고, 중국어는 후순위로 밀렸다.

1894~1895년 청일전쟁, 1904~1905년 러일전쟁을 치르면서 외국어 패권의 순서는 또 달라졌다. 이번에는 일본어가 가장 앞자리를 차지했다. 영어는 제2외국어 중 하나가 되긴 했지만 가장 중요한 언어로 대접을 받았다.

일제강점기에 접어들면서 일본어는 이제 외국어가 아닌 공용어가 되었다. 영어는 서양 언어 중에 여전히 가장 중요했다. 대학 교육을 받기 시작한 조선 상류층, 엘리트들은 일본어를 공용어로 구사하면서 영어를 배웠고, 교양 차원으로 독일어나 프랑스어 등을 배웠다.

1945년 해방 이후 외국어 패권은 또 변화를 겪었다. 일본어는 이 땅에서 사라져야 할 언어가 되었다. 정치 경제적으로 미국과 소련의 영향력이 커지면서 남한에서는 영어가, 북한에서는 러시아어가 제1외국어 자리를 차지했다. 그 이후로 한국에서 영어는 제1외국어 자리를 내준 적이 없다. 누구나 배워야 할 주력 외국어는 언제나 영어였다.

제2외국어의 우선순위는 여러 차례 달라졌다. 개화기 이후 1980년대 초반까지만 해도 독일어와 프랑스어가 대표적인 세2외국어였다. 교양 차원이긴 했지만 학교에서 과목으로 지정해 가르쳤고, 영어 외에 배워야 하는 언어라면 누구나 프랑스어나 독일어를 꼽았다. 하지만 1980년대 이후 분위기는 사뭇 달라졌다. 일본어가 강세를 보이기 시작하더니 1990년대 접어들면서는 중국어를 배우려는 이들이 압도적으로 늘어나면서 제2외국어의 우선순위로 올라섰다. 그리고 오늘날 교육 과정에는 일본어, 중

1908년경 한국에서 활동한 선교사 게트루드 E. 스네이블리(Gertrude E. Snavely).
이 무렵 서양 선교사들의 영향으로 한국에는 일찍부터 영어가 중요한 언어로 대접 받았다.
서던 캘리포니아 대학교 도서관 소장.

1908년 서양 선교사들이 운영한 이화학당 학생들.
서던 캘리포니아 대학교 도서관 소장.

국어, 독일어, 프랑스어는 물론 스페인어, 러시아어, 아랍어, 그리고 베트남어, 한문까지 독립된 과목으로 포함되어 있다. 학교 사정에 따라 선택 가능한 과목에 차이가 있긴 하지만 예전에 비해 훨씬 다양한 언어를 배울 수 있는 환경이 조성된 것처럼 보인다.

그러나 사회적 관심은 여전히 온통 '글로벌 영어'에 집중되어 있다. 실용적인 측면, 즉 그 효용으로만 보자면 글로벌 영어만큼 배울 가치가 압도적으로 높은 외국어는 찾아볼 수 없다. 그런 까닭에 한국의 초등학생들은 3학년이 되면 학교에서 영어를 배우기 시작한다.

다른 나라는 어떨까. 외국어 수업을 시작하는 시기는 나라별로 조금씩 다르다. 대체적으로 영어를 잘한다고 평가 받는 덴마크와 네덜란드의 경우 초등학교부터 영어를 가르치기 시작한다. 영어를 못하는 나라로 꼽히곤 하던 이탈리아는 교육 개혁을 통해 2000년대부터 6살 어린이에게 영어를 가르치기 시작했다.

제2외국어는 상대적으로 늦게 배우기 시작한다. 중학교부터 시작하는 학생들도 있긴 하지만 보통은 고등학교 때부터 배우기 시작한다. 하지만 입시에 크게 도움이 되지 않고, 수업 시간도 많지 않아 대부분 초급 수준에 머물다 졸업 이후에는 대부분 잊어버린다. 유럽을 비롯한 비영어권 국가들의 상황도 크게 다르지 않다. 국제공통어로 주로 사용하는 영어를 먼저 배우고, 제2외국어를 배운다. 이탈리아에서도 제2외국어는 11살부터 배우게 한다. 이에 비해 영어를 모어로 삼는 영국은 제1외국어를 11살부터 가르치고, 제2외국어는 필수 과목으로 지정하지 않는다.

하지만 유럽과 한국의 외국어 교육 현실에는 큰 차이가 있다. 하나의 대륙 안에서 다른 언어를 사용하는 국가들이 서로 인접해 있는 유럽에서는 국어 외에 다른 언어를 배우는 것이 매우 자연스럽다. 게다가 아예 두 개의 언어를 사용하는 이중언어 국가가 많아 두 개 언어를 필수로 배우게 하고, 외국어 한두 개를 필수 과목으로 지정하는 나라도 많다. 그런 나라에서는 성인이 될 때까지 무려 네 개의 언어를 배우기도 한다. 이중 언어 국가가 아니어도 이민자가 많은 유럽에서는 집에서는 가족이 사용하는 언어를, 학교에서는 국어로 지정한 언어와 제2외국어를 배우는 경우가 많다. 이런 환경에서 자란 이들은 성인이 될 때까지 역시 두세 개의 언어를 배우는 것이 일반적이다. 이들 나라에서는 외국어 교육 기간이 훨씬 길고 집중해서 가르치기 때문에 한국인들에 비해 제2외국어에 훨씬 익숙하다.

영어를 벗어난 자, 무궁무진한 영토를 만나리니

모어만 할 줄 아는 사람에 비해 외국어를 하나라도 공부해본 사람은 외국어를 통해 누릴 수 있는 세상이 얼마나 넓은지 경험으로 알고 있다. 성인이 된 지금, 그동안 모어로만 세상을 보았다면 어떤 외국어라도 배워볼 것을 권한다. 의무적으로, 억지로 해야 했던 외국어가 아닌 나만의 새로운 동기로 외국어를 배워보는 것은 그동안 경험하지 못한 새로운 세상으로 당신을 안내할 것이다.

자, 그렇다면 어떤 외국어를 시작하면 좋을까. 여전히 영어를 우선 순위로 놓는 이들이 많을 것이다. 이번 기회에 새로운 마음으로 다시 시작해 보겠다는 의지를 불태울 수도 있다. 하지만 꼭 그래야 할까.

영어가 아닌 다른 외국어를 본격적으로 공부해 본 사람은 영어를 벗어난 곳에도 무궁무진하고 광대한 영토가 존재한다는 걸 알고 있다. 외국어는 새로운 세상을 보는 창문이라는 말을 많이 한다. 여기에 동의한다. 이르면 초등학교 때부터 또는 중고등학교 시절부터 배운 영어만을 유일한 창문으로 알고 산다면 어쩐지 조금 아쉽다. 이왕 새로운 취미와 교양 과정으로 즐겁게 외국어를 배우고 싶다면 그동안 크게 관심을 두지 않던 진정한 의미의 제2외국어를 시작해 보면 어떨까. 거기에는 이전에 만나지 못한 새로운 세상이 당신을 기다린다.

나아가 우리가 외국어를 배우는 이유에 대해서도 진지하게 생각해 볼 필요가 있다. 결론부터 말하자면 외국어 학습은 이제 어떤 목표를 이루기 위한 수단이라기보다 외국어를 통해 교양을 높이고 지적 호기심을 채우기 위한 것으로 바뀌어야 한다.

나는 지금 외국어를 교양으로 볼 것이냐, 기능으로 여길 것이냐를 주제로 토론을 제안하는 것이 아니다. 외국어 학습의 특성에는 분명히 부단한 연습이 전제되어야 하는 기능적 측면이 있고, 외국어의 실용성이 강조되어 온 지 이미 오래다. 하지만 지금 우리가 다시 외국어를 배우는 이유를 생각해 보려면 외국어를 교양으로 접근하는 쪽이 한결 바람직하다. 너무 오래전 일이라 교양 증진 차원에서 외국어를 배운다는 것이 낯설게 여겨질 수도 있겠지만 역사적으로 볼 때 전혀 새로운 이야기가 아니다.

서양의 상류층 남성은 어릴 때부터 자연스럽게 라틴어를 배웠다. 라틴어는 이들에게 교양의 척도이면서 동시에 자신들의 신분을 드러내고 유지하는 도구였다. 서양만 그랬을까. 조선의 양반들은 어릴 때부터 한문을 읽고 쓸 줄 알아야 했다. 한문을 읽고 쓸 줄 안다는 것은 양반과 평민의 신분을 구분하는 상징이자, 양반 신분에 어울리는 지식을 획득하고 그럼으로써 교양을 장착할 수 있는 도구였다. 말하자면 외국어 학습은 그 자체로 교양이면서 신분의 상징이자 유지의 도구였던 셈이다. 또한 외국어 학습이 가능하다는 것 자체가 이미 특권 계층임을 드러내는 수단이기도 했다.

서양에서 오랜 시간 이러한 역할을 했던 라틴어는 그러나 한동안 프랑스어에 자리를 내줘야 했다. 한동안 유럽의 정치, 경제, 문화, 예술의 언어는 단연 프랑스어였다. 국가간의 외교 언어도 프랑스어였고, 국적과 관계없이 지식인이라면 프랑스어를 할 줄 알아야 했다.

하지만 프랑스어가 누리던 영화로운 시대는 저물고, 그 자리를 영어가 차지했다. 제국주의 시대를 거치며 '대영제국'이 그 기틀을 마련했고, 제1차 세계대전 이후 강대국으로 등장한 미국의 영향이 결정적이었다. 미국은 제2차 세계대전을 치르면서 초강대국이 되었고, 전 세계의 패권 국가가 되었다. 미국의 시대가 되었고, 그들의 언어, 영어의 세상이 마침내 도래했다.

영어에 자리를 내준 프랑스어는 어떻게 되었을까. 프랑스어는 새로운 방식으로 존재감을 드러내기 시작했다. 1980년대 이후 프랑스어는 이전과 다른 방식으로 사람들의 관심을 끌기 시작했다. 영어에 비해 실용성은 떨어지지만 취미와 교양 언어로는 어떤 외국어에 뒤지지 않는 프랑스어를 배우려는 이들이 전 세계적으로 늘어나기 시작한 것이다.

그러자 프랑스 곳곳에는 일정 기간 숙박을 제공하며 프랑스어를 배울 수 있는 기관들이 속속 등장했다. 적은 수의 인원을 대상으로 회화 중심으로 수업이 이루어졌다. 수업 내용은 어디까지나 취미나 교양 증진에 초점을 맞췄다. 예를 들면 작고 오래된 시골 마을의 소박한 숙소에 머물며 프랑스어를 일정 기간 배운다. 수업 내용에는 프랑스 와인의 역사와 즐기는 법이 포함되어 있고, 수업 중간중간 주변의 와인 양조장을 둘러보는 프로그램도 있다. 이런 식으로 어떤 지역에서는 프랑스 요리 문화를, 또 어떤 지역에서는 연극을 통해 고급 프랑스어를 배우는 프로그램을 제공하기도 한다. 비용은 결코 싸지 않지만 짧은 기간 안에 기초 프랑스어 회화와 관심 있던 분야에 대해 배울 수 있기 때문에 해외에서 배우러 오는 이들이 많다.

프랑스어만 이런 시도를 하는 건 아니다. 이탈리아나 스페인 등에서도 이렇게 진작부터 언어와 문화를 접목하여 가르치는 사설 교육 기관이 성업 중이다. 효과는 어떨까. 여기에서 프랑스어, 이탈리아어, 스페인어를 배우려는 이들의 목표는 결코 시험 성적을 높이거나 취직, 승진이 아니다. 이들은 외국어를 즐겁게 배우고 자신들이 배울 수 있는 만큼 그 수준 안에서 관심 있는 그 언어권의 문화를 접하는 것을 목표로 삼는다. 그러니 이들에게 외국어는 학습이면서 놀이이고, 교양을 높이는 수단이면서 지적 호기심을 채워주는 도구다. 이러한 학습자들의 필요를 알고 있는 기관들은 학습자들이 한껏 몰입하도록 흥미로운 내용으로 프로그램을 구성하고, 학습자들은 이에 적극적으로 참여하고 집중하기 마련이니 그 효과는 생각하는 그대로다. 우리가 추구해야 할 교양 증진을 목적으로 하는 외국어 학습은 이미 많은 이들에 의해 이미 오래전부터 이미 시작되고 있었다는 의미다.

서양의 언어만? 중국어와 일본어는? 가까울수록 쉬워지는 외국어

그렇다면 자, 이제 어떤 외국어를 배워볼까 생각해야 한다. 세상은 넓고 배워서 좋은 외국어는 많다.

아무래도 한국과 문화가 비슷한 일본어와 중국어를 배우는 것도 좋은 선택이다. 이 두 개의 언어는 서로 어족은 다르지만, 한국어와 깊은 연관성이 있다. 나보다 더 잘 알고 있겠지만 한국어 어휘의 약 70퍼센트는 한자에 어원을 두고 있다. 전문 용어를 포함한 숫자이긴 하지만 일상 용어 중에도 같은 뜻으로 사용하는 어휘, 즉 공통 어휘가 많다. 참고로 영어 어휘 가운데 라틴어에 어원을 둔 비율은 약 60퍼센트다. 한국어가 한자에 어원을 둔 비율보다 낮은 셈이다.

공통 어휘가 많으면 외국어를 학습할 때 매우 유리하다. 우선 접근하기가 쉽고, 어휘를 익히는 데 시간을 엄청나게 단축할 수 있다. 이런 질문이 나올 수 있다.

"한자를 잘 모르는데 중국어나 일본어를 다른 외국어보다 쉽게 배울 수 있어요?"

오늘날 젊은 세대들의 한자 실력은 전반적으로 결코 높다고 할 수 없다. 1970년대 이후 한국에서는 한자 교육을 둘러싼 논란이 끊이지 않았다. 이후 인쇄물에서 한자 표기는 거의 사라졌고, 학교에서도 배우는 학생 수가 줄었다. 오히려 한자 때문에 일본어나 중국어를 더 어렵게 생각하는 이들이 많다. 하지만 그럴까? 한자를 몰라도 중국어의 공통 어휘는 소리로 알 수 있다. 몇 가지 예를 들어보자.

한국어 : 한국
중국어 : 韩国 [hánguó]

한국어 : 정부
중국어 : 政府 [zhèngfǔ]

한국어 : 고속도로
중국어 : 高速公路[gāosù gōnglù]

한국어 '한국'의 '한'의 중국어 표기와 발음은 '韩', [hán]이다. 발음이
비슷하다. '국'의 중국어 표기와 발음은 '国', [guó]다. 역시 비슷하다. 중
국어 '韩国'은 [hánguó]라고 읽는다. 기억하기가 쉽다. 마찬가지로 중국
어 '政府'의 발음은 한국어와 유사하고 '고속도로'는 한 글자가 다르지만,
한자의 발음이 비슷하다. 기억하기 쉬우니 부담도 훨씬 줄어든다. 물론
중국어 발음 체계와 성조, 즉 사성四聲 등은 한국인에게 쉽지 않다. 하지
만 한국인에게만 어려운 게 아니다. 모든 외국인이 중국어를 배울 때 다
들 어려워한다. 이에 비해 한국인은 발음과 어휘에서 비슷한 부분이 많기
때문에 다른 외국인에 비해 중국어를 배울 때 압도적으로 유리하다. 한자
를 안다면 훨씬 더 그렇다. 중국에서 사용하는 간체자簡体字와 한국에서
사용하는 정체자正體字의 모양이 다르긴 하지만 정체자를 알면 간체자를
익히는 데 시간이 단축되는 건 물론이다. 외국어를 배울 때 쉽게 진입할

수 있느냐 여부는 매우 중요하다. 그런 면에서 볼 때 한국인들은 중국어를 시작할 때 공통 어휘라는, 다른 언어에 비해 진입하기 쉬운 넓은 입구를 확보한 셈이다.

일본어는 어떨까. 생각해 보면 한국인과 일본인에게 서로의 언어는 세상에서 가장 배우기 쉬운 외국어일지도 모른다. 중국어를 배우기 시작할 때 공통 어휘라는 매우 넓은 입구를 확보했다고 했는데, 일본어에는 그런 넓은 입구가 한둘이 아니다. 공통 어휘는 물론이다. 여기에 어순도 비슷하고 조사의 쓰임새와 발음도 비슷하다. 동사 활용 방식도 매우 유사하다. 받침이 많은 한국어에 비해 일본어는 받침이 하나밖에 없어 발음의 체계가 달라 보이지만, 조금만 익히면 이 역시 비슷하다는 점을 곧 알 수 있다. 두 개의 언어가 같은 어족에 속하는가, 아닌가에 대해서 언어학자마다 의견이 분분하지만, 학습자 입장에서 고려할 바는 아니고, 두 개의 언어가 거의 모든 면에서 서로 가깝고, 공통점이 많으니 배우기 쉽다는 점이 중요하다. 다른 언어에 비해서 비교적 쉽고 빠르게 배울 수 있다.

하지만 그렇다고 공짜로 주어지는 건 아니다. 한국인들 사이에서는 일본어 공부는 웃으며 시작했다가 울면서 나온다는 말이 있다. 다른 외국어에 비해 진입이 쉽다는 장점은 있지만 일정 단계 이후부터는 역시 열심히 공부를 해야 한다. 이 말은 한국어를 배우는 일본인에게도 똑같이 적용할 수 있다.

2000년대 중반 일본 가고시마 대학교에서 일본인 학생들에게 교양 한국어를 가르칠 때, 당시 2학년 학생들을 대상으로 숙제를 냈다.

"한글로 된 가고시마 관광 안내문을 일본어로 번역할 것."

10명의 일본인 학생들에게 똑같은 한글 관광 안내문을 배포하고 30분의 시간을 줬다. 2학년 학생들은 이미 1학년 때 한글과 한국어의 기본 문법, 기초 회화를 배웠다. 말하자면 아주 기초적인 수준의 학습 능력은 갖춘 단계였다. 결과는 어땠을까. 대부분 번역을 잘했다. 번역을 해본 소감을 묻자 자신들이 일본어에서 사용하는 한자를 한글에서 어떻게 사용하는지에 대해 익숙해지니 인터넷 사전에서 검색하는 속도가 빨라졌고, 정확하게 뜻을 알 수 있었다고 답했다. 듣기, 말하기, 쓰기, 읽기 중에 한국어는 읽기가 가장 배우기 쉽다고들 답했다. 학생들의 학업 성취도 역시 읽기가 가장 좋았다. 여기에서 읽기는 독해를 의미한다. 그것을 소리를 내서 읽는 것은 또다른 일이다. 아니나 다를까. 각자 번역한 한글 원문을 소리 내서 읽게 하니 역시 번역보다는 시간이 걸렸다.

한국어 : 공항
일본어 : 空港 [kuukou]

한국어 : 지하철
일본어 : 地下鉄 [chikatetsu]

한국어 : 고속도로
일본어 : 高速道路 [kousokudouro]

'공항'을 한자로 쓰면 空港이다. 한국어와 일본어에서 쓰는 한자가 같다. 일본어 히라가나로는 이를 'くうこう'로 쓰고, [kuukou]로 읽는다.

한국어에서 'ㅇ' 받침으로 끝나는 것이 일본어에서는 'う'[u]로 끝난다. 한국어의 'ㄹ'로 끝나는 한자말은 대부분은 'つ'[tsu]로 끝나기 때문에 쉽게 익힐 수 있고 '고속도로'는 한국어의 발음과 아주 비슷하다. '고속도로'의 각 글자 한국어 발음을 일본어의 단어 암기에 적용하면 '고등학교', '속도', '도로' 등등의 일본어 단어를 더욱 쉽게 배울 수 있다.

물론 일본인 학생들이 여기에 적응하는 데는 시간이 꽤 걸렸다. 한국인들이 일본어를 배울 때도 마찬가지다. 하지만 몇 개의 단어를 익히면 곧 익숙해진다. 일본어에서 한자를 읽을 때 훈독과 음독으로 읽는 경우가 많아 이 역시 어렵다. 인명과 지명은 모두 다 외워야 한다. 하지만 전 세계 어느 나라 사람이나 일본어를 배울 때 어려운 건 마찬가지다. 다만 한국인에게 좀 더 진입이 쉬운 장점을 잘 활용하면 훨씬 즐겁게 일본어를 배울 수 있다.

중국어와 일본어를 배우면 좋은 점이 많다. 우선 지리적으로 가까우니 쓸모가 많다. 상대적으로 저렴한 비용으로 여행도 쉽게 갈 수 있고, 교류가 많으니 다양한 문화를 접하는 데 도움이 된다. 내가 배운 외국어를 현지에서 쓸 기회를 많이 갖는 것은 외국어 학습에 대단한 동기가 된다. 중국어나 일본어로 된 책이나 잡지, 온갖 정보를 손쉽게 이해하는 것 역시 외국어를 배우는 커다란 즐거움 중 하나다. 한국인이라면 전 세계 어느 나라 사람보다 중국어나 일본어의 즐거움을 쉽고 빠르게 누릴 수 있다.

유럽의 언어는? 프랑스어, 독일어, 스페인어 등등
잘 갖춰진 토대를 활용하는 장점

이번에는 눈을 좀 더 먼 곳으로 돌려 보자. 개화기 이래 한국인들의 제2외국어 과목에서 빠진 적 없는 독일어와 프랑스어를 배워 보면 어떨까. 여기에 최근 배우는 이들이 무척 늘어난 스페인어와 러시아어도 생각해 보자. 실용적인 측면에서 어쩌면 썩 도움이 되지 않을 수 있다. 하지만 이들 언어를 배워 두면 이들 언어권이 오랜 세월 동안 축적한 문화 유산을 더 즐겁게 향유할 수 있다. 아울러 여전히 전 세계 각 분야의 첨단을 추구하는 이들의 현재진행형 문화 자원을 한결 빠르게 접할 수 있다.

한국인들이 프랑스어와 독일어를 배우기 시작한 역사는 이미 오래되었다. 이는 곧 한국인들에게 최적화된 사전과 교재가 이미 충분하다는 뜻이다. 이 언어를 사용하는 사람들의 숫자, 보급의 분포, 이 언어권 국가들의 경제 규모 등을 따져 보면 그 쓸모가 상당하다. 어느 나라에서도 주요한 언어로 꼽히기 때문에 문화, 예술 분야를 비롯해 접할 수 있는 자원도 매우 풍부하다. 또한 이 언어권의 도시들이 대부분 여행지로 손꼽히는 곳들이라는 점도 선택의 고려 대상이다.

한국인들이 스페인어를 배우기 시작한 건 대한민국 건국 이후부터로 알려져 있다. 독일어나 프랑스어에 비해 주목을 받지 못하다 최근 젊은 층들 사이에 인기를 끌고 있다.

그에 비해 러시아어는 익숙하지 않다. 개화기 당시에는 배우는 이들이 많았지만 일제강점기 이후 한국전쟁을 거쳐 분단된 뒤로 1990년대까지 한국에서 특별한 이들을 제외하고 러시아어를 배우려는 이들은 극히 드물었다. 하지만 전 세계적으로 냉전이 종식되면서 한국 역시 러시아와 교류가 이어지면서 학습자들도 늘었고, 러시아를 여행지로 선택하는 이들도 꽤 늘었다.

이들 언어는 중국어나 일본어에 비해 접근 자체가 쉽지 않다. 하지만 과연 그렇게 생소하기만 할까. 영어를 배운 경험은 이럴 때 도움이 된다. 즉, 영어는 이들 언어에 한층 가깝게 다가가도록 도와주는 학습 가교다. 같은 라틴어에 어원을 둔 영어를 활용하면 새로운 단어를 외우는 데 확실히 도움이 된다.

영어 : idea
스페인어 : idea
프랑스어 : idée
독일어 : Idee
러시아어 : идея [ideya]

예를 들면 영어의 'idea'는 스페인어로 그대로 'idea'이며 프랑스어는 'idée', 독일어는 'Idee', 그리고 러시아어는 'идея'[ideya]다. 모두 다 라틴어에 어원을 둔 덕분에 단어들이 아주 비슷하다.

2020년 코로나19 팬데믹으로 인해 전 세계 어느 나라나 건강과 의학에 대한 뉴스가 압도적으로 늘었다. 타국에서 갑자기 몸이 아프면 영어의 'doctor'(의사)에 해당하는 단어를 알고 있는 것이 도움이 된다. 이 말은 원래 라틴어에서 왔는데 프랑스어를 통해 영어로 굳어졌다. 라틴어를 어원으로 두고 있으니 유럽 여러 나라 언어와 비슷한 것은 물론, 유럽의 제국주의로 인해 아프리카와 아시아 국가로까지 보급이 되었다. 아래 예시를 보면 한눈에 알 수 있다.

영어 : doctor

스페인어 : doctor

프랑스어 : docteur

이탈리아어 : dottore

러시아어 : доктор[doktor]

네덜란드어 : dokter

인도네시아어 : dokter

스와힐리어 : daktarin

요루바어 : dokita

단어 하나를 통해 흥미로운 지점을 여럿 발견할 수 있다. 이를테면 라틴어의 영향으로 스페인어, 프랑스어, 러시아어, 그리고 네덜란드어는 영어와 비슷하다. 특히 스페인어는 영어와 알파벳이 똑같은 단어도 여럿이다.

오랜 시간 네덜란드의 지배를 받았던 인도네시아는 네덜란드와 글자가 동일하다. 19세기 영국의 지배를 받은 서아프리카의 주요 언어인 스와힐리어의 'daktarin'은 영어의 영향을 받았고, 영국의 지배를 받은 나이지리아의 주 언어 중 하나인 요루바어의 'dokita' 역시 영어에서 비롯했다.

라틴어에 어원을 두긴 했지만 다르게 사용하는 경우도 있다. 라틴어의 'doctor'는 '의사'이기도 하지만 '선생'이라는 의미도 있다. 한편 라틴어의 'medicus'의 의미는 '의사'다. 영어의 'medical'(의학의, 의료의), 'medi-cine'(약)와 같은 말에서 그 어원의 영향을 쉽게 찾을 수 있는데, 그래서인지 유럽 몇몇 국가에서 의사는 'doctor'가 아닌 'medicus'에 어원을 둔다.

포르투갈어 : medico
스페인어 : medico
이탈리아어 : medico

여기에서도 양상은 조금 차이가 있다. 즉, 포르투갈어에서 의사는 주로 'medico'만 사용하지만 스페인어와 이탈리아어에서는 'doctor'와 'medico', 'dottore'와 'medico'를 같이 쓰기도 한다.

어려운 단어일수록 비슷한 사례는 더 볼 수 있다. 예를 들면 영어의 'international cooperation'은 스페인어로 하면 'cooperación interna-cional', 프랑스어로는 'coopération internationale'이다. 로망스어군에 속하는 스페인어나 프랑스어는 게르만어군에 속하는 영어와는 비록 어순은 다르지만 몇몇 원칙만 익히면 영어와 비슷한 단어가 많아 쉽게 암기할 수 있다.

한편 독일어는 좀 다르다. 독일어로 앞서 언급한 의사라는 뜻의 단어는 독특하게 고전 그리스어에 어원이 있는 'Arzt'다. 그런데 이에 비해 영어의 'international cooperation'은 독일어에서도 비슷하게 'interna-tionale kooperation'이다.

말하자면 모름지기 하나의 언어는 오랜 시간에 걸쳐 오늘날에 이르렀다. 그런 만큼 각각의 개성이 있기 마련이다. 따라서 가까운 언어라고 해서 절대적인 도움을 준다고 말하기는 조심스럽다. 그렇지만 라틴어에 어원을 둔 외국어를 학습할 때 영어를 배운 경험을 활용하면 한결 쉽게 익힐 수 있다.

영어를 배운 경험은 여러 언어권의 언어를 공부할 때 단어만이 아니라 발음과 문법을 익히는 데 도움이 된다. 영어와 같은 게르만어군인 독일어는 발음 체계가 영어와 유사하다. 한국인들은 독일어를 배울 때 자음을 연결하는 발음을 어려워하는데 이때도 영어를 활용하면 도움이 된다. 예를 들면 '길'이라는 한국어는 영어로 'street', 독일어로 'Straße'다. 두 언어의 단어 첫 'str' 자음 연결이 똑같다. 또한 영어에서 자주 나오는 [kt] 발음은 독일어에서도 자주 나온다.

> 한국어 : 만들었다
> 영어 : made
> 독일어 : gemacht

독일어 'gemacht' 끝소리 발음은 영어 동사 과거형 끝에 자주 나오는 [kt]와 거의 비슷하다. 즉, 독일어 'cht' 부분 발음이 영어의 'talked'나 'walked'에 나오는 'ked' 부분 발음과 거의 같다. 이런 점을 알면 독일어 발음을 익히기가 한결 수월하다.

다른 외국어는 어떨까. 독일어와 영어에 비해 프랑스어와 영어, 스페인어와 영어의 발음 체계는 사뭇 다르다. 영어와 독일어 같은 게르만어군에서는 자음 연결이 많지만, 로망스어군인 프랑스어와 스페인어에는 그리 많지 않기 때문이다. 스페인어는 특히 자음과 모음이 반복적으로 나오는 말이 많아 얼핏 일본어와 비슷한 느낌이 들기도 한다.

Necesito una computadora nueva.
나는 새 컴퓨터가 필요하다.

스페인어 문장인데, 여기에 쓰인 'necesito', 'nueva', 'computadora'
는 각각 영어의 'need', 'new', 'computer'와 같은 의미로 스펠링은 비슷
해 보인다. 하지만 단어의 글자를 자세히 살펴보면 거의 다 자음 모음 자
음 모음으로 이루어졌다. 일본어처럼 말이다. 그러니 영어와 일본어를 배
운 경험이 있는 한국인이라면 두 언어의 지식을 활용해서 스페인어를 한
결 쉽게 익힐 수 있다.

발음을 좀더 살펴보면 이렇다. 프랑스어, 스페인어, 독일어에는 영
어와 같은 [f] 발음 단어가 많다.

영어 : photo
프랑스어 : photo
스페인어 : foto
독일어 : Foto

프랑스어는 영어처럼 [f] 발음을 알파벳 'ph'로 표시하는 것이 흥미
롭다. 스페인어와 독일어는 소리 나는 대로 'f'로 표시한다. 영어의 [f] 발
음을 적용하면 정확한 소리를 낼 수 있다.

사례를 더 들어보자. 영어의 'treasure'[treʒə(r)] (보물)나 'garage'[gə|rɑːʒ](차고)의 [ʒ] 발음을 소리 내보자. 많은 한국인들이 어려워하는 대표적인 발음 중 하나다. 영어에서 이 발음의 빈도는 [f]보다 적어 연습할 기회가 많지 않다. 하지만 프랑스어를 배우다 보면 이 발음이 자주 나온다. 많은 한국인이 프랑스어의 'j'를 영어의 'j'처럼 발음하는데 이는 잘못된 것이다. 가장 많이 사용하는 인사말인 'bonjour'의 'j' 발음도 [ʒ]다. 그러니 이 발음을 잘 못하면 인사말도 잘 못하게 되는 셈이다. 물론 뜻이 안 통하는 건 아닐 테고 한국인이 이렇게 인사를 하면 대다수 프랑스인은 반갑게 인사를 하겠지만 외국어 학습의 즐거움 중 하나가 그 나라 말로 인사말을 멋지게 하는 것이라고 한다면 정확한 발음 정도는 익히는 것이 좋다. 어쩌다 현지인으로부터 발음이 좋다는 칭찬이라도 받게 되면 기쁨이 배가되는 것은 물론이다. 영어 공부를 할 때 [ʒ]를 잘 배워두면 프랑스어를 배울 때 도움이 된다.

영어 학습 경험이 비슷한 어군의 외국어를 배울 때 도움이 되는 가장 큰 장점은 바로 어순이다. 즉, 프랑스어·독일어·스페인어·이탈리아어 등은 어순이 영어와 매우 비슷하다. 또한 관사와 전치사 역시 유사한 점이 많다.

영어를 모어로 하는 내가 스페인어를 배울 때 가장 도움이 되었던 부분도 바로 영어와 비슷한 어순이었다. 반면 일본어를 배울 때 가장 어려운 것도 영어와 전혀 다른 어순이었다.

영어에서는 명사를 설명하는 관계절이 명사 뒤에 나오지만 일본어는 명사 앞에 나온다. 영어 문장은 대부분 주어로 시작하는데, 일본어는 관계절로 문장을 시작하는 경우가 많아 익숙해지는 데 시간이 많이 걸렸다. 마치 우주의 언어를 배우는 것 같았다. 그런데 일본어를 익히고 나니 이번에는 한국어를 배우는 데 큰 도움이 되었다. 어순이 비슷하기 때문이다. 이처럼 기존에 알고 있는 외국어와 어순 같은 구조적 측면이 비슷한 외국어는 새로운 개념을 익히는 단계를 생략할 수 있어 쉽고 빠르게 배울 수 있는 장점이 있다. 이는 지극히 당연한 이야기다. 하지만 그렇다고 해서 모든 것이 똑같은 건 아니니 긴장은 필요하다.

영어의 관사에는 젠더, 즉 성 개념이 없지만 서유럽 언어 중 상당수에는 젠더 개념이 있다. 한국인에게는 참으로 낯선 것이어서 개념을 익히는 데는 시간이 필요하다. 또한 프랑스어, 스페인어, 이탈리아어 등 로망스어군에 속한 언어는 형용사가 명사 뒤에 나온다. 유명한 영화 제목『카사블랑카』Casablanca는 모로코의 도시 이름이기도 하지만 스페인어로 하얀 집이라는 의미다. 카사casa는 집, 블랑카blanca는 하얀이라는 뜻이다. 이처럼 명사+형용사의 순서가 영어나 한국어와는 다르다.

앞에서 언급한 스페인어 문장 'Necesito una computadora nueva.'를 다시 보자. 여기에는 대명사가 없다. 스페인어에서는 동사로 행위의 주체를 표시하기 때문에 대화에 대명사가 없다. 한국어와 일본어에도 대명사가 없는 건 마찬가지지만 스페인어와 달리 동사에 행위 주체를 표시하는 대신 맥락으로 이해할 수 있다는 점이 다르다. 이와 달리 스페인어와 가까운 언어인 프랑스어는 연음이 많아 대명사를 반드시 사용해야만 문장의 의미를 정확히 파악할 수 있다.

영어 화자로서는 문장에서 대명사가 없다는 것에 익숙해지기 쉽지 않다. 나 역시 처음 스페인어를 배울 때 이질감을 느끼곤 했다. 하지만 스페인어를 배우고 난 뒤 일본어와 한국어를 배울 때는 문장에서 대명사가 없는 언어에 대한 이질감을 거의 느끼지 못했을 뿐만 아니라 문맥으로 행위의 주체를 이해하는 언어의 특성을 비교적 어렵지 않게 받아들일 수 있었다.

이처럼 하나의 언어, 하나의 외국어를 학습한 경험은 확실히 다른 언어를 배우고 익히는 데 도움이 된다. 처음에는 어려운 듯해도 배우면 배울수록 그동안 학습해 온 언어와 비슷한 점, 다른 점에 익숙해지면서 익혀 나가기가 한결 쉬워진다. 이렇듯 조금이라도 도움이 되는 편을 선택하여 활용하는 것이 아예 외국어 학습을 포기하는 것보다는 백 번 나은 일이다.

슬럼프를 대하는 올바른 자세, 한 번 좌절로 외국어 포기는 금물!

그렇다고 해서 하나의 언어를 잘하는 사람이 새로운 언어도 무조건 잘한다고 생각해서는 안 된다. 그 반대로 외국어 학습에 좌절한 경험이 있다고 해서 아예 다른 언어도 배우기 어려울 거라고 지레 짐작하고 포기할 일도 아니다.

모든 언어들은 서로 관계가 깊기도 하고 멀기도 하지만 분명한 점은 각 언어마다 고유한 특색이 있다는 점이다. 모두 다 다르니 한 번 좌절했다고 외국어 전체를 포기할 필요는 없다. 모름지기 언어는 배울 것도 많고, 흥미로운 점도 많다. 언어를 배우다 보면 그 나라의 특징도 저절로 이해할 수 있다. 그동안 외국어 학습의 경험을 통해 공통점은 잘 활용하여 효율성을 높이면 좋지만, 그로 인한 선입견을 가질 필요는 없다.

미국인으로서 한국과 일본에 오래 살고 있으니 외국어를 배우는 일이 나에게는 늘 즐거울 거라고 생각하는 이들이 많다. 물론 새로운 언어를 배우는 일은 대체적으로 흥미롭고 보람 있긴 하지만 나 역시 외국어 학습이 언제나 즐겁고 신나기만 한 일은 아니다. 좌절할 때도 있고 과연 잘 할 수 있을까 자신이 없어지기도 한다. 그럴 때 찾아오는 것이 슬럼프다.

슬럼프의 유형도 매우 다양하다. 자발적으로 배우려는 의지가 강한 학습자와 학교에서 필수 과목으로 배워야 하는 학습자의 슬럼프는 같을 수 없다.

나의 경우를 예로 들어 보면 이렇다. 처음으로 배운 외국어인 스페인어를 공부하는 동안 슬럼프에 빠진 기억은 거의 없다. 선생님도 좋았고, 성적도 잘 받았고, 칭찬도 자주 들었기 때문에 늘 즐거웠다. 멕시코에서 홈스테이를 했던 시간도 큰 도움이 되었다. 지난 2018년 거의 40여 년 만에 다시 스페인어를 집중적으로 연습하기 위해 마드리드에 머물면서 스페인어로 말하고 듣고 읽다 보니 그동안 잊고 있던 즐거움이 되살아났고, 심지어 지난 시간 스페인어에 소홀했던 것이 후회가 될 정도였다.

그렇다면 일본어와 한국어는 어땠을까. 늘 즐거웠다고 말하면 좋겠지만 간혹 찾아오는 슬럼프를 피하지 못했다. 이는 두 언어의 특징 때문이 아니었다. 오히려 동기 부여는 지나치게 높은데 학습 진도가 의욕만큼 나가지 못하는 데서 찾아오는 슬럼프였다. 예를 들어 한국인과 일대일로 대화가 잘될 때는 자신감이 차올랐지만 한국인들 몇 명이 모인 자리에서 그 대화에 따라가기 힘든 나 자신을 발견할 때는 좌절할 수밖에 없었다. 무엇보다 유머를 따라가기가 어려웠다. 모른다고 말하고 싶지 않아 그냥 같이 웃고 넘어가면서도 속으로는 우울해지곤 했다. 물론 일본어를 배울 때도 마찬가지였다. 그렇지만 나는 포기하지 않았다. 오히려 그때마다 더 공부를 해야겠다는 투지를 불태웠다.

1990년 고려대학교 영어교육과에서 영어를 가르칠 때였다. 오랜만에 학습자 입장에서 새로운 외국어를 공부하고 싶었다. 어떤 언어가 좋을까 생각하다가 독일어로 결정했다. 세계적으로 미국과 소련의 냉전이 끝나고, 독일의 통일은 물론 유럽통합이 이슈가 되던 시기였다. 이런 정세에 관심이 많은 것이 선택의 이유였다. 남산에 있던 독일문화원을 찾아 독일어를 공부하기 시작했다.

독일어는 영어와 같은 게르만어군이라는 점을 알고 있었고, 바로 그 점 때문에 한국어와 일본어에 비해서 쉬울 거라고 생각했다. 하지만 아니었다. 스페인어에 비해 문법도 까다롭게 여겨졌고, 외울 것이 너무 많았다. 모든 명사는 남성·여성 그리고 중성으로 구별한다는 점, 관사에는 네 개의 격이 있다는 점도 낯설었다. 영어의 'the'에 해당하는 말이 3개의 성별과 4개의 격에 따라 'der', 'die', 'das', 'des' 'den', 'dem' 등 모두 다른 것도 복잡하게 여겨졌다. 나에게 너무 복잡하고 귀찮았고 어느 순간 마음속으로는 '하다가 잘 안 되면 틀리면 되지 뭐'라는 생각을 할 정도였다. 수업이 끝난 뒤 같이 공부하던 한국인 친구와 맥주 한 잔 하면서 독일어의 어려움을 서로 토로하던 기억이 지금도 선명하다.

돌이켜보면 이는 외국어 학습 과정에서 겪는 슬럼프일 수도 있지만 근본적으로 독일어의 언어 구조가 나와 잘 맞지 않았기 때문이었던 듯하다. 독일어에 대한 관심과 호감은 여전히 강했지만 문법 구조를 익히는 것에 알 수 없는 거부감이 들곤 했다. 그렇다고 아예 포기하지는 않고 꾸준히 배우기는 했는데, 그때 읽은 마크 트웨인의 에세이 중 이런 내용이 있었다.

"언어에 재능 있는 사람은 영어는 30시간 안에, 프랑스어는 30일 안에, 독일어는 30년 안에 배울 수 있다."

1880년대 독일을 다녀온 트웨인이 『지독한 독일어』*The Awful German Language*라는 책에 토로한 글인데 이 글을 보면서 어느 때보다 깊이 공감했던 기억이 새삼스럽다.

중국어 역시 만만치 않았다. 정규 교육 과정이나 기관 등에서 제대로 공부한 적은 없고 주로 독학으로 익혔다. 가장 큰 장벽은 바로 성조였다. 연습은 즐겁게 했지만 실전에서는 늘 어려웠고, 성조의 차이를 외우고 적용하는 것이 늘 버거웠다. 독학을 하다 보니 선택할 수 있는 교재는 모두 발음과 성조로부터 시작하는 것이어서 더 그랬던 것 같다. 오히려 가벼운 문장이나 대화부터 시작했다면 훨씬 즐겁게 배울 수 있지 않았을까 생각한 적도 있고, 엄격한 과정을 통과해야 하는 학교나 기관에서 스파르타식으로 배웠더라면 집중적으로 실력을 키울 수 있지 않았을까 하는 생각도 자주 했다.

물론 즐거움이 없지는 않았다. 2005년 베이징에서 열린 학회에 참여할 때 일부러 도시 곳곳을 혼자 다녔다. 현지에서 중국인 젊은 부부와 대화를 나눌 때는 중국어를 배워 두기 잘했다는 생각도 들었고, 자신감도 훨씬 충만해졌다.

이처럼 외국어 학습을 즐기는 성향을 지녔더라도 언어적 특성이 학습자와 맞지 않아 어려움을 겪을 수도 있다는 것은 어떤 외국어를 선택해서 배울까를 결정할 때 주의 깊게 살펴볼 지점이 아닐까 한다. 아울러 이에 대한 외국어 학습 관련 학계의 연구도 필요해 보인다.

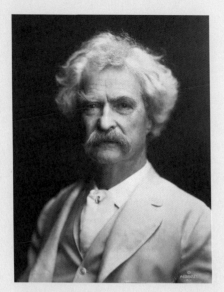

마크 트웨인.

마크 트웨인이 쓴 『지독한 독일어』 책 표지.

외국어 학습 과정의 슬럼프를 생각하니 일본 가고시마 대학교에서 나에게 한국어를 배운 학생이 떠오른다. 외국인이 한국어를 배우려면 우선 한글과 발음부터 시작한다. 그 학생은 처음부터 발음이 매우 정확했다. 때로는 한국인이 말하는 것처럼 들리기도 했다. 한글을 배울 때도 즐거워했고 실제로 글씨도 잘 썼다. 시험 점수가 좋았던 것은 두말할 필요가 없다. 그런데 문법 단계로 접어들자 완전히 양상이 달라졌다. 시험 점수도 신통치 않았고 결석도 잦았다. 이유를 물으니 "문법 공부가 어렵고 싫다"고 답했다. 그는 결국 슬럼프에서 회복하지 못했고 한국어 수업에 흥미를 완전히 잃었다. 간혹 교정에서 마주칠 때면 반갑게 인사를 나누긴 했지만 '한국어는 완전히 잊어버렸다'며 겸연쩍게 웃곤 했다.

그도 내가 독일어 문법이 싫었던 것처럼 한국어 문법이 싫었던 듯하다. 그것이 어떤 부분인지 정확하게 파악하고 계속 공부를 할 것인지 아닌지를 결정해야 하는데 하나가 싫으면 다 싫어지니 그 싫은 마음이 언어 학습 전반을 좌우하게 되고 그러다 보면 언어 학습 자체를 포기하는 것으로 이어지곤 한다. 나의 경우는 문법은 싫지만 독일어를 통해 누릴 수 있는 즐거움을 생각하면서 포기하지 않고 공부를 이어나갔지만 그 친구는 자신이 맛본 한글과 발음의 즐거움이 문법의 괴로움을 극복하는 데 도움이 안 되었던 듯하다.

외국어 학습은 매우 길고 어렵고 복잡한 과정을 수시로 거쳐야 한다. 하지만 그보다 어떤 학습자가 어떤 언어를 만나느냐 하는 것도 중요한 변수다. 개인에 따라 잘 맞는 외국어도 있고 아닌 외국어도 엄연히 존재한다. 그렇게 보자면 하나의 외국어를 잘했다고 모든 언어를 잘하는 게 아니다. 반대로 하나를 못했다고 모두 다 포기할 일도 아니다. 즉, 어떤 언어를 선택해서 배울까를 잘 결정하는 것이야말로 외국어 학습 성공의 기본 전제 조건이라 할 수 있겠다.

베트남어부터 에스페란토까지, 도전!
단 한 번도 접하지 않은 외국어 시작하기

이왕 범위를 영어 밖으로 넓혔으니 아예 한 번도 경험해 보지 못한 새로운 외국어를 배워 보는 것도 시도해 볼 만한 일이다. 한국인들에게 비교적 생소한 외국어 중에서 골라보는 것이다. 이탈리아어나 포르투갈어·네덜란드어·스웨덴어·덴마크어 같은 서양 언어도 좋겠고, 인도네시아어나 태국어·베트남어도 좋겠다. 이런 언어들은 원어민 화자들도 세계적으로 많지 않고, 한국에서 배우려는 사람도 많지 않아 사전이나 학습 자료도 거의 없고, 지리적으로도 한국과 멀리 있어 동기 부여도 쉽지 않다. 하지만 남들이 가지 않은 길을 가보는 즐거움이 다른 언어에 비해 비교할 수 없을 정도로 크다. 새로운 취미나 교양의 언어로 배우기에 어쩌면 더 좋은 선택일 수 있다.

인도네시아 인구는 세계 4위, 면적은 세계 14위다. 힌두교, 불교, 이슬람교가 중첩된 데다 네덜란드의 영향으로 서구 문화까지 섞여 매우 독특한 역사와 문화를 형성해 왔다. 베트남은 최근 한국과의 경제적 교류가 늘어나면서 관심을 갖는 이들이 부쩍 늘었다. 인도네시아어나 태국어 등은 한국어나 영어와 공통 어휘도 거의 없고 문법 체계 역시 완전히 다르다. 그나마 베트남어는 한국어처럼 한문을 사용한 역사가 있기 때문에 한자어가 있긴 하다. 물론 오늘날에는 거의 한자를 쓰지 않고, 베트남어에 특화한 로마자 '쯔 꾸옥 응으'chữ Quốc ngữ를 쓴다. 그렇지만 공부할수록 한국어와 비슷한 단어를 뜻밖에 많이 만나게 된다.

예를 들면 '대학'은 베트남어로 'đại học'으로 쓰고, '학자'는 'học giả'로 쓴다. 한자에서 온 '학'學을 한국어와 비슷하게 'học'으로 쓰는 것을 알 수 있다. 이렇게 생소한 외국어를 배우다 보면 전혀 접해 보지 않은 언어권의 문화에 대해 풍부하게 접하는 즐거움이 있다.

한국어 : 대학
베트남어 : đại học

한국어 : 학자
베트남어 : học giả

'쯔 꾸옥 응으'의 'quốc'은 '국'國의 베트남어 발음인데 다음과 같은 단어에 자주 나온다.

한국어 : 한국
베트남어 : Hàn Quốc

한국어 : 국제
베트남어 : quốc tế

한국의 '한'은 중국어와 비슷하게 Hàn으로 표기하고 여기에 'Quốc'을 붙이면 한국어, 중국어와 유사한 Hàn Quốc이 된다. 베트남어 표기법에 따라 두 글자 사이에 한 칸을 뗀다.

한국어 '국제'의 '제'는 베트남어로는 'tế'로 표기하는데 한국어 경제학에 해당하는 'kinh tế học'의 '제'와 같은 발음이라 한자의 어원은 달라도 한국어 '제'는 베트남어 'tế'로 주로 표시하는 것을 알 수 있다.

한국어 경제학에 해당하는 'kinh tế học'의 'kinh'은 한국어 '경'과 같은 'k'로 시작하는 것은 비슷하지만 마지막 부분의 'ㅇ'은 'nh'로 표기하는 것은 약간 차이가 있다. 하지만 크게 보았을 때 비슷하게 들리는 것을 알 수 있다. 이처럼 베트남어 문자는 한자처럼 단어의 의미를 글자에서 직접 보여주고 있지는 않지만 각 음절의 한자 어원을 상상하면 그 의미를 파악할 수 있는 단어가 순식간에 확장된다.

'quốc'의 첫 발음은 'ㄱ'과 비슷하다. 한국어, 중국어, 일본어, 베트남어의 '국'國의 발음은 모두 다 [k] 또는 [g]로 시작하기 때문에 다른 언어에 비해 한국인들이 외우기 쉽다.

그렇지만 무조건 쉽다는 의미는 아니다. 유럽 언어는 서로 다르지만 기본적으로 알파벳은 비슷하다. 이에 비해 한자권 언어들은 한자를 공통적으로 사용하긴 하지만 문자가 제각각이다. 따라서 같은 한자권 언어이긴 하지만 그 언어를 배우려면 우선 문자를 알아야 한다. 그래야만 읽기와 쓰기에서 공통점을 찾아볼 수 있는 단계에 진입할 수 있다. 또한 중국어와 베트남어는 성조가 있고, 발음 체계가 한국어와 달라서 소리를 들어도 의미를 바로 떠올리기 어렵다. 때문에 각 언어의 문자를 먼저 배운 뒤그 문자를 통해 단어를 익히면서 공통점을 익혀 나가는 것이 효율적이다.

이 단계를 통과하면 단어 습득 속도는 한결 빨라진다. 한자권 언어들이 비록 서로 어족은 다르지만, 한자어에서 비롯한 단어가 많기 때문이다. 각 언어들마다 편차는 조금 있겠지만 약 60~70퍼센트 정도가 한자어에서 유래했고, 나머지 30~40퍼센트 정도가 고유어다. 다만 한자어에서 온 단어는 전문적이거나 고급 단어인 경우가 많아 읽기와 쓰기에 유용하고, 일상 회화에서는 고유어 단어를 따로 익힐 필요가 있음을 기억해 두어야 한다.

이외에도 중동 지역의 아랍어, 터키어, 이란의 국어인 페르시아어는 어떨까. 이들 언어는 원어민 화자가 많고, 인류 역사로 놓고 볼 때도 중요하다. 또한 이들 지역의 문화 예술의 수준은 매우 뛰어나 볼수록 흥미롭다. 언어를 배우면서 이들 언어권의 문화에 대한 관심을 갖는다면 세상을 보는 눈이 이전과는 달라질 것이다. 터키어라면 한국어와 어순과 동사 활용이 비슷해서 접근이 한결 쉽고, 터키어를 배우면 같은 튀르크어족인 카자흐어도 쉽게 배울 수 있다는 장점이 있다.

어떤 이들은 외국어 학습을 통해 다양한 사람을 만나기를 바라고, 나아가 그들과의 끈끈한 연대감, 유대감을 꿈꿀 수도 있다. 그런 이들이라면 에스페란토를 눈여겨볼 만하다. 세계 어느 나라에서도 사용하지 않지만 세계 수많은 이들이 사용하고 있는 국제어 에스페란토는 1887년에 폴란드 안과의사 루도비코 라자로 자멘호프Ludwik Łazarz Zamenhof, 1859~1917가 처음 만들었다.

자멘호프가 에스페란토를 만든 건 민족과 관계없는 오로지 중립적인 언어가 필요하다고 생각했기 때문이다. 이유가 없을 리 없다. 유대인이었던 그는 당시 폴란드에서 일어나고 있는 여러 민족끼리의 갈등이 서

1922년 4월 제네바에서 열린 에스페란토 사용에 관한 국제 회의. 제네바 유엔 사무국 소장.

1908년 당시 자멘호프.

폴란드 에스페란토 도서관.

어린이용 에스페란토 교재.

로 다른 언어 때문이라고 여겼다. 이를 극복하기 위해 스스로 '민족이라는 정체성이 아예 없는' 중립적인 언어 에스페란토를 개발한 것이다.

에스페란토는 로망스어군, 특히 프랑스어를 토대로 삼았다. 여기에 독일어와 영어는 물론 당시 폴란드에서 많이 사용하던 러시아어와 폴란드어의 특징도 반영했다. 민족적 특징을 초월하여 누구나 사용하는 중립적인 언어를 표방하는 에스페란토가 유럽의 주요 언어를 토대로 만들어진 것은 곧 유럽 언어의 패권을 드러낸 것이라는 비판이 있긴 하지만, 서로 다른 국가와 민족의 구성원이 제3의 언어를 통해 연결하고 나아가 유대감을 형성한다는 점에서 에스페란토의 존재 의미는 충분하다고 보는 이들이 많다.

20세기에 접어들면서 에스페란토의 취지에 동감하는 이들이 늘면서 유럽에서부터 크게 유행하기 시작, 배우려는 이들이 많아졌다. 하지만 1930년대 나치 독일은 에스페란토에 흐르는 반국가적 태도를 달가워하지 않았다. 국가는 근본적으로 지정된 영토 안에 사는 국민의 일체감을 강조하기 마련이다. 일체감을 확인하는 가장 확실한 수단은 곧 언어였다. 그런데 에스페란토는 언어를 통해 국가와 민족을 초월하고 인간의 보편성을 강조하고 나선 셈이었다. 제국주의자들이나 독재자들이 좋아할 리가 없었다. 그런 이유로 나치, 특히 히틀러는 유대인을 탄압하는 것 못지않게 에스페란토 운동을 펼치는 이들을 탄압하고 학살했다.

독일이 패전하고 제2차 세계대전이 끝나면서 탄압은 멈췄고, 시간이 걸리긴 했지만 에스페란토는 점점 회복하기 시작했다. 에스페란토를 배우려는 이들도 점점 늘어나 오늘날 사용자는 전 세계적으로 약 200만명 남짓이다. 이들 가운데는 취미로 배우는 이들도 많지만, 자멘호프가 에스페란토를 만들며 꿨던 꿈처럼 평등한 언어를 통해 세계 평화를 이루려는 소망을 품은 이들도 많다. 에스페란토를 배우는 일은 그래서 단지 새로운 언어를 익힌다는 의미를 넘어선다. 말하자면 에스페란토 학습은 '외국어 학습 공동체'에 참여하는 것을 뜻한다. 비슷한 이상을 공유하는 의미가 있기 때문에 학습자들끼리의 연대감이 매우 강하다. 나라와 지역마다 에스페란토 모임이 있고, 1년에 한 번 전 세계 대회가 열린다. 학습자들 사이에 민박 네트워크가 이루어져 있어 원하는 지역을 여행하면서 그 지역 학습자들과 교류하는 일도 활발하다. 다른 외국어를 통해서는 경험할 수 없는 일이다.

어떤 외국어를 배울까 선택했다면, 즐거움을 유지할 방법을 찾을 것!

지금까지 예로 든 외국어는 모두 다 내가 한 번쯤 배웠거나 배워볼 것을 고려했던 언어들이다. 생각만으로도 행복했다. 이 글을 읽기 전까지 '외국어는 곧 영어'라고 생각했다면 의외로 수많은 선택지 앞에서 어떤 표정을 지을지 궁금하다.

이제 누군가 정해준 외국어가 아니라 내가 선택해서 배워볼 때다. 목표도 스스로 정한다. 유창한 수준을 원하면 더 열심히 하면 되겠지만 스스로 만족하고 보람을 느낄 정도까지만 해도 누구도 뭐라고 하지 않는다. 압박감에서 해방된 상태로 단계마다 성취감을 느끼며 그로 인해 풍부한 세계와의 만남을 기대할 수 있다.

서울에서 자주 가는 단골 가게 중 스페인 음식점이 있다. 사장님의 스페인어는 언제 들어도 유쾌하다. 요리는 할 줄 알지만 스페인어는 전혀 못했던 사장님은 음식 재료와 술 이름을 외우는 걸로 스페인어를 배우기 시작했다. 재료와 술 이름을 어느 정도 외우니 비슷하게 연결되는 단어들이 눈에 들어오기 시작했다. 예를 들면 '김치'를 배우면 '맵다'를 알게 되는 경우와 비슷하다. 아는 단어들이 늘어나니 단어와 단어 사이의 연결에도 관심이 생겼다. 그러다 보니 스페인 여행을 계획하게 되고, 간단한 회화를 알아야겠다는 생각이 들었다. 점점 스페인어에 익숙해졌고, 이제는 어느 정도 스페인어로 대화가 가능한 정도까지 이르렀다. 발음도 정확하지 않고, 문법도 잘못 쓰는 경우도 많지만 그는 자신이 스페인어를 하고 있다는 그 자체를 무척 즐겼고, 스페인 음식만이 아니라 스페인의 역사와 문화까지 점점 관심사를 넓혀 나가고 있다.

이런 즐거움은 어떤 외국어에서도 누릴 수 있다. 운동을 좋아하는 한국인 친구가 있다. 체육관에서 외국인 친구를 만나 친해졌다고 했다. 그의 영어 실력은 유창하다고까지는 할 수 없다. 하지만 워낙 유머 감각이 좋고, 재치가 있다. 나를 만날 때도 가끔 영어로 농담을 하는데 그가 무슨 말을 하는지 충분히 이해하고 함께 웃고 즐긴다. 아마 체육관에서 외국인 친구를 만나서도 그는 그렇게 편안하게 할 수 있는 만큼의 영어로 대화를 나눌 것이다.

다시 한 번 외국어 학습을 공부로 접근하기보다 때로는 취미처럼 또 때로는 놀이처럼 즐길 것을 제안한다. 취미와 놀이는 같으면서도 다르다. 재미가 있어야 계속 할 수 있다는 점은 같다. 어떤 취미나 놀이든 재미가 없으면 지속하는 것이 어렵다. 다른 점은 뭘까. 놀이는 그냥 하면 되지만 취미는 일정 수준에 이를 때까지 배우고 익히는 과정이 필요하다. 외국어를 시작한 뒤 원하는 단계에 이를 때까지 어떤 즐거움을 스스로 부여해서 지속해나갈 것인가. 어쩌면 어떤 외국어를 배울까 결정한 뒤 풀어야 할 다음 단계의 미션은 즐거움을 유지하는 법을 찾는 것일지도 모른다. 이것이야말로 외국어 학습의 지속 여부를 판가름하는 잣대가 아닐까. 당신은 어떻게 즐거움을 유지할 것인가.

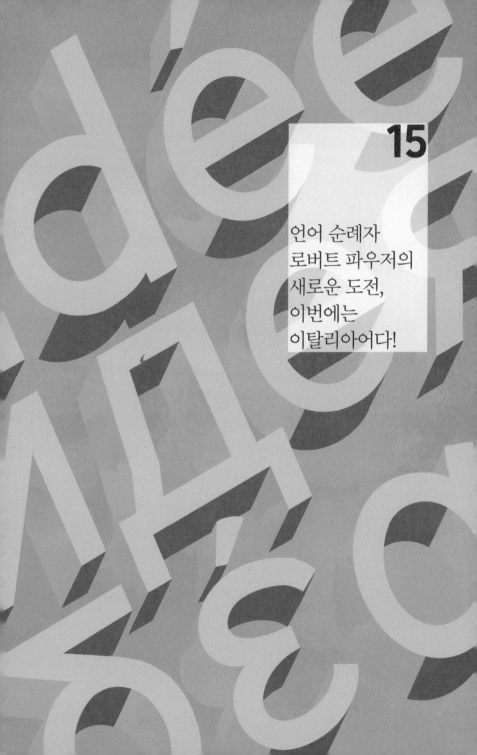

15

언어 순례자
로버트 파우저의
새로운 도전,
이번에는
이탈리아어다!

나의 이탈리아어 도전은 어떤 상태일까. 여전히 현재진행형이다. 고백하자면 진도는 썩 신통치 않다. 그렇다면 이탈리아어 도전은 이걸로 끝일까. 그렇지 않다. 어쩌면 나는 지금 정체기를 겪고 있는 건지도 모른다. 이 정체기를 넘어 새로운 단계로 나아가는 그 희열의 순간을 기다리며 나는 천천히 전진하고 있다. 한 번 맛본 즐거움을 떠올리며 앞으로 꾸준히 나아가는 것, 그것이야말로 외국어 학습의 정도이자 나에게 주는 기쁨이라는 사실을 잊지 않는다.

이왕이면 한 번도 접해 보지 않은 언어로

2018년 스페인어 실력을 회복하고 싶은 마음에 약 2주 동안 마드리드에 머물렀다는 이야기를 앞에서 했다. 미국으로 돌아와 매일 스페인어 뉴스를 듣고 신문을 읽기 시작하니 점점 스페인어를 접하는 시간이 늘어났다.

지난 몇십 년 동안 거의 매일 영어와 한국어, 일본어로 뉴스를 보고 신문과 책을 읽었다. 이 정도면 다양한 세상을 경험하고 산다고 생각했다. 아니었다. 스페인어를 통해 바라보는 세상은 또 달랐다. 그동안 익숙한 세계와는 또다른 세상이 열리는 기분이었다. 세상을 바라보는 시야가 순식간에 확장된 느낌이었다.

그러자 또다른 욕심이 생겼다. 그동안 전혀 접하지 않았던 새로운 언어를 더 공부해 보고 싶은 마음이 든 것이다. 이런 마음은 처음이 아니다. 세상에는 수많은 언어가 있고, 배우고 싶은 언어도 많다. 1년쯤 전에는 포르투갈어를 공부하려고 마음 먹었다. 하지만 어쩐지 진도가 잘 나가지 않아 포기했다. 다시 한 번 시작해 볼까, 싶은 마음이 들기도 했지만 포기한 언어를 다시 시작하고 싶지는 않았다. 좌절의 기억이 떠올라서 유쾌하지 않았기 때문이다.

그렇다면 어떤 언어를 공부할까. 2019년 5월 『로버트 파우저의 도시 탐구기』 출간 이후 마침 온라인 신문 『프레시안』에 도시에 관한 글을 연재하고 있었다. 이왕이면 도시 발달사와 관련이 있는 언어라면 좋을 것 같았다. 그러자 독일어와 프랑스어가 떠올랐다. 배운 적이 있고 어느 정도 익숙해서 다시 시작하면 실력을 훨씬 높일 수 있지 않을까 생각했다. 하지만 아무래도 신선한 느낌이 들지 않았다. 이왕이면 그동안 전혀 접해보지 못한 언어를 시작해 보고 싶은 마음이 들었다.

얼핏 스친 언어는 러시아어였다. 언어학 분야나 외국어 교육 관련해서 중요한 언어이니 공부를 해두면 좋을 것 같았다. 하지만 생소해도 너무 생소했다. 제대로 배우려면 시간이 오래 걸릴 것 같았다. 그동안의 경험으로 비춰볼 때 막상 공부를 시작하면 잘하고 싶은 마음이 들 것이고, 본격적으로 제대로 하고 싶은 마음이 들 텐데 여러 상황으로 볼 때 거기까지는 엄두가 나지 않았다.

도시 발달의 역사에서도 중요하고, 처음 배우기는 하지만 그래도 조금은 편하게 시작할 수 있는 언어라면 어떤 게 있을까 행복한 고민이 한동안 이어졌다. 떠오른 건 이탈리아어였다. 비록 처음 공부하는 것이지만 스페인어와 같은 로망스어군이어서 그동안 공부한 스페인어 지식을 잘 활용하면 도움이 될 것도 같았다. 게다가 공부를 해두면 전 세계 도시 발달사에서 중요한 로마, 베네치아, 피렌체, 밀라노를 포함한 이탈리아의 도시 국가에 대한 다양한 정보에 훨씬 쉽게 접근할 수 있을 거라는 기대도 컸다. 나아가 이탈리아의 풍부한 미술, 디자인, 그리고 음식 문화를 그 나라의 언어로 즐길 수 있을 거라는 점 또한 선택의 이유였다.

현실적인 목표 수립

자, 그렇다면 이제부터 이탈리아어 공부를 시작하겠습니다! 이렇게 결심을 했다고 해서 외국어 공부가 저절로 되는 건 물론 아니다. 우선 그동안의 외국어 학습 경험을 돌아보고 과연 어느 정도 수준으로 이탈리아어를 배우고 싶은지 생각했다. 즉, 외국어 성찰이다.

이탈리아인들처럼 유창하게 말하고 싶다는 높은 목표는 고려하지 않았다. 현실적인 목표를 세웠다. 원어민처럼 발음하지 않아도 좋고, 그들처럼 화려한 제스처를 쓰지 않아도 좋다. 이탈리아 여행을 더욱 즐겁게 할 정도면 충분했다. 여행을 다니며 이탈리아에 대해 더 잘 알고 싶었고, 이탈리아인들과 만나는 기회도 갖고 싶었다. 도시에 대한 관심이 있으니 이탈리아 도시 재생 관련 책이나 잡지, 기사 등을 읽을 수 있으면 좋겠다는 목표도 세웠다. 하지만 너무 조급해 하지는 않기로 했다. 이탈리아어 공부는 사회생활을 위해서가 아니라 어디까지나 교양과 관심사의 확장을 위해서 시작하는 것임을 기억했다.

단기적으로는 우선 이탈리아 여행을 계획했다. 여행을 떠올리면 훨씬 즐겁게 공부를 시작할 수 있을 것 같았다. 이에 맞춰 단계적이고 구체적인 목표를 세웠다.

1. 이탈리아에 가기 전에 발음 체계와 인사말을 포함한 기초 회화를 익힌다.
2. 현지에 가서 발음과 기초 회화를 연습한다. 저녁에는 기본 문법을 공부한다.

3. 여행을 마치고 돌아온 뒤 단어와 읽기 중심으로 공부한다.

계획을 세우면서 오래전 밀라노에서 열린 학회 때가 생각났다. 그곳에서 만난 이탈리아 사람들의 대화를 들으며 이탈리아어와 스페인어가 꽤 비슷하다는 느낌을 받았던 기억이 떠올랐다. 그때 기억을 떠올려 스페인어를 배웠으니 조금은 도움이 될 거라는 생각도 있었다. 프랑스어를 배운 경험도 도움이 될 테니 일단 시작부터 자신감이 붙었다. 외국어를 배울 때 새로운 발음을 익히는 걸 유난히 즐긴다. 오페라의 언어인 이탈리아어를 내 입으로 발음한다고 생각하니 설레기까지 했다.

시작은 알파벳부터, 종이책 없이 시작한 최초의 외국어

당장 기본 알파벳과 발음을 익히기 시작했다. 어릴 때부터 다른 언어들이 내는 소리의 차이가 신기했고 흥미로웠다. 새로운 소리를 듣는 것도, 직접 하는 것도 즐기는 편이다. 그 때문에 외국어를 새롭게 시작할 때마다 나는 늘 알파벳 발음부터 익힌다.

이탈리아어는 스페인어와 가까우니 자칫하면 스페인어처럼 발음을 하게 될 위험이 있었다. 두 개의 언어가 소리에서 어떤 차이를 갖는지를 유심히 살폈다. 유튜브가 큰 도움이 되었다.

'cappuccino'[kapputtʃino]처럼 이미 영어화한 이탈리아어 발음은 쉬워지만, [k] 발음을 내는 'ch'는 어려웠다. 과자와 아이스크림에 자주 사용하는 'pistacchio'[pistakjo]를 떠올려 보자. 여기에서 'ch' 부분의 발음은 어떻게 해야 할까. 영어로 발음 하면 'ch'는 [ʃ]가 된다. 하지만 이탈리아어에서는 [k]로 발음한다. 영어와도 다르고 스페인어와도 다르니 따라 하기가 까다로웠다. 이 발음을 기억하기 위해 'macchiato'[mak'kjaːto]의 발음을 항상 참고했다.

스페인어와 비슷한 점이 있으니 확실히 배우는 데 도움이 되었다. 예를 들어 'gn' 발음은 스페인어의 [ñ]와 같다. 'gnocchi'[ɲɔk̚.ki]처럼 앞에 오거나 'Bologna'[bo'loɲɲa]처럼 중간에 오면 발음이 똑같다. 물론 표기법은 다르지만 거의 같은 단어도 꽤 많다. 이탈리아어로 화장실은 'bagno'[baɲ.ɲo]이고, 스페인어로는 'baño'[baɲo]다. 발음과 뜻이 똑같다. 영어 원어민들은 특히 스페인어의 [r]와 [rr] 발음을 어려워하는데 이 역시 이탈리아어와 똑같다.

스페인어는 표기와 발음이 거의 일치해서 배우기가 쉽다. 이탈리아어도 비교적 그런 편이다. 물론 스페인어에 비해 신경을 써야 하는 부분이 많지만 프랑스어나 영어만큼 복잡하지 않아 한결 수월하다. 표기와 발음이 다른 언어는 규칙을 외워서 익혀야 한다. 어쩔 수 없다. 익숙해질 때까지 반복해서 내 것으로 만들어야 한다.

이탈리아어를 배우기 시작할 때 운율韻律이 어려울 거라는 각오를 좀 했다. 성조, 억양, 강세, 리듬, 음장 등을 운율이라고 하는데 익숙해지기까지 시간이 늘 걸린다. 유튜브 등을 통해 이탈리아인들의 대화를 들어보니 일정한 규칙이 있다는 걸 알게 되었다. 보통 끝에서 두 번째 음절에 강세가 있고, 그렇지 않은 경우 액센트로 표시를 해서 강세 단어를 알 수 있었다. 이탈리아 사람들의 말이 음악처럼 들린다고들 하는데 이런 강세 때문에 그렇게 느껴진다는 걸 알았고 이것이야말로 이탈리아어의 매력인 것도 같았다. 그들의 강세를 따라 하며 점점 익숙해지는 재미가 있었다.

바야흐로 여행 날짜가 다가오고 있었다. 'grazie'(감사합니다), 'buon-giorno'(안녕하세요), 'buona sera'(안녕하세요) 등을 비롯한 기본적인 인사말은 이미 충분히 익혔다. 전치사, 접속사, 관계사 같은 기본사항도 비교적 쉽게 익혔다. 보통은 외국어를 배우기 시작할 때 전치사, 접속사, 관계사 같은 것은 천천히 배우는 편이다. 하지만 이 부분을 알아두면 이탈리아의 간판과 간단한 문장을 이해하는 데 도움이 될 것 같아서 여행을 가기 전에 배워 두었다. 이탈리아어는 여러 면에서 스페인어와 거의 비슷하다. 몇 가지 예를 들면 이렇다.

〈부정관사〉

이탈리아어 : un/uno(남성) una/un(여성)

스페인어 : un(남성) / una(여성)

〈전치사〉

이탈리아어 : che

스페인어 : que

이밖에도 '얼마입니까?'라는 말은 스페인어로 '¿Cuánto cuesta?'이지만, 이탈리아어로는 비슷한 'Quanto costa?'이다. '화장실은 어디입니까?'는 스페인어로 '¿Donde está el baño?'이지만, 비슷한 이탈리아어로는 'Dov'è il bagno?'이다.

비슷한 언어를 경험한 덕분에 새로운 언어를 배우는 스트레스가 확실히 적었다. 독일어처럼 문법이 어려웠다면 괴로웠겠지만 스페인어 덕분에 쉽게 배울 수 있었고 그로 인해 이탈리아어를 할 때마다 기분이 좋았다. 스페인어 기초가 없었다면 이런 마음을 갖기 어려웠을 것이다. 언어의 거리가 가까운 외국어를 배워 두면 새로운 외국어를 학습하는 데 얼마나 도움이 되는지 거듭 알게 되었다. 반면에 한국인들이 언어의 거리가 머나먼 영어 공부를 위해 얼마나 노력해야 하는지도 새삼 깨달았고, 나에게 토로했던 수많은 한국인들의 '영어 스트레스'도 새삼 깊이 이해할 수 있었다.

이렇게 이탈리아로 떠나기 전 기초 문법을 비롯해 동사의 활용을 공부하고, 발음은 구글 사전과 유튜브를 통해 익혔다. 스페인어와 비슷하긴 하지만 다른 부분도 많아 집중적으로 익혀 나갔다.

특이한 점은 이 모든 것을 컴퓨터와 인터넷의 도움을 받아 공부한 것이다. 필요에 따라 그때그때 인터넷을 통해 다양한 자료와 기능을 활용했다. 단어 검색은 구글에 입력만 하면 뜻풀이는 물론 발음까지 한 번에 해결할 수 있었다. 외국어 학습을 위해 갖춰야 했던 수많은 도구가 더 필요 없어진 세상, 원하는 정보를 즉각적으로 얻을 수 있는 것은 물론 다양한 선택지가 손쉽게 펼쳐진 세상을 실감했다. 지금껏 수많은 외국어를 학습하면서 종이로 된 교과서와 참고서가 없었던 적은 이탈리아어가 처음이었다.

이탈리아 여행, 현지에서 공부하는 재미란

드디어 유럽행 비행기를 탔다. 독일 브레멘에서 열린 학회에 참여한 뒤 함부르크에 다녀와 이탈리아로 향했다. 베네치아, 파도바, 볼로냐, 라벤나, 피렌체를 돌아본 뒤 밀라노에서 다시 미국으로 돌아오는 일정이었다. 이탈리아가 처음은 아니었지만 이번에는 무엇보다 말을 제대로 해볼 기회로 삼겠다는 계획 덕분에 예전보다 훨씬 설레는 마음으로 비행기를 탔다.

이탈리아에서의 일정은 관광 위주였지만 마드리드에서 그랬듯 낮에는 돌아다니면서 배운 것을 연습하고, 저녁에는 숙소에서 새로운 단어와 표현을 익혔다.

마드리드에서 스페인어를 공부할 때는 오래전이긴 하지만 한 번 배운 기억이 있어서 스페인어 텍스트를 천천히 읽으면서 단어를 익혔지만 이탈리아어는 처음부터 시작하는 것이라 방법을 달리 했다. 인터넷이나 유튜브를 통해 다음날 가볼 곳이나 이탈리아 문화와 관련한 단어를 검색해서 관심이 가는 내용을 듣거나 읽었다. 가장 도움을 받은 건 구글 번역기였다. 이탈리아어 발음을 그때 그때 연습하기에 최적의 도구였다.

예전에는 해외여행을 가기 전 그 나라의 숫자와 시간 읽는 법을 반드시 익혀야 했다. 이제는 말이 필요없다. 휴대전화기로 서로 간단히 보여주면 끝나니 서둘러 공부를 할 필요가 없다. 이탈리아 음식 메뉴명도 이제 거의 세계적으로 보편화되어 따로 찾아보지 않아도 되었다. 뜻밖에 가장 필요한 건 구체적인 재료와 맛을 설명할 단어였다.

'melanzana'(가지), 'funghi'(버섯), 'patata'(감자) 'pomodoro'(토마토)

이탈리아어를 배우기 위해 떠난 여행 중 들른 볼로냐 거리.

'manzo'(쇠고기), 'pollo'(닭고기), 'maiale'(돼지고기), 'pesce'(생선) 등을 전날 저녁 숙소에서 열심히 외웠다가 다음날 식당에서 써먹을 때의 그 즐거움 이란!

　　낯선 도시를 다니며 우연히 접하는 단어는 유난히 머리에 남는다. 라벤나의 미술관 앞을 지나는데 'Mostre'라고 크게 써 있었다. 도대체 무슨 말인지 알 수 없었다. 검색해 보니 전시라는 단어였다. 전시는 스페인 어로 'exposición', 영어로는 'exhibition'이다. 전혀 비슷하지 않은 단어 다. 이탈리아어로 전시라는 뜻의 단어 Mostre는 여간해서는 기억 속에서 사라지지 않을 것 같다.

그런 단어는 또 있다. 작은 카페에서 배웠다. 이른 저녁을 먹으러 들어간 카페의 종업원은 영어를 거의 못한다고 했다. 식사 주문을 하려고 하니 'chiuso'라는 말을 반복한다. 그 말이 무슨 뜻인지 알아내는데 한참 시간이 걸렸다. 문을 닫다는 뜻이었다. 그는 문 닫을 시간이 다 되었다는 말을 하고 싶었던 거였다. 그뒤로 여기저기에서 'chiuso'를 보고, 만났다. 새로 배웠기 때문인지 가는 곳마다 눈에 띄었다. Mostre만큼이나 어지간해서는 잊어버리지 않을 것 같다.

그렇게 하루에도 수십 개의 단어들이 여기저기에서 튀어나왔다. 바로바로 검색해서 알아가는 재미는 각별했지만 그렇다고 모르는 단어가 나올 때마다 휴대전화기를 붙잡고 검색을 하고 있을 수만은 없었다. 어차피 골목 하나만 돌아봐도 모르는 단어가 수두룩했다. 다 검색해서 그 뜻을 안다고 해도 모두 외울 수는 없었다. 거리를 다닐 때는 하루에 단어 몇 개만 새로 배우는 것으로 마음을 비우자 점점 단어를 검색하는 일이 줄어들었다. 처음에는 휴대전화기를 손에 쥐고 다녔는데 며칠 지난 뒤부터는 주머니 속에 넣어두고 다녔다. 처음에는 너무 적은 게 아닐까 싶었지만 하루하루 쌓이다 보니 그렇게 배운 단어가 꽤 많아졌다. 할 수 있는 만큼만 하기로 한 집중의 결과였다.

그 카페에서 나는 무사히 저녁을 먹었을까. 다행히 샌드위치와 에스프레소를 주문해서 식사를 마칠 수 있었다. 종업원은 내게 어디에서 왔느냐고 물었고, 미국에서 왔다고 하니 삼촌이 시카고에 살고 있다고 말했다. 더 이야기를 나누고 싶었지만 그럴 수 없었다. 나는 이탈리아어 실력이 없고, 그는 영어 실력이 없으니 그저 활짝 웃고 작별 인사를 나눌 수밖에. 숙소로 돌아오며 생각했다.

'이제 단어와 소리, 기초 회화에서 한 단계 앞으로 더 나아갈 때가 되었구나.'

한 단계 업그레이드, 그러나 예상과 다르게 흘러가다

동사와 동사의 활용을 본격적으로 배우고 싶었다. 몇 마디 나누는 것에서 그치지 않고 좀 더 편안하고 여유롭게 대화를 나누고 싶었다. 그러기 위해서는 문법 공부를 제대로 해야 한다는 걸 나는 알고 있었다. 아무리 인사말을 연습하고 많은 단어를 익혀도 한 단계 더 깊은 대화, 한 단계 더 깊은 텍스트의 이해를 위해서는 문법이라는 관문을 통과해야 한다. 그래야만 하고 싶은 말을 제대로 할 수 있고, 문장을 제대로 이해할 수 있다. 그때의 마음 같아서는 숙소로 돌아가 당장 문법 공부를 시작하고 싶었다. 하지만 곧바로 이런 한탄이 나왔다.

'여행지에서 외국어 문법 공부라니!'

생각하는 것만으로도 지루해서 괴로울 지경이었다. 마드리드에서는 괜찮았는데 여기에서는 왜 이렇게 싫은 마음이 들까. 생각해 보니 큰 차이가 있었다. 스페인어는 이미 어느 정도 알고 있다고 생각하니 덜 부담스러웠고, 이탈리아어는 전혀 모르니 부담이 컸다.

그렇지만 오늘 저녁이 괴로우면 내일은 오늘보다 나아질 거라는 마음으로 그날밤 나는 공부를 했다. 그것도 아주 열심히. 그날 나의 미션은 영어의 'be' 동사에 해당하는 'essere'와 'stare' 활용을 외우는 것이었다. 스페인어의 'estar'과 'ser'과 비슷해서 그나마 나았다. 활용의 예문을 집중적으로 찾아서 익혔다.

결과는 어땠을까. 현지에서 외국어를 공부하는 장점은 어제 배운 걸 다음날 바로 써먹을 수 있다는 점이다. 그 다음날부터 이해할 수 있는 말들이 확실하게 늘어난 걸 체감했다. 이탈리아에 오기 전에 문법 공부를 조금만 더 하고 왔으면 좋았겠다는 생각을 내내 했다.

뜻밖의 상황은 이곳에서도 경험했다. 그것은 바로 이탈리아인들과 이탈리아어로 이야기 나눌 기회가 오히려 흔치 않았다는 점이다. 내가 이탈리아어로 말을 건네면 상대방은 자연스럽게 영어로 답해왔다. 볼로냐에서는 영어를 잘하는 사람들이 많아 이탈리아어를 사용할 일이 거의 없었다. 피렌체에서는 외국인 관광객들이 많은 탓에 영어가 이 도시의 공용어처럼 여겨질 정도였다. 오히려 초급 이탈리아어를 쓰는 것보다 영어를 사용하는 쪽이 자연스럽게 느껴졌다. 어떻게 봐도 미국인처럼 생긴 나에게 누군가 일부러 이탈리아어로 말을 건넬 가능성은 거의 제로에 가까웠다. 그러자니 이탈리아에 머무는 내내 오히려 이탈리아어를 쓰기 위해 억지로 상황을 만들어야 했는데, 그게 정말 쉽지 않았다. 물론 이탈리아에 다녀오기 전보다 실력은 확실히 늘었고 익숙해졌으며 이전에 여행을 다닐 때보다 언어를 알고 나니 깊이 있게 도시를 이해할 수는 있게 되었지만 아쉬움이 남는 건 어쩔 수 없었다.

오히려 도움이 된 것은 이탈리아에 온 외국인들이었다. 이탈리아에도 다른 나라에서 온 이탈리아어 사용자들이 무척 많았다. 호텔, 식당, 카페, 가게 등 굳이 가릴 것 없이 어디에서나 이탈리아어에 유창한 비원어민들을 만날 수 있었다. 영어에 능숙하지 않은 이들과 소통할 방법은 오로지 이탈리아어였다. 이탈리아인들과는 확실이 발음이나 억양이 다르긴 하지만 대화를 나누는 데는 전혀 문제가 없었다. 오히려 이탈리아인들은 상대에 대한 고려를 거의 하지 않지만 이들은 자신들 같은 외국인이 서툰 이탈리아어로 이야기하는 것을 끝까지 들어주고 말할 때는 나의 실력을 고려해 아주 천천히, 쉬운 말로 답을 해준다. 이들과의 짧은 대화 속에서 이탈리아어로 대화를 나누는 자신감도 얻었고, 단어나 동사의 활용법을 은연 중에 배우기도 했다.

외국어를 배울 때 우리는 흔히 원어민에게서 배우는 게 가장 효과적이라고 여긴다. 하지만 과연 그럴까. 오랜만에 초보자의 심정으로 외국어를 배우다 보니 원어민 수업이 무조건 좋기만 한 것은 아닐지도 모른다는 생각이 들었다. 아니 어쩌면 국가 간의 교류는 물론 이민 자체도 이전 세대에 비해 압도적으로 늘어난 오늘날에는 원어민 수업을 고집하는 게 어울리지 않는 일일지도 모른다.

여행의 마지막 일정은 피렌체를 거쳐 밀라노에서 끝났다. 이탈리아의 대표적인 관광 도시다. 거리마다 관광객도 많고, 영어 안내판도 눈에 자주 보였다. 역시 어디서나 영어를 편하게 사용할 수 있었다. 이탈리아어를 배우려고 일부러 왔는데 영어를 써야 하니 편하면서도 괴로웠다. 작은 도시에서는 상대방이 영어를 잘 못하니 내가 서툰 이탈리아어로 말하면 끝까지 참고 들어주는 이들이 많았다. 하지만 이곳에서는 내가 이탈리아어를 시작하기도 전에 영어로 유창하게 인사를 건네온다. 그 앞에서 서툰 실력을 내보일 배짱은 금세 사라진다. 바쁘게 일하는 사람을 붙잡고 외국어 연습을 하고 있을 수는 없었다. 한국에서 만난 젊은 친구들이 영어를 배우기 위해 해외 연수를 떠날 때는 대도시를 선호하고, 영어가 아닌 외국어를 배울 때는 대도시가 아닌 지역의 작은 도시를 선호한다는 이야기를 들은 적이 있다. 다 그럴 만한 이유가 있었던 것이다. 어떤 외국어를 배우러 가든 무조건 한국인이 거의 없는 곳을 선호하는 이유 역시 그럴 만하다.

학습도 노동처럼, 일상생활 속 독학으로 공부하기

보람과 성취, 아쉬움을 가슴에 담고 미국으로 돌아왔다. 이탈리어 공부를 꾸준히 해나가기로 했다. 스페인어는 예전의 실력을 회복하는 데 목적을 두었으니 인터넷으로 신문과 이메일 학습 서비스를 시작할 수 있었지만 이탈리아어는 여전히 초보 수준이라 방법을 달리 해야 했다.

애플리케이션을 활용하여 기본 문법부터 제대로 다시 공부하기로 했다. 단어와 표현, 기능어, 동사 활용 등을 차근차근 알려주고는 있지만 내가 배우고 싶은 방향은 아니었다. 몇 번의 시행 착오를 거쳐 장점이 있는 애플리케이션 몇 개를 선택, 교차해서 집중하고 싶은 부분을 반복적으로 익히는 것이 나에게는 잘 맞았다. 잘 맞는 방법을 찾기 위해서는 역시 이것저것 해보고 경험을 쌓아야 한다. 그래야 원하는 걸 얻을 수 있다.

새로운 외국어 학습을 시작하는 순서를 나에게도 적용했다. 먼저 목적을 정했다.

• 나는 이탈리아어로 된 신문과 책을 읽고 싶다.

- 여행을 가서 가벼운 일상 회화를 현지인들과 하고 싶다.

그 다음은 교육 기관을 활용할지, 독학으로 할지 결정할 차례다. 나는 독학으로 결정했다. 교육 기관을 선택하면 그곳에서 제공하는 교육 과정에 따르면 되지만 독학을 하면 배울 내용을 스스로 결정해야 한다. 상황은 차이가 있지만 '꾸준한 학습 노동'이 전제 되는 것은 동일하다. '학습 노동'에는 다음과 같은 내용을 반드시 포함시키기로 했다.

- 매일 거울 앞에서 발음 연습을 한다.
- 일상생활을 하면서 수시로 연습한다.
- 단어와 문장을 베껴 쓴 뒤 낭독하며 암기한다.
- 여러 사람과 대상 언어로 말할 기회를 적극적으로 찾는다.

학계에서는 외국어 학습에서 발음의 중요도에 관한 논쟁이 계속되고 있지만, 나에게는 무엇보다, 매우 중요하다. 나는 외국어를 배울 때 낯선 발음을 내 것으로 만드는 과정을 즐기는 편이다. 잘 안 되던 발음이 연습을 통해 익숙해질 때의 즐거움은 외국어 학습을 통해 경험하는 나만의 각별한 기쁨이다. 하지만 이건 어디까지나 내 취향일 뿐이다. 물론 발음이 좋으면 당연히 알아듣기 편하니 원어민들이 호의적인 반응을 보인다. 원어민들 입장에서는 자신들의 언어를 존중하는 인상을 받게 될 테니 아무래도 대화를 나눌 때 한결 즐겁다. 하지만 그런 이유 때문이라면 누구나 과도하게 발음에 집착할 필요는 없다.

단어와 문장을 직접 써보고 낭독하는 것은 암기에 큰 도움이 된다.

텍스트를 읽을 때 새로운 단어들이 나오면 눈으로 읽는 것에서 그치지 않고 자꾸 써보는 것이 도움이 된다. 문장을 통째로 쓰는 것은 더 좋다. 이렇게 쓰는 것만으로도 도움이 되지만 써놓은 것을 반복적으로 소리 내어 읽는 것까지 병행하면 외우는 데 한결 효과적이다.

외국어 학습 비법이라고 하는 것들이 주로 강조하는 것은 '이렇게 하면 암기 시간과 양을 줄일 수 있다'는 것인데, 단적으로 말해 이는 불가능하다. 어떤 방법을 써도 외국어를 배우기 위해서는 절대적인 학습 노동이 전제되어야 하는데, 이 노동은 주로 암기에 집중된다. 그러니 특별한 비법을 찾기보다 암기의 필요성을 인정하고 받아들이는 쪽이 훨씬 정신 건강에 이롭다. 다만 암기에 도움이 되는 학습 행위를 찾아볼 필요는 있는데 내가 찾은 방법이 바로 많이 써보고 소리 내어 읽는 것이다.

여러 사람과 대상 언어로 이야기를 나누는 것은 아무리 강조해도 지나치지 않지만 대화는 혼자 할 수 있는 일이 아니니 각별한 노력이 필요하다. 이탈리아어로 토론을 하려는 게 아니고 간단한 일상 회화를 하는 정도를 목표로 삼은 나로서는 어쩌다 이탈리아인을 만나면 가볍게라도 인사를 나누려고 노력하는 편이다.

한 가지 빠진 것이 있다. 바로 듣기 훈련이다. 교육 기관에서 외국어를 배운다면 저절로 해결되는 부분이지만 독학이라면 이야기가 다르다. 물론 영화나 TV 등을 보는 것이 도움이 되겠지만 나에게는 어쩐지 잘 맞지 않는 방법이다. 수동적으로 가만히 앉아 듣기만 하는 것에는 흥미를 갖기 어렵다. 부모님이 내가 어린 시절 집에 TV를 두지 않은 것도 영향을 미친 셈이다. 지금도 TV를 즐기지 않고, 어쩌다 보게 되면 지루할 뿐이다. 영화는 물론 좋아하지만 매일 볼 수는 없는 노릇이니 듣기 연습의 핵심 방법이라기보다 보조적 역할에 그친다고 보는 편이 맞다. 가능하다면 듣기 연습 역시 대상 언어 사용자와의 대화를 통해 해결하고 싶은데 욕심대로 하기가 쉽지 않다.

시작한 지 1년, 썩 신통치 않은 진도, 그러나 이탈리아어 학습은 현재진행형

이탈리아에 다녀온 지도, 이렇게 목표와 학습 노동의 내용을 정한 지도 어느덧 1년이 훌쩍 지났다. 나의 이탈리아어 도전은 어떤 상태일까. 여전히 현재진행형이다. 실력이 일취월장 늘었다고 쓰면 좋겠지만 고백하자면 진도는 썩 신통치 않다.

2020년 3월 이후 미국 역시 코로나19로 인해 일상의 평화가 크게 흔들렸다. 내가 살고 있는 로드아일랜드 주 역시 한동안 슈퍼, 약국, 주유소를 제외한 거의 모든 곳이 문을 닫았다. 여기저기 온통 멈춰 있었다. 코로나19로 인해 깨진 건 일상의 평화만이 아니다. 하려던 일은 중단이 되었고, 소박하게 세웠던 계획은 거의 원하는 결과를 얻지 못했다. 이탈리아어도 스페인어도 마음 먹은 대로 되지 않았다. 애써 회복한 스페인어 실력을 확인하기 위해 계획했던 여행도, 간단한 문장을 쓰고, 인사말을 넘어 가벼운 대화를 나눌 정도까지 공부한 뒤에 다시 한 번 이탈리아를 가보겠다는 계획도 연달아 포기했다. 집에 있는 시간은 훨씬 늘었지만 이런 상황에 대한 염려와 불안, 짜증으로 이탈리아어 학습에 집중하기 어려웠다.

이탈리아어를 배우려는 중요한 목적 중 하나가 이탈리아를 즐겁게

외국어 성찰	
학습 대상 외국어	이탈리아어
학습 동기 또는 이유	한 번도 배우지 않았던 언어에 대한 호기심.
학습 목적	이탈리아를 자유롭게 여행하고 싶고, 도시 문화사에 대한 관심의 연장으로 이탈리아 여러 도시의 역사와 문화에 관한 다양한 연구 자료를 이탈리아어로 읽고 싶다.
학습 목표	이탈리아어로 일상적인 대화가 가능하고, 이탈리아어 텍스트를 자유롭게 읽을 수 있을 것.

대상 외국어 학습 경험 있다면

사용 가능 수준	• 읽기 : 초급 • 쓰기 : 초급 • 말하기 : 초급 • 듣기 : 초급
학습 경험 1	• 언제 : 약 1년 전부터 공부 시작. • 어디에서 : 미국에서 독학. 잠깐 이탈리아 여행. • 얼마나 : 기본 문법과 단어 익힌 정도. 이탈리아 여행은 2주 남짓.
학습 경험 2	• 전반적인 느낌 : 스페인어 실력을 활용하니 비교적 접근이 쉽고, 독특한 발음으로 말하기 연습이 즐거움. • 학습을 통해 얻은 것 : 이미 배웠던 언어를 통해 비슷한 언어를 비교적 쉽게 배울 수 있다는 것을 확인함. • 학습법 : 인터넷을 통해 기본 문법을 익히고, 유튜브 통해 발음을 익힘. 종이 교재 없이 공부한 최초의 외국어.
학습 경험 3	• 즐거웠던 기억 : 요리 단어를 알아두니 식당에서 음식 주문할 때 능숙해진 느낌. 간단한 이탈리아어지만 현지인과 직접 소통할 때 뿌듯함. • 좌절했던 기억 : 현지에서 막상 이탈리아어를 사용할 기회가 별로 없음. 새로운 기술과 영어가 모든 세상을 장악한 느낌.
학습 경험 4	• 만족스러운 기억 : 독특한 이탈리아어 발음을 제대로 해냈을 때. • 후회스러운 기억 : 매일 학습을 꾸준히 이어가지 못해 계획대로 실력이 늘지 않을 때.
학습 경험 5	• 가장 보완하고 싶은 부분 : 매일매일 목표한 학습 분량을 꾸준히 해내기.
기타	

여행하고, 그 나라 사람들과 가까워지면서 새로운 세계를 깊이 경험하는 것인데, 미국 밖으로 나갈 수 없는 상황에서 이탈리아어 단어를 외우고 있는 것이 쓸모없고 나아가 비현실적으로 느껴지기도 했다.

반면에 한국어와 일본어를 사용하는 시간은 훨씬 늘었다. 1년에 몇 개월씩 머물던 한국과 일본에도 가지 못하는 상황이 길어지면서 그리움이 깊어진 까닭이다. 언어를 자주 접하는 것으로 가고 싶은 곳을 가지 못하는 아쉬움을 달랜 셈이다.

그렇다면 새로운 언어를 배우겠다는 나의 외국어 학습 도전기는 이걸로 끝일까. 그렇지 않을 것이다. 직선으로만 이어지지 않는 외국어 학습 과정에서 어쩌면 나는 지금 슬럼프를 겪고 있는 건지도 모른다. 이 고비를 넘어 새로운 단계로 나아가는 그 희열의 순간을 기다리며 나는 천천히 전진하고 있다. 어떤 괴로움이 와도 한 번 맛본 즐거움을 떠올리며 앞으로 꾸준히 나아가는 것, 그것이야말로 외국어 학습의 정도이자 그것이 우리에게 주는 기쁨이라는 사실을 잊지 않는다. 평생의 동반이란 이런 것이다.

외국어는 나에게 세상을 보는 창문이라고 앞에서 말했다. 정정한다. 외국어는 나에게 세상을 보는 창문이자 평생의 동반이다. 그런 창문과 동반 하나쯤 갖고 있는 삶이란 생각보다 훨씬 더 매력적이다. 하나보다는 두 개가 낫고 많을수록 더 좋다. 독자 여러분도 용기를 내어 그런 삶 속으로 들어오시기를 권한다.

책을
마치며

2021년 6월 초 이 책 본문의 마지막 문장을 썼다. 바로 다음날 조카의 고등학교 졸업식에 참석했다. 5월 초까지만 해도 코로나19로 인해 부모만 참석할 수 있다고 했는데 그 사이 백신 접종률이 높아지면서 부모 이외에 두 명까지 참석이 가능했다. 많은 사람이 모인 까닭에 학교 측에서는 시종일관 마스크 착용을 강력하게 요청했다.

초여름 저녁 6시 반, 작곡가 엘가Edward Elgar, 1857~1934의 〈위풍당당 행진곡〉Pomp and Circumstance에 맞춰 교사와 졸업생이 행진하는 것으로 졸업식을 시작했다. 친구들과 행진하는 조카를 바라보며 자랑스러움과 대견함도 느꼈지만 한편으로는 코로나19로 인해 고등학교 시절을 여러 모로 불안하게 보내야 했던 걸 생각하니 안쓰러움에 눈물이 날 정도였다.

마침내 졸업식이 끝났고, 졸업생과 참석자들은 운동장 여기저기에서 기념 촬영을 했다. 그리고 모두 함께 마지막 인사를 나눌 때였다. 누가 먼저랄 것도 없이 그 자리에 모인 모두가 거의 동시에 마스크를 벗었다. 잠깐이었지만 그 순간 우리 모두 팬데믹을 졸업한 듯한 느낌에 휩싸였다. 행사 내내 철저하게 지침에 따라 마스크를 착용했는데 그 순간만큼은 무언가로부터 해방된 것 같았다.

그 자리에 모인 우리 모두는 왜 그랬을까. 수많은 졸업생들을 바라보며 모두 말할 수 없는 벅찬 감정을 느꼈고, 함께 모인 이들끼리 직접 얼굴을 마주하고 그 감정을 나누고 싶었던 건 아니었을까.

생각해 보면 얼굴을 마주하며 감정을 나누는 것이야말로 우리에게 매우 익숙한 소통 방식이다. 팬데믹이 길어지면서 어느덧 마스크 착용은 일상의 규범이자 습관이 되었다. 온라인 줌을 통해 사람 얼굴을 보는 것도 제법 익숙해지긴 했지만 이는 사회적 동물인 인간의 본질과는 어울리지 않는다. 팬데믹이라는 엄중한 현실 속에 서로의 안녕을 지키기 위한 어쩔 수 없는 선택일 뿐 절대로 원해서 이런 삶을 살고 있는 것이 아니다. 그러다 졸업식이라는 매우 뜻 깊은 순간을 공유하는 이들을 보면서 본능적인 소통 방식을 따르고 싶어졌던 듯하다. 나는 그 순간 말과 글만이 아닌 얼굴, 즉 몸을 통해 이루어지는 인간의 소통 방식을 지켜보며 어쩐지 뭉클했다. 그 뭉클함을 마음에 담아둔 채 외국어 학습에 관한 새 책의 마지막에 들어갈 이 글을 쓰고 있다.

외국어 학습에서 읽기와 쓰기, 말하기와 듣기를 익히는 일은 매우 중요하다. 하지만 본질적으로 우리가 외국어를 배우는 목적은 결국 소통이다. 다른 사람이 쓴 글, 다른 누군가의 말을 읽거나 듣는 행위, 내가 쓰고 말하는 행위 모두 나와 타인의 소통을 위한 것이다. 소통은 말과 글로도 이루어지지만 직접 만나 얼굴을 마주하는 것만으로도 우리는 소통할 수 있다.

팬데믹은 우리로 하여금 새로운 경험을 하게 했다. 팬데믹 이전 인류는 놀라울 만큼 진보한 기술로 멀리 떨어져 있어도 얼굴을 마주한 듯한 느낌으로 소통할 수 있는 세상, 서로 다른 언어를 쓰는 이들끼리도 기술을 통해 기본적인 소통이 가능한 세상이 조만간 마주할 미래라고 여겨졌다. 기술은 더욱 더 진보할 것이고 그에 맞춰 인류의 소통 방식도 변화할 것으로 누구나 예상했다.

하지만 팬데믹을 겪으며 인류는 새삼스럽게 직접 대면의 가치와 의미를 다시 주목하게 되었다. 놀라운 기술의 진보는 인류가 만들어낸 뛰어난 성과임에는 틀림없다. 외국어 학습만을 놓고 보아도 그러하다. 예전에는 외국어를 제대로 배우기 위해서 원어민을 직접 만나야 한다고 여겨졌다. 그런 시절을 뒤로 하고 인터넷의 등장으로 예전과 비교할 수 없을 만큼 다양한 기능과 특징을 장착한 외국어 학습 수단이 우리 앞에 성큼 다가왔다. 그런 뒤 급기야 더이상 외국어 학습 그 자체가 필요 없어질 거라는 전망이 등장하기까지 했다.

그러나 팬데믹을 겪으며 우리는 기술의 진보만으로 모든 것을 해결할 수 없음을 깨달았다. 인간의 소통 본능은 기술의 진보가 베푸는 세상만으로는 충족될 수 없다는 걸 알게 된 것이다. 그렇다면 팬데믹 이후 인류의 소통은 어떤 식으로 이루어질까.

코로나19 이전 인류가 모두 기술의 발전을 전제로 한 첨단의 소통 방식만을 바라보고 서 있었다면 코로나19 이후에는 사람과 사람이 직접 만나 소통하는 것의 가치를 인정하고, 그 중요성을 변화한 사회에 맞게 적용하기 위한 고민을 시작하게 될 것이다.

이는 지난 2018년 출간한 『외국어 전파담』 초판의 마지막 장에 쓴 내용과 엄연한 차이가 있다. 팬데믹이라는 인류 전체의 불행을 예상하지 못한 2018년, 나 역시 AI에 대한 기대와 호기심이 매우 컸다. 이를 통해 외국어 학습의 여러 장벽을 극복하는 데 도움을 받을 것으로 예상했다. 그 당시 나는 얼굴을 직접 마주하며 나누는 소통의 가치를 간과했다.

물론 AI의 발전은 앞으로 놀라운 세상으로 우리를 데려갈 것이다. 그러나 그것이 전부가 아니라는 걸 오늘의 나는 알게 되었다. 웃음과 눈빛, 말없는 표정을 통해 나누는 소통은 나와 다른 언어를 사용하는 이들과의 관계에서도 필요하다. 외국어를 배우는 것이 궁극적으로 소통을 위한 것이라면 기술이 해결해 주지 못하는 소통의 진정한 역할과 의미에 대해, 그것의 구현을 위해 팬데믹 이전과는 다른 방향에서 고민해야 한다.

그렇다면 남은 건 '어떻게'다. 기술의 진보 위에서 우리는 우리에게 어울리는 소통의 방법을 어떻게 체득할 수 있을까. 한국어에서 좋아하는 단어를 꼽으라면 빼놓지 않는 것이 있다. 바로 '막'이다. 명사인 '말'에 붙이면 '막말'이 되고, 동사 '하다'에 붙이면 '막하다'가 된다. '막'은 고민 또는 계획과는 거리가 멀다. 이를 외국어 학습에 적용해 보면 어떨까. 이름하여 '막학습'이다. 망설임, 자신없음, 쑥스러움 같은 건 다 버리고 내키는 대로 하고 싶은 대로 그냥 하는 것이다. 규칙도 원칙도 없이 나 하고 싶은 대로 그냥 하면 어떤 식으로든 결과물이 나온다. 남들이 주로 한다는 좋은 학습법 같은 건 치워버리고 나한테 맞는, 내 구미에 맞는 대로 닥치는 대로 학습법을 만들어나가는 것이다. 명절이 지난 뒤 남은 음식으로 이것저것 내키는 대로 전을 부쳐도 맛있고, 찌개를 끓여도 맛있다. 새로운 시대 외국어 학습은 샛길과 비법을 찾기보다 내 입맛과 취향에 따라 '막학습'을 시도해 볼 것을 권한다.

2021년 8월 현재, 팬데믹은 여전히 진행형이다. 하지만 인류는 역사 속에서 늘 그래왔듯 이 위기를 곧 극복해낼 것이다. 그리고 우리를 둘러싼 거침없는 변화 속에서 기술만이 아닌 인간의 본질에 충실한, 인간의 기본적이고 근본적인 요구를 해결하기 위해 방법을 모색할 것이다. 아울러 디지털 혁명의 물결이 덮은, 이미 끝난 것으로 여겨지던 아날로그 세상에 대한 새로운 해석과 기대가 우리 곁을 지킬 것이다. 외국어 학습의 측면으로만 보자면, 비대면만으로는 어쩐지 채워지지 않는 대면의 가치, 대면을 통한 소통이 갖는 가치의 회복이 일어날 것이다.

팬데믹이 없었다면 수많은 이들에게 외국어는 단지 글로벌 시대에 참여하기 위한 단순한 도구로 여겨질 뻔했다. 그러나 팬데믹을 통해 놀라운 기술의 발전을 직접 경험하면서 역설적으로 AI의 발달이 인간의 소통 의지를 모두 채울 수 없다는 걸 모든 인류가 깨달았다. 인간은 인터넷 망을 따라 오고 가는 매끈하고 정제된 소통만이 아닌 때로는 말없이, 때로는 서툰 언어일지언정 인간과 인간이 직접 나누는 소통의 소중함을 알게 된 것이다. 그로써 이제 외국어는 이전보다 훨씬 다양한 역할을 요구 받게 되었다. 상대의 문화를 이해하는 것은 한결 가까워진 지구에서 평화를 지키는 기본 요소다. 바로 그 문화를 이해하는 첫걸음은 서로의 말, 서로의 언어를 아는 것이다. 이는 또한 세계 시민이 갖추고 평생 유지하면 좋은 기본 교양이기도 하다. 곧 외국어 학습의 의미는 실용적 수단, 도구를 뛰어넘어 그 자체로 개인의 삶을 더욱 풍요롭게 이끄는 길잡이가 되어줄 것이다.

마지막으로 외국어를 통해 풍요로운 삶을 살다 떠난 한 사람에 대한 이야기를 남기고 싶다. 피터 바돌로뮤Peter Bartholomew, 1945~2021 씨다. 그가 5월 12일 갑자기 세상을 떠났다는 소식을 이메일로 전해 들었다.

1960년대 말부터 한국에 살던 그는 한옥을 사랑하는 미국인으로 널리 알려졌고, 한옥 지킴이로 불렸다. 나 역시 한옥에 대해 관심을 갖기 시작하면서 만나게 된 뒤로 친하게 지내왔다. 그가 마지막까지 살던 서울 동소문동 한옥에도 수 차례 다닌 것은 물론 내가 서울 체부동에 오래된 한옥을 고쳐 지을 때도 많은 조언을 얻었다. 나에게 그는 늘 든든한 '피터 형'이었다.

20대 중반 평화봉사단으로 한국을 찾은 그는 한국의 문화 특히 한옥의 매력에 푹 빠져 한국에 뿌리를 내렸다. 그는 사는 동안 한국을 사랑했고, 한국의 사람들을 좋아했으며 한국어를 생의 동반으로 삼았다. 평생 한국어 사용자였던 그에게 한국어는 언제나 '그의 언어'였다. 한국어를 통해 자신이 머무는 땅에 대한 이해와 애정을 드러내며 살았다. 그로 인해 그의 삶이, 그의 인생이 한결 풍부해졌을 거라 믿는다. 늦었지만 나의 형, 피터 바돌로뮤의 명복을 멀리서나마, 다시 한 번 빈다.

참고문헌

게이브리얼 와이너, 강주헌 옮김, 『플루언트 포에버 : 어떤 언어든 빨리 배우고 잊
　　지 않는 법』, 민음사, 2017.

김성우, 『단단한 영어공부 : 내 삶을 위한 외국어 학습의 기본』, 유유, 2019.

로버트 파우저, 『외국어 전파담 : 외국어는 어디에서 어디로, 누구에게 어떻게 전
　　해졌는가』, 혜화1117, 2018.

　　　　　　　　, 「로버트 파우저의 언어의 역사」, 『시사저널』, 2020.

　　　　　　　　, 「사회의 언어」, 『한겨레 신문』, 2020~2021.

롬브 커토, 신견식 옮김, 『언어 공부 : 16개 국어를 구사하는 통역사의 외국어 공부
　　법』, 바다출판사, 2017.

리처드 로버츠·로저 쿠르즈, 공민희 옮김, 『서른, 외국어를 다시 시작하다 : 심리
　　학자가 말하는 어른의 외국어 학습 전략』, 프리렉, 2016.

미하이 칙센트미하이, 최인수 옮김, 『몰입 : 미치도록 행복한 나를 만난다』, 한울
　　림, 2004.

스티븐 D. 크라셴, 김윤경 옮김, 『외국어 교육 이론과 실제 : 학습인가, 습득인가』,
　　한국문화사, 2000.

쓰다 유키오, 김영명 옮김, 『영어 지배의 구조』, 한림대학교 출판부, 2002.

앤서니 P. R. 호와트·H. G. 위더슨, 임병빈 외 옮김, 『영어교육사』, 한국문화사,
　　2012.

윌리엄 리틀우드, 안미란 옮김, 『의사소통적 교수법』, 한국문화사, 2007.

잭 C. 리처드·시어도어 S. 로저스, 전병만·윤만근·오준일·김영태 옮김, 『외국어 교육 접근 방법과 교수법』, 케임브리지, 2008.

Bodmer, Frederick and Lancelot Thomas Hogben, *The Loom of Language: An Approach to the Mastery of Many Languages*, New York: W. W. Norton & Company, 1985.

Collins, Lauren, *When in French: Love in a Second Language*, New York: Harpercollins Publishers, 2017.

Council of Europe, *European Language Portfolio*, Bern: Berner Lehrmittel- und Medienverlag, 2001.

Crystal, David, *English As a Global Language*, New York: Cambridge University Press, 2017.

Erard, Michael, *Babel No More: The Search for the World's Most Extraordinary Language Learners*, New York: Free Press, 2012.

Kühn, Bärbel and Cavana M. L. Pérez, *Perspectives from the European Language Portfolio: Learner Autonomy and Self-Assessment*, London: Routledge, 2012.

Looney, Dennis and Natalia Lusin, *Enrollments in Languages Other Than English in United States Institutions of Higher Education, Summer 2016 and Fall 2016: Final Report*, Modern Language Association of America, June 2019, p. 29.

Pennycook, Alastair, *The Cultural Politics of English as an International Language*, London: Longman, 1994.

Phillipson, Robert, *Linguistic Imperialism Continued*, New York: Routledge, 2009.

Pimsleur, Paul, *How to Learn a Foreign Language*, New York: Pimsleur Language Programs, 2013.

Stern, H. H., *Fundamental Concepts of Language Teaching*, Oxford: Oxford University Press, 1983.

大谷 泰照, 『異言語教育展望：昭和から平成へ』くろしお出版, 2013.

千野 栄一, 『外国語上達法』岩波新書 黄版 329, 岩波書店, 1986.

寺沢 拓敬, 『「なんで英語やるの?」の戦後史：《国民教育》としての英語、その伝統の成立過程』研究社, 2014.

村上 春樹, 『やがて哀しき外国語』(講談社文庫), 講談社, 1994.

삶과 외국어를 엮는 여정으로의 초대

김성우_응용언어학자, 서울대학교 강사

'학습자나 사용자 혹은 전문가가 아니라 순례자?'

책을 받아들었을 때 가장 먼저 눈길을 끈 건 부제의 '언어 순례자'라는 표현이었다. 이 선택에는 어떤 의도가 담겨 있을까? 나의 질문은 책을 읽어가며 자연스레 풀렸다.

'습득, 정복, 마스터.'

한국 외국어 교육 현장에서 심심찮게 듣는 말이다. 언어를 자신의 소유로 삼으려 하거나, 발밑에 두려 하거나, 완벽함을 추구하려는 의미의 단어로, 영어를 비롯한 외국어에 대한 우리 사회의 태도를 함축한다.

이 책의 저자 로버트 파우저 선생이 스스로를 설명하기 위해 고른 '순례자'라는 단어에는 이와 다른 세계관이 담겼다. 각각의 언어는 고유한 세계이며 언어 학습의 과정은 그 세계를 순례하는 여정이다, 중요한 것은 나의 삶과 언어가 만나고 엮이는 일일 뿐, 경쟁을 통한 정복과 소유는 중요치 않다는 것.

『외국어 학습담』은 이러한 세계관을 가지고 평생을 언어와 함께한 저자의 증언으로, 일종의 '외국어 학습 자서전'이다. 영어를 모어로 하는 저자가 다양한 외국어의 세계를 누비며 겪은 바를 풀어내면서 동시에 언어학자이자 교사로서의 경험까지 살뜰히 담았다. 수십 년에 걸친 그의 여정에서 우선 성인기를 바라보는 관점의 변화가 눈에 띈다.

'나이가 들수록 언어 습득은 힘들어진다. 성인기는 외국어 학습에 불리할 수밖에 없다.'

제2언어 습득 이론에서 종종 언급되는 이른바 '결정적 시기 가설'critical period hypothesis이다. 하지만 저자는 새로운 시각에서 이러한 통념을 비튼다. 그에 따르면 성인기에는 다소 획일적인 학교 교육의 틀에서 벗어나 외국어를 탐험할 수 있고, 성적이나 입시를 위한 공부의 의무에서 벗어나 자신의 관심과 성향 등을 고려해 자율성을 발휘할 수 있다. 이러한 의미에서 성인의 나이는 언어 학습의 불리한 요소가 아니라 오히려 스스로의 학습을 창조적으로 디자인할 수 있고 과정 자체에서 보람을 얻게 하는 요인이 된다. 즉, 외국어 학습에 있어 너무 늦은 시기란 없다.

효율성이라는 잣대로 점철된 외국어 교수법 시장에 대한 비판 역시 주목할 부분이다. 시중에 나와 있는 각종 언어 학습서와 서비스는 '최적의 방법'을 설파한다. 자신들이 제공하는 방식에 따르기만 하면 누구보다 빠르고 효율적으로 외국어를 배울 수 있다고 주장한다. 하지만 '모두를 위한 학습법'에는 정작 언어 학습의 주체인 학습자에 대한 고려가 없다. 학습자 개개인이 자신만의 경험과 지식, 동기와 목적을 가지고 있다는 사실을 애써 외면하고 은폐한다. 이런 상황에서 저자는 '외국어 성찰'을 주요한 대안으로 제시한다.

'나를 전혀 모르는 이들의 조언'을 따르기보다 '나를 가장 잘 아는
나의 목소리'에 귀를 기울일 것.'

이 제안을 받아들이기 위해서는 학습의 주도권ownership을 외부에서 자신에게로 가져오는 작업이 필요하다. 구체적으로 저자는 대상 언어, 학습 이유, 세부 목표, 사용 가능 수준, 학습 경험 등을 상세히 써본 뒤 해당 외국어와 어떻게 만나 각자의 삶에 녹일 수 있을까 궁리해 볼 것을 권한다. 이에 대한 이해를 돕기 위해 외국어 성찰을 어떻게 공부와 연결시켰는지에 관한 자신의 생생한 경험담을 고스란히 보여준다.

영어가 휩쓸고 있는 외국어 학습 생태계에 대한 일침은 특히 빼놓을 수 없다. 국제어로서의 영어가 갖는 가치와 효용을 무시할 수는 없지만 그것이 일종의 최상위 포식자라는 사실 또한 부인하기 어렵다. 이는 역설적으로 더 넓은 세계로의 순례 가능성을 가로막고 있다. 이러한 현실을 누구보다 잘 알고 있는 저자는 일본어, 스페인어, 한국어를 비롯해 여러 외국어를 순례해 온 궤적을 통해 미지의 세계에서 누리는 기쁨을 기꺼이 드러낸다. 특히 '언어 교수 학습 전문가'가 아닌 '여정 자체를 즐기는 여행자'로서 현재 몰두하고 있는 이탈리아어 학습 과정에 대해 이야기하는 대목은 인상적이다.

외국어 학습은 두 점을 잇는 최단거리 경주가 아니다. 끝없는 좌충우돌과 시행착오 속에서 방향을 잡아가는 일이다. 이를 실패라 여길 이유

가 없다. 삶이 원래 그런 것처럼 외국어를 배우는 일 역시 과정 속에서 순간순간을 즐기는 것이 무엇보다 중요하다. 언어와 더불어 살아온 자신의 평생을 돌아보는 이 책에서 저자는 언어 학습에 관한 몇 개의 키워드를 독자에게 건넨다.

'취미, 놀이, 재미, 보람, 성취감'

아울러 그는 언어 학습에 정답이 있다는 환상을 버리고 외국어와 의미 있는 관계 맺기를 권하고, 동시에 이 모든 것이 쉽게 주어지지는 않는다는 것, 쉽지 않은 인내를 요한다는 점을 잊지 말라고 당부한다. 이런 권유와 당부가 귀하게 여겨지는 것은 그가 누구보다 성실한 학습자이자 날카로운 관찰자이기 때문이다. 무엇보다 그가 자신의 성취를 온전히 자신의 노력의 결과로 귀속시키지 않고 다양한 사회 문화적 요소의 영향으로 설명하는 점, 미국에서 태어난 백인 원어민 영어 화자로서 자신의 위치를 비판적으로 인식하는 자기 성찰성self-reflexivity을 보여준다는 점은 이 책의 큰 미덕이다.

'강력한' 처방prescription 또는 '투자 대비 효율'이라는 강변에 익숙한 이 땅의 외국어 학습자들에게 외국어의 세계로의 진심 어린 초대, 그곳으로 함께 떠나자는 손 내밈이 무엇보다 필요한 이때 사유하는 학습자의 일생을 담은 이 책의 등장은 여러 모로 반갑다. 부디 많은 독자들이 이 책을 통해 삶과 언어를 엮어가는 여정 속에서 누리는 보람과 기쁨을 발견하고 나눌 수 있기를 기대한다.

이 책을 둘러싼 날들의 풍경

한 권의 책이 어디에서 비롯되고, 어떻게 만들어지며,
이후 어떻게 독자들과 이야기를 만들어가는가에 대한 편집자의 기록

2018년 5월 5일. 혜화1117 출판사에서 저자의 첫 책 『외국어 전파담』을 출간하다. 이 책의 출간을 기념하는 독자와의 만남에서 저자는 다수의 독자로부터 "어떻게 하면 외국어를 잘할 수 있는지", "다중 언어 사용자로 살아가는 것은 어떤지", "AI가 더 발전하면 외국어 학습이 과연 필요할지" 등 '외국어'에 관한 여러 질문을 반복적으로 받게 되다. 이 모습을 지켜본 편집자는 미국인으로서 한국어와 일본어만이 아니라 평생 수많은 외국어를 순례하듯 살아온 저자라면 '외국어 학습'에 관해 새로운 이야기를 들려줄 수 있을 것이라는 생각을 하게 되다. 이에 관한 의향을 묻는 편집자에게 저자 역시 '미국인으로 한국과 일본에서 오래 살면서 이런 질문은 이미 익숙하며, 언젠가 이와 관련한 책을 쓰고 싶다는 생각을 가져왔노라' 답하다. 이로써 자연스럽게 『외국어 전파담』에 이어, 언어를 주제로 삼은 다음 책 구상이 이어지다. 다만, 이미 출간을 예정하고 있던 '도시에 관한 책' 출간 뒤 구체적으로 논의를 이어나가기로 하다.

2019년 5월 15일. 혜화1117 출판사에서 저자의 두 번째 책 『로버트 파우저의 도시 탐구기』를 출간하다. 이 책의 출간을 기념하여 방한한 저자는 독자와의 만남에서 역시 외국어 학습을 둘러싼 다양한 질문을 받다. 저자와 편집자는 2020년 출간을 계획하고 책의 방향 및 구체적인 내용에 관한 논의를 시작하다. '외국어 학습담'을 가제로 하는 이 책은 외국어 학습법, 즉 외국어를 어떻게 하면 잘할 수 있는가에 관한 구체적인 노하우를 담기보다 다중 언어 사용자로서 저자 자신의 경험을 바탕으로 한 외국어 학습 전반의 의미와 전망, 이를 둘러싼 문화사를 포괄하기로 하다.

2019년 6월 18일. 『로버트 파우저의 도시 탐구기』 출간 이후 '채널예스'에 실린 '예스 인터뷰-7문 7답' 저자 인터뷰 기사를 통해 『외국어 학습담』 출간 계획을 처음으로 외부에 알리다.

2019년 7월 21일. 미국의 저자로부터 1차 목차 구성안을 받다. 편집자는 이에 관한 검토 의견을 전달하고, 책의 구체적인 상을 떠올리기 시작하다. 저자는 구성안 보완 및 수정 작업을 시작하다.

2019년 10월 5일. 방한한 저자가 한남대학교 건축학과 한필원 교수의 제안으로 대전 애트에서 『로버트 파우저의 도시 탐구기』 출간 기념 강연을 하다. 동행한 편집자는 강연 전후 시간을 쪼개 저자와 기획 회의를 하다. 평소 미국의 저자와 한국의 편집자가 정반대 밤낮의 시간에 쓰는 메일, 밤낮이 교차하는 시간의 메신저 교신을 통해 나누던 것에 비해 훨씬 밀도 높은 이야기를 주고 받다. 이를 바탕으로 책의 구성 및 방향을 한결 간명하게 정리하다. 전체 7장으로 목차안을 정하다. 저자의 다음 방한 때 더 구체적인 이야기를 나누기로 하다.

2020년 1월. 온라인서점 알라딘을 통해 2020년 상반기 출간 예정을 고지하다. 23일. 책의 첫 원고인 1장의 원고를 입수하다. 1/4분기 안에 집필을 끝낸 뒤 2/4분기에 출간하는 것을 목표로 박차를 가하다. 출간을 전후하여 저자의 방한을 예정하다.

2020년 2월. 코로나19 바이러스의 확산세가 심상치 않고, 한국은 물론 미국에서도 감염자가 속출하다. 전 세계적으로 장기화가 예고되고, 혼란이 시작되다. 저자의 방한은 기약할 수 없게 되고, 상반기 출간에 대한 고민이 시작되다. 23일. 2장의 원고를 입수하다.

2020년 3월. 코로나19 바이러스 확산세는 더 걷잡을 수 없게 되고, 여러 출판사에서 예정된 책의 출간을 미루고 있다는 소식을 접하다. 편집자는 저자에게 상황의 불가피함을 공유하고, 상반기 출간 보류, 하반기 출간을 제안하다. 다만 집필 및 편집의 진행은 예정 속도대로 해나가기로 하다. 28일. 3장의 원고를 입수하다.

2020년 4월 8일. 4장의 원고를 입수하다. 16일. 5장의 원고를 입수하다. 28일. 6장의 원고를 입수하다. 편집자는 저자에게 원고를 받을 때마다 검토한 뒤 보완 및 수정 의견을 정리해 두다. 아울러 책의 구성 및 형태에 관한 본격적인 고민을 시작하다.

2020년 5월 4일. 판형 및 레이아웃을 디자이너 김명선에게 의뢰하다. '텍스트로만 구성한 흑백의 작은 판형'을 제안하다. 15일. 7장의 원고를 입수하다. 이로써 저자의 1차 원고 집필이 마무리되다. 20일. 디자인의 1차 시안을 입수하다. 그러나 하반기에도 상황은 여전히 불투명하여 출간의 시기에 대한 고민이 이어지다. 디자인 시안에 관한 회신을 미루다.

2020년 6월. 하반기 출간을 보류하다. 책의 출발이 독자와의 만남에서 이루어졌고, 책의 출간 후 독자와의 적극적인 소통을 중시하는 저자의 특성을 고려할 때 방한 가능성이 불투명한 코로나19 상황에서 출간을 강행하는 것이 바람직하지 않다고 판단하다. 다만 이 기간을 전화위복으로 삼아 책의 밀도를 높이는 데 최선을 다하기로 하다. 저자로부터 받은 1차 원고를 전체적으로 살피고 전반적인 구성의 요소에 관한 종합적인 고민을 다시 시작하다.

2020년 7월. 국내 출간된 외국어 학습 분야의 주요 도서를 눈에 보이는 대로 읽기 시작하다. 기존 도서를 살핌으로써 만들고 싶은 책의 방향을 좀 더 분명히 하다. 기존 도서와의 차별화에 지나치게 의미를 부여하지 않기로 하다. 이는 곧 이 책이 나아갈 방향이 되다.

2020년 8월. 5월 최종 입수한 저자의 1차 원고는 전체 7장으로 구성되었으나 이를 좀 더 세분화하여 19개의 장으로 재구성하기로 하다. 이에 따라 책의 디자인 역시 방향을 대폭 수정하다. 즉, '텍스트로만 구성한 흑백의 작은 판형'에서 저자의 전작 『외국어 전파담』과 같은 판형에 다양한 이미지를 포함한 올컬러로 전면 수정하다. 요소를 반영한 디자인 시안은 추후 다시 의뢰하기로 하다.

2020년 9월. 코로나19를 겪으며 세상은 비대면의 시대로 접어들었으며, 일상의 풍경은 이전과 완전히 달라지다. 편집자는 달라진 세상의 변화를 지켜보며 이 현상을 반영한 원고의 보완을 저자에게 요청하다. 아울러 2018년 출간한 『외국어 전파담』의 마지막 장 '21세기, 외국어를 할 줄 안다는 것의 의미'에 대한 저자의 서술을 전면적으로 수정할 필요를 인식하다. 이로써 출간 이후 독자들의 꾸준한 사랑을 받고 있는 『외국어 전파담』의 5쇄는 코로나19 이후 달라진 상황을 반영한 개정판으로 출간하기로 하다. 개정판 출간의 시기는 『외국어 학습담』의 출간에 맞추기로 하다. 편집자의 의견에 저자 역시 동의하여, 『외국어 학습담』의 원고 보완 및 『외국어 전파담』의 수정 작업을 시작하다.

2021년 1월. 온라인서점 알라딘을 통해 2021년 상반기 출간 예정을 다시 한 번 고지하다.

2021년 2월. 저자로부터 수정 완성 원고를 받다. 검토 및 보완 요청 사항을 저자에게 전달하다. 23일. 본문에 배치할 일러스트를 목수이자 그림을 그리는 김필섭에게 의뢰하다.

2021년 3월. 일러스트 시안이 들어오다. 전반적인 방향을 공유하고 본격적인 작업에 들어가다. 저자에게 본문에 들어가면 좋을 이미지에 관한 의견을 전하다. 수정 반영된 원고가 들어오다. 본격적인 교정 작업을 시작하다. 이 모든 일이 하루가 멀다 하고 연달아 이어지다.

2021년 5월. 한국출판인회의 서울출판예비학교 편집자 지망생들에게 협력 원고로 출간 전 원고를 제공하다. 이로써 예비 편집자들과 함께 이 책의 편집에 관한 고민을 공유하는 기회를 갖게 되다. 교정을 진행하는 것과 동시에 저자와 함께 원고의 수정 및 보완의 작업을 병행하다. 판형 및 레이아웃, 본문의 구성 요소에 관해 디자이너와 협의하다.

2021년 6월 7일. 저자로부터 본문에 들어갈 1차 이미지를 입수하다. 본문의 조판을 의뢰하다. 한편으로 편집자는 교토, 가고시마, 구마모토 등의 대학에서 교수로 재직하며 약 13여 년 동안 일본에 머문 저자에게 그의 저서가 일본어판으로 출간되는 풍경을 보여주고 싶다는 바람을 품다. 이는 저자의 첫 책 『외국어 전파담』 출간 이후부터 가져온 편집자의 오랜 꿈이기도 하다. 18일. 편집자는 일본의 쿠온 출판사 김승복 대표에게 이 책의 일본어판 출간 검토를 요청하다. 원고를 일독한 김승복 대표로부터 "파우저 선생님, 정말 대단하신 분"이라는 경탄 섞인 회신을 받다. 이로써 일본어판 출간에 대한 기대를 갖다. 27일. 저자로부터 '책을 펴내며'의 원고를 받다. 29일. '책을 마치며' 원고를 받다. 두 개의 글을 읽으며 편집자는 이 책의 차별점은 바로 '저자가 로버트 파우저'라는 사실을 확실히 깨닫게 되다. 『외국어 전파담』의 '책을 펴내며'는 저자가 한글, 영어, 일본어로 쓴 것을 실었으나 이번 책에는 한글, 영어에 이어 어떤 언어의 글을 쓸 것인가 고민하다. 일본어 대신 스페인어 또는 에스페란토를 고려하다. 서울출판예비학교 편집자 지망생들에게 '책을 펴내며'와 '책을 마치며'의 원고를 전달하다. 이들로부터 아래와 같은 의견을 전달 받다.

"'백인, 미국인, 남성'인 자신의 지위가 갖는 의미와 한계를 고민한 흔적, 주로 여성이나 소수자의 글에서만 보았던 정체성에 대한 고민, '올해의 서문'으로 꼽고 싶고, 독자들이 서문을 꼼꼼히 읽어주었으면 하는 작은 바람, 코로나19와 조지 플로이드 사건 같은 최근 이슈로 시의성 엿보임, 시대적 혼란 속에서도 독자가 외국어 학습을 즐겼으면 하는 저자의 마음이 느껴짐, 자신이 '미국인 백인 남성'으로서 '외국어 학습의 즐거움'을 말하는 것이 어떤 기만의 작업일 수 있다고 여긴 부분 인상적……"

2021년 7월 7일. 교정지를 입수하다. 저자로부터 본문에 들어갈 추가 이미지를 입수하다. 본문 일러스트 작업을 마치다. '책을 펴내며'는 한글, 영어, 스페인어로 집필, 게재하기로 하다. 본문은 최종 15개의 장으로 정리하다. 20일. 본문의 추가 요소 정리를 마치다. 22일. 일본 쿠온 출판사 김승복 대표는 일본어판 출간을 공식 제안하며, 일본어 번역은 저자가 서울대학교 국어교육과 교수로 재직할 당시 대학원생이었던 제자 이나가와 유우키 데츠카야마 대학 준교수가 맡기로 했다는 소식을 전해오다. 29일. 응용언어학자 김성우 선생께 이 책의 추천사를 요청하다.

2021년 8월 10일. 김성우 선생으로부터 추천사를 받다. 17일. 교보문고 인문 분야 담당자로부터 이 책이 9월 '이 달의 책'으로 선정되었다는 소식을 전해 듣다. 19일. 표지 및 본문의 작업을 마무리하다. 이로써 책을 구성하는 모든 요소를 확정하다. 20일. 인쇄 및 제작에 들어가다. 표지 및 본문 디자인은 김명선이, 표지 및 본문의 그림은 김필섭이, 제작 관리는 제이오에서 (인쇄 : 민언프린텍, 제본 : 정문바인텍, 용지: 표지 스노우화이트 250그램, 본문-그린라이트100그램, 면지-화인페이퍼110그램), 기획 및 편집은 이현화가 맡다.

2021년 9월 1일. 혜화1117의 열네 번째 책 『외국어 학습담-외국어 학습에 관한 언어 순례자 로버트 파우저의 경험과 생각』 초판 1쇄본이 출간되다. 출간 직후 서울 '최인아책방' 북클럽 9월의 도서에 선정되다. 10월 중 북토크를 예정하다. 온라인서점 '예스24' '오늘의책'에 선정되다.

2021년 9월 6일. 전자책이 출간되다.

2021년 9월 7일. 『한국일보』에 '환갑의 미국인 언어학자는 왜 한글로 '외국어 학습담'을 썼을까'라는 제목의 인터뷰 기사가 실리다.

2021년 9월 8일. '2021년 서울국제도서전'(9. 8.~9.12.)에 최초로 참가한 혜화1117 부스 매대 위에 주요하게 배치되어 독자들과 직접 만나는 장이 마련되다. 온라인서점 '알라딘' '편집장의 선택'에 선정되다.

2021년 9월 9일. 『국민일보』에 '언어습득 능력자 미 교수, 외국어 공부 비결은 '다독''이라는 제목의 서평 기사가 실리다. 오후 8시 전주의 책방 '잘읽은언어들'에서 출간 이후 최초로 온라인 북토크를 진행하다. 특히 이 날의 행사에는 이 책방의 재오픈을 기념하는 의미가 더해지다.

2021년 9월 10일. 『문화일보』에 '외국어 공부, 말하기든 읽기든 '몰입 잘 되는 데' 집중하라'라는 제목으로 장은수 출판평론가의 서평 기사가 실리다. 『경향신문』에 '외국어 학습 덕후의 경험 따라해볼까'라는 제목의 서평 기사가 실리다. 『동아일보』에 '외국어 학습의 왕도는 즐거움과 다독'이라는 제목의 서평 기사가 실리다.

2021년 9월 11일. 『한겨레』 책면 '커버스토리'로 '인공지능 시대, 외국어 공부 꼭 해야 할까요?'라는 제목의 서평 기사가 실리다. 『조선일보』에 '10개 국어 섭렵한 달인… 외국어 공부 비법은 多讀'이라는 제목의 서평 기사가 실리다. 『프레시안』에 "미국인 백인 남성'이 한국어를 공부하고 한글 책을 쓴다는 것'이라는 제목의 서평 기사가 실리다. 이 서평 기사들을 서울국제도서전 전시장에 부착, 전시하여 책의 홍보에 적극 활용하다. 11일 오후 2시 30분 '2021 서울국제도서전' 독자 프로그램으로 『외국어 학습담』 저자와의 만남'을 갖다. 이를 위해 약2년여 만에 저자의 방한을 계획하였으나 악화된 코로나19

상황으로 인해 저자의 단독 강연으로 계획하던 것을 김성우 선생과의 대담으로 변경하고, 한국과 미국에서 실시간으로 진행하다. 줌(ZOOM)을 통해 미국에서는 파우저 선생이, 한국에서는 현장에서 김성우 선생이 대담을 나누고, 독자들은 현장과 줌을 통해 참여하다.

2021년 9월 12일. 2021 서울국제도서전에 참가한 혜화1117 전종 도서 중 최다 판매 부수를 기록하다.

2021년 9월 14일. 『중앙일보』에 '미국인이 한국말로 책 2권 "10살 뒤엔 외국어 불가? 날 봐라"'라는 제목의 인터뷰 기사가 실리다.

2021년 9월 18일. 일본 쿠온출판사와의 일본어판 출간 계약서에 서명함으로써 정식 계약이 이루어지다.

2021년 9월 23일. 초판 2쇄본이 출간되다.

2021년 9월 30일. 파주 '쩜오책방'에서 온라인으로 이루어진 북토크를 통해 독자들을 만나다.

2021년 10월 4일. 온라인 서점을 비롯하여 오프라인 책방의 구매 독자들을 대상으로 하여 본문에 수록한 내용을 바탕으로 별도 제작한 '외국어 성찰 노트' 증정 이벤트를 시작하다. 『외국어 학습담』은 물론 저자의 또다른 책 『외국어 전파담』과 『로버트 파우저의 도시 탐구기』의 구매 독자들까지 대상을 넓히다.

2021년 10월 9일. 한국출판인회의 서울출판예비학교 편집자 지망생들과 저자와의 만남이 줌을 통해 이루어지다.

2021년 10월 14일. 서울 '최인아책방' 북클럽 회원들을 대상으로 줌을 통한 온라인 북토크가 이루어지다.

2021년 10월 21일. 김포 '꿈틀책방'에서 온라인 북토크가 이루어지다.

2021년 10월 27일. 한국출판인회의 서울출판예비학교 편집자 지망생들이 이 책의 원고를 바탕으로 각자의 기획과 편집 의도에 따라 만든 6권의 서로 다른 책이 실습 결과물로 나오다.

2022년 1월 28일. 일본어판 출간을 앞두고 일본 쿠온 출판사 웹사이트에서 번역본 발췌본 연재를 시작하다.

2022년 5월과 6월. '코로나19'로 인해 미루어진 저자의 방한이 무려 2년 만에 이루어지다. 방한 기간 동안 5월 12일 파주 '쩜오책방', 5월 19일 서울 '역사책방', 5월 26일 전주 '잘 익은 언어들' 등의 북토크, 6월 4일 서울 '역사책방' 주최로 외국어 역사 관련 답사, 6월 10일 TEDx Seoul 북클럽 북토크, 6월 20일 김포 '꿈틀책방', 6월 23일 서울 '최인아책방', 6월 23일 서울 시청 인근 '동수상회' 등 다양한 곳에서 다양한 방식으로 독자들을 만나다.

2022년 5월 19일. 서경식 선생의 『나의 일본미술 순례』 출간 기념 강연회에 편집자와 저자가 함께 참석하다. 강연 뒤 서경식 선생과 로버트 파우저 선생은 자신들의 저서에 서명을 한 뒤 교환하며 즐거운 시간을 함께 하다. 두 분이 다시 만날 것을 기약했으나 2023년 12월 18일 서경식 선생의 별세로 이루어지지 못하다. 이 자리에서 서경식 선생의 명복을 다시 한 번 비는 마음을 남기다.

2022년 6월 6일. 『한겨레』에 "당선인, 다문화 가족이란 말, 불편해요"라는 제목으로 2년 만에 방한한 저자의 인터뷰 기사가 실리다.

2022년 9월 20일. '2022 청년 책의 해 청년의 날 추천도서 100선'에 『외국어 학습담』이 선정되다.

> "세계 언어 순례자 로버트 파우저가 들려주는 한국의 영어 중심 학습 세태에 관한 쓴소리. 언어학자이자 교수로서의 경험을 풀어내며 외국어 학습에서 비법 아닌 성찰의 중요성을 강조한다."

이와 관련하여 대한민국 독서대전(원주)에서 9월 23~25일 별도의 홍보 부스를 운영하고 추천도서를 서점에서 구입하고 인증하면 선물을 주는 행사 등이 이루어지다.

2022년 10월 1일. 2022년 세종도서 교양 부문 도서로 선정되다. '혜화1117' 출판사 이름으로 2018년 첫 책을 낸 뒤 최초의 일이라 편집자는 뛸 듯이 기뻐하다. 선정으로 인해 받은 지원금을 뜻깊게 사용하기 위해 저자는 물론 다른 저자들께 인세의 중간 정산을 해드리다.

2022년 10월 29일. 청운문학도서관에서 마련한 서울 정동, 서소문, 광화문 일대 등을 중심으로 '언어학자 로버트 파우저와 함께 서울의 외국어 흔적을 걷다'라는 주제로 답사를 진행하다.

2023년 11월 15일. 저자의 서울대학교 국어교육과 재직 당시 제자 이나가와 유우키(稲川右樹) 데츠카야마 대학 준교수의 번역으로 일본어판 『僕はなぜ一生外国語を学ぶのか』이 출간되다.

2022년 11월 19일. '2022 종로 책문화 주간' 프로그램의 하나로 청운문학도서관에서 저자 강연이 이루어지다.

2023년 12월 26일. 일본어판 출간 기념으로 번역가 이나가와 유우키 교수와 함께 도쿄 '책거리'(チェッコリ)에서 북토크를 통해 일본 독자들을 만나다.

2024년 1월 6일. 번역가 이나가와 유우키 교수와 함께 교토 게이분샤이치조지점(惠文社一乘寺店)에서 일본 독자들을 만나다.

2024년 1월 14일. 일본 『마이니치신문』에 저자의 인터뷰 기사가 실리다.

2024년 1월 23일. 문재인 전 대통령께서 운영하시는 경남 양산 '평산책방'을 방문하려는 계획이 뜻밖에 대통령 님 사저로의 초대로 이어지다. 이 자리에서 『외국어 전파담』『외국어 학습담』을 비롯하여 이 무렵 출간한 『도시는 왜 역사를 보존하는가』와 『도시독법』을 직접 뵙고 전해드리는 뜻깊은 시간을 갖다.

2024년 3월 25일. 일본어판의 2쇄본이 출간되다.

2024년 5월 6일. 규슈대학교 츠지노 유키(辻野裕紀) 교수와 함께 후쿠오카 규다이이토 츠타야서점(九大伊都 蔦屋書店)에서 일본 독자들을 만나다.

이밖에 저자의 외국어 및 언어 관련 학회 활동의 기록을 이곳에 더하여 남기다.

2021년 10월 21일. "Searching for the Perfect Writing System: 20th Century Hangeul Reform

Proposals," 13th Conference of the Association for Written Language and Literacy (AWLL13), University of North Carolina, Chapel Hill에서 발표.

2022년 4월 9일. "Language Learning Beliefs in Monolingual Speakers of Korean as a Third Language" at International Symposium on Monolingual and Bilingual Speech (ISMBS) 2022, University of Louisiana at Lafayette에서 발표.

2022년 9월 13일. "Crowdsourcing Questions about Appropriateness in Japanese and Korean as a Second Language" at 2022 Pragmatics and Language Learning (PPL) Conference, National Foreign Language Resource Center, University of Hawai'i에서 발표.

2022년 9월 21일. "Local Activism and the Evolution of Heritage Language Education in Japan: The Case of Yao City from 1970 to 2010" at the Annual Colloquium of the Henry Sweet Society for the History of Linguistic Ideas, KU Leuven, Belgium에서 발표.

2023년 3월 23일. "US Monolingual Ideology and the Fight for Linguistic Inclusion in the 20th Century: Learning from Hawaii and Japan," Department of Asian and Slavic Languages and Literature, University of Iowa에서 초대 강연.

2023년 6월 27일. "Language Use in Foreign Migrant Neighborhoods in Korean Cities," Royal Asiatic Society Korea Branch, Seoul에서 강연.

2023년 9월 24일. "Language and Social Change and the 2014 Revisions to Official Punctuation Guidelines in South Korea" at the Comparative Punctuation Worldwide Conference, University of Regensburg, Germany에서 발표.

2023년 12월 1일. "Linguistics in the Era of AI" 한국어문학회 Annual National Fall Conference, Daejeon에서 기조 발표.

논문 발표

Fouser, Robert J. (2022). "Social Attitudes toward 'School English' in Classroom Practice in South Korea from 1970 to the Present," *Policies and Practice in Language Learning and Teaching: 20th-Century Historical Perspectives* (pp. 341-359). Amsterdam University Press.

2024년 7월 15일. 초판 3쇄본이 출간되다. 이후 기록은 4쇄 이후 추가하기로 하다.

"우리 도시의 나아갈 방향에 대한 글로벌한 시각과 통찰을 갖게 하는 책!
수준 높은 한글 구사 능력으로 한국 저술의 지평을 넓힌 저자,
로버트 파우저 교수에게 경의를 표한다"

문재인
전 대통령
추천작!

도시독법
- 각국 도시 생활자의
  어린 날의 고향부터 살던
  도시 탐구기

올컬러 · 444쪽 · 26,000원

도시는 왜 역사를
보존하는가
- 정통성 획득부터
  시민정신 구현까지,
  역사적 경관을 둘러싼
  세계 여러 도시의 어제와 오늘

올컬러 · 336쪽 · 24,000원

"『도시독법』과 『도시는 왜 역사를 보존하는가』 저자가 같은 날 출간했고, 내용상 짝을 이루는 책이어서 함께 추천합니다. 저자 로버트 파우저 교수는 미국인이지만 한국을 사랑해서 십수 년 간 한국에서 살면서 서울대 국어교육과 교수로 재직했고, 일본의 대학에서 한국어 교수로 재직하기도 했습니다. 이 책은 번역서가 아니라 그가 한글로 쓴 책인데, 웬만한 한국인들이 따라가지 못할 정도로 수준 높은 한글 구사 능력이 놀랍습니다. 이 책들은 도시가 어떻게 형성되고 위기를 극복하며 발전해왔는지, 무엇을 보존하고 재생하며 더 나은 도시로 나아가야 할 것인지 관점을 제공해 줍니다. 세계적인 도시들과 함께 그가 거주했거나 경험한 부산, 서울, 대전, 전주, 대구, 인천, 경주 등 한국의 도시들을 다루고 있어서, 우리의 도시들을 어떻게 보존하면서 발전시켜 나가야 할 것인지 글로벌한 시각과 통찰을 갖게 해줍니다. 그는 원주민을 배제하는 전면철거식 재개발을 반대하고, 소규모 맞춤형 재생사업을 통해 역사와 문화, 공동체적 가치를 보존해 나가야 한다고 제안합니다. 한옥 생활을 오래 했을 만큼 한옥을 사랑해서, 서울 서촌의 한옥 보존 운동에 깊이 참여하여 성과를 거두기도 했습니다. 한국을 제2의 고향으로 여길 만큼 사랑하고, 한국 저술의 지평을 넓혀준 저자에게 경의와 감사를 표합니다." _문재인 전 대통령 추천사 전문

외국어 전파담 [개정판]
- 외국어는 어디에서 어디로, 누구에게 어떻게 전해졌는가

올컬러 · 392쪽 · 값 23,000원

* 2019년 국립중앙도서관 '휴가철에 읽기 좋은 책 100권'

외국어 학습담
- 외국어 학습에 관한 언어 순례자
  로버트 파우저의 경험과 생각

올컬러 · 336쪽 · 값 18,500원

2022
세종도서
교양 부문
선정

일본어판
번역 출간

* 2022세종도서 교양 부문 선정   * 2021년 교보문고 9월 '이 달의 책' 선정
* 일본어판 『僕はなぜ一生外国語を学ぶのか』 번역 출간

로버트 파우저 Robert J. Fouser
독립학자, 언어학자

1961년 미국 미시간 주 앤아버 출생.
1980년대 초 고려대와 카이스트 등에서 학생들을 가르쳤고,
1990년대부터 2000년 초반까지 일본 교토대를 비롯한 여러 대학에서 교수로 재직했다.
2008년 서울대 국어교육과 교수로 다시 한국 생활을 시작했고 2014년까지 재직했다.

언어 순례자인 그는 한국에서는 한국어로, 일본에서는 일본어로 읽고 말하고 듣고 쓴다.
도시 탐구자인 그는 남다른 시선과 사유로 도시의 이면을 읽는다.

주요 저서로 『외국어전파담』과 『외국어학습담』, 『도시는 왜 역사를 보존하는가』, 『도시독법』이
있다. 이 책들 모두 처음부터 끝까지 한국어로 직접 썼다. 어딘가에서 직접 만나게 된다면, 한국
어로 인사를 건네면 된다. 어쩌면 우리보다 한국어를 더 잘 사용한다는 느낌을 받을 수도 있다.

외국어 학습담

2021년 9월 1일 초판 1쇄 발행 　　지은이 로버트 파우저 Robert J. Fouser
2024년 7월 15일 초판 3쇄 발행 　　펴낸이 이현화
　　　　　　　　　　　　　　　　펴낸곳 혜화1117 출판등록 2018년 4월 5일 제2018-000042호
　　　　　　　　　　　　　　　　주소 (03068)서울시 종로구 혜화로11가길 17(명륜1가)
　　　　　　　　　　　　　　　　전화 02 733 9276 팩스 02 6280 9276 전자우편 ehyehwa1117@gmail.com
　　　　　　　　　　　　　　　　블로그 blog.naver.com/hyehwa11-17 페이스북 /ehyehwa1117
　　　　　　　　　　　　　　　　인스타그램 /hyehwa1117

　　　　　　　　　　　　　　　　ⓒ 로버트 파우저

　　　　　　　　　　　　　　　　ISBN 979-11-91133-03-5 03700